湖北省社科基金一般项目（后期资助项目）"汉语后置的介词结构研究"（2020092）最终成果

汉语后置的介词结构研究

贾君芳 ◎ 著

中国社会科学出版社

图书在版编目(CIP)数据

汉语后置的介词结构研究 / 贾君芳著 . —北京：中国社会科学出版社，2022.3
ISBN 978-7-5203-9722-3

Ⅰ.①汉…　Ⅱ.①贾…　Ⅲ.①汉语—介词—研究　Ⅳ.①H146.2

中国版本图书馆 CIP 数据核字(2022)第 022953 号

出 版 人	赵剑英
责任编辑	宫京蕾　周慧敏
责任校对	周　昊
责任印制	郝美娜

出　　版	中国社会科学出版社
社　　址	北京鼓楼西大街甲 158 号
邮　　编	100720
网　　址	http://www.csspw.cn
发 行 部	010-84083685
门 市 部	010-84029450
经　　销	新华书店及其他书店

印刷装订	北京君升印刷有限公司
版　　次	2022 年 3 月第 1 版
印　　次	2022 年 3 月第 1 次印刷

开　　本	710×1000　1/16
印　　张	19.5
插　　页	2
字　　数	320 千字
定　　价	98.00 元

凡购买中国社会科学出版社图书，如有质量问题请与本社营销中心联系调换
电话：010-84083683

前　言

汉语介词结构在句中所居位置的变化是汉语史研究的重要课题。介词结构的主要句法功能是作修饰语。相对于其所修饰的谓词性核心而言，介词结构在句中的分布位置可以前置或后置。本书以后置介词结构为对象，历时地分析语序演变的过程，梳理汉语后置介词的发展变化及走向，总结并归纳介词结构历史性移位的动因和机制，探寻介词结构语序变化的类型学意义。

全书共七章，第一章为绪论，第七章为结语，其他各章内容如下：

第二章，先秦至西汉的后置介词结构。这一章概述先秦时期的介词系统，描述后置介词概貌。8个常用后置介词可划分两类：只能后置，如"诸、乎"；可前置可后置，如"於/于、以、自、及、在、用"。后置介词主要表达4种语义：处所、时间、工具、对象。"於/于、以、自"是主标介词，也是广域介词："於/于"可标记时空域的所自、所到、所在及存在或滞留场所等，也可标记对象域的施事、受事、与事及比较对象等；"以"主要标记方式、工具等多种语义域，也可标引受事对象；"自"主要标引时空域的起点、经由或所在。先秦至西汉时期介词结构以后置为常，部分介词结构前置具有话题化或焦点化的作用。有些介词结构语序不固定，既可前置，也可后置，这是这一时期汉语语序的特点。后置介词"於"和"以"开始进一步虚化。

第三章，东汉至魏晋南北朝的后置介词结构。东汉至魏晋南北朝时期，后置介词发展变化的总体特征是：部分传统介词开始衰退，使用频率下降，功能萎缩；新旧介词并存竞争，更新替换；后置介词结构逐渐由动词后移到动词前。传统介词"於/于、以、自"使用减少，新生后置处所介词"著、至、向、就"等，新生的方式介词、对象介词分化了传统介词的功能。

　　在语序变化上，［-终点］义的后置介词结构语序发生剧烈变化：一是前移，表时空域的起点、经由、所在和对象等；二是调整，表方式或工具的介词结构基本前置。唯有［+终点］义的介词结构语序未发生变化，一律后置。在句法结构上，介词结构后置时，谓语中心 VP 一般以单音节动词为主，动词 V 倾向于不带宾语或补语。在语义结构上，处所介词结构的语序分布受到语义的制约，句法位置分布大致遵循"位置意义原则"，初步形成以动词为核心的语义框架：起始处+发生处+存在处+动词+存在处+终到处。

　　第四章，唐宋至元明清的后置介词结构。唐宋至元明清时期，后置介词结构的前移已经基本完成。后置介词进一步虚化，主要表现为介词的更新与强化。后置介词是衍生双音节次生介词的重要材料，介词"于"和"以"进一步虚化成附着性构词语素。整体而言，汉语后置介词可以进一步发展成为词内成分。元明清时期，介词功能趋向专职化，表意精细化。介词"在"替代了介词"於"，成为表达处所的最重要介词，介词"到"成为介引［+终点］的最主要的介词，"往、向"成为介引［+方向］的重要介词，"用、拿"等成为介引方式或工具的重要介词。

　　第五章，现代汉语后置介词结构。现代汉语后置介词主要有 8 个，介词"在、到、给、向、往、自、于、以"后置，构成"V+P+N"结构，除了文言介词"于、以、自"以外，其他几个介词后置时主要表示动作行为的［+终点］或［+方向］。这些后置介词在共时平面上表现出复杂的语法性质，呈现出不同的语法化层级：介词→中间状态→虚化为虚语素。有些已经虚化成构词语素，有些出现附缀化倾向。从语法化的单向性来看，汉语后置介词的语法化走向不同于西方语言语法化的特征，汉语后置介词并未进一步虚化为屈折词缀。汉语后置介词的发展走向可概括为：后置介词>附缀>构词语素。

　　第六章，后置介词结构语序演变的类型学观照。以类型学理论来看，先秦时期，汉语以 SVO 为优势语序，介词结构的语序（V-PP）与动宾结构语序（VO）相和谐。汉代以后，部分后置介词结构语序逐渐前移，现代汉语中的介词结构已经基本前置，造成 VO 与 PP-V 出现不和谐的配对关系。从汉语介词结构的语序发展历程来看，汉语语序的发展应该是语序类型共性的例外。后置介词结构前移的动因比较复杂，可能存在的影响因素有介词兴替、句法结构的复杂化以及时间顺序像似性的约束。时间顺序性原则是推动后置介词结构语序前移的重要的内在动因。

　　总之，本书主要研究了以下内容：全面梳理汉语后置介词系统，详细描写后置介词的句法、语义功能，历时地分析后置介词的发展、变化及走向；全面考察后置介词结构的语序演变过程，探寻介词结构语序发展的动因，揭示介词结构语序变化与汉语语序类型的关系。

目　　录

第一章 绪论

第一节 研究对象

以谓词性中心语为坐标，介词结构位于之前的称作"前置"，位于之后的称作"后置"。总体来说，介词结构的位置主要有三种：只能后置（例（1））；只能前置（例（3））；既可前置，也可后置（例（2））。例如：

> （1）凶年饥岁，君之民老弱转乎沟壑。（《孟子·梁惠王下》）
>
> （2）酒以成礼，不继以淫，义也；以君成礼，弗纳於淫，仁也。（《左传·庄公二十二年》）
>
> （3）蝗虫从东方来，蔽天。（《史记·秦始皇本纪》）

本书主要研究介词结构后置的句法、语义特征，讨论介词结构语序变化及其类型学意义，全面梳理后置介词的发展演变走向。

本书讨论的"前置"与"后置"不同于类型学上的"前置"与"后置"概念。陈承泽（1922：68—73）在《国文法草创》中对介词进行的分类，根据所系语跟介词的关系把介词分为"前置介字"（介字在所系语之前）和"后置介字"（介字在所系语之后）两类，这种观点类似于类型学的分类。在类型学上，刘丹青（2003）、Hagège（2010）等学者所言的"前置介词"（Preposition）是指 P·N，即位置在前的介词，如"在·X"，"在"即为前置词；"后置介词"（Postpositions）是指 N·P，即位置在后的介词，如"X·上"，"上"即为后置词。文中所言的"前置"与"后置"仅指介词或介词结构相对于其所修饰的谓词性核心的位置。

第二节　选题缘由及意义

一　选题缘由

古今汉语介词结构的语序位置发生较大的变化，这种语序的演变值得引起关注。现代汉语的介词结构基本位于动词之前，后置成为少数现象，而古代汉语中特别是上古早期介词结构大多后置，Li 和 Thompson（1974）、何乐士（1985）、Sun（1996）等学者提出动词前的介词结构都在历史上经历了由动词后向动词前移位的过程。

过去对介词结构语序的研究范围有限，系统全面地揭示后置介词结构语序演变的规律很有必要。一些学者已经注意到了介词结构语序位置的历时演变情况，例如，王力先生在《汉语史稿》中描述了处所状语和工具状语的位置从上古到中古的发展过程。张赪（2002）讨论了处所介词词组与工具介词词组的语序演变。还有许多讨论单个介词结构语序的成果，例如范继淹（1982）讨论的"在+处所"结构的语序。虽然过去已有一些讨论介词结构语序问题的文献，但过去研究关注的范围有限，主要集中在表示处所、工具的介词结构或者某单个介词结构身上，还有许多介词结构语序变化并未涉及，例如表"对象""比较""方式"等。

另外，目前对介词结构语序演变的事实仍然不甚清楚，甚至还存在许多分歧，需要进一步弄清基本事实。比如，许多学者认为，先秦时期介词结构一般后置，多作补语，如 Li 和 Thompson（1976）提出 12 世纪以前的汉语介词结构都位于动词后，蔡镇楚（1983）则提出相反的看法。Sun（1996）认为，上古时期表示处所的介词结构就既可前置也可后置，并非所有的动词前介词结构都是从动词后移位过去的。魏培泉（1993）认为，"表时间点的'於'词组几乎总在动词前"。何洪峰（2012）则认为，"表示时间点的介词结构可以前置，也可以后置。'于/於'字结构均后置"。

历时地来看，汉语介词结构的语序确实发生了较大的变化，由上古时期的主要后置演变为现代汉语的基本前置。在此演变的历程中，哪些介词结构发生了前移？哪些介词结构仍然后置？介词结构的前置与后置的影响因素有哪些？后置介词结构的前移是否意味着汉语语序类型由 SVO 型演变为 SOV 型？后置介词发展演变的规律和趋势是什么？诸如此类的问题都需要进一步地研究和探讨，正如陈昌来在《介词与介引功能》中所言："介词的研究还不能说是完全令人满意的，还有许多问题值得进一步探讨。例如'古今汉语介词序位的变化对汉语语序和类型的影响'等课题值得进一步思考和研究。"

二　选题意义

介词结构的语序变化是汉语语序发展的重大问题。孙朝奋（1996）指出："介词结构由动词后到动词前是两千年来汉语重要的语序演变。"本书以汉语后置的介词结构为立足点，观察介词结构前移的事实，有助于了解介词结构语序演变的基本规律和特点。

介词结构语序具有类型学意义。一些学者认为汉语语序由 SVO 变成 SOV 的观点基于两个事实：（1）古代汉语介词结构后置于动词变成现代汉语前置于动词，即"S+V+PP>S+PP+V"；（2）出现了"把"字结构，介词"把"字将宾语移到动词前，即"SVO>S+把+O+V"。由此可见，介词结构的语序是语序类型学中的一个重要参项。对后置介词结构语序变化的研究有助于更加清楚地认识汉语的语序类型。

在现代汉语中，介词结构的语序以前置占据绝对优势，仅有少数几个介词"到""在""给""向""往""自""于""以"等可位于动词后，这就使得少数几个位于动词后的前置词显得格外特殊，弄清这些后置介词的来源，分析后置介词的发展特点及走向，有助于更加深入地认识汉语介词的发展规律，对汉语本体研究也具有重要的促进作用。

第三节　研究现状

汉语介词研究起步较早，成果丰硕，在此综述与本书相关的介词研究成果。以下将从介词、后置的介词、介词语序、介词语法化及语序类型学等方面概述国内外研究现状。

一　国内研究概况

（一）介词研究概略

汉语介词的研究大致经历了萌芽、发展和繁荣三个阶段。

1. 萌芽阶段（1898—1937）

这一时期的主要特点是模仿和探索。学习西方的理论和框架，继承已有的研究成果。《马氏文通》《新著国语文法》代表汉语介词体系初步形成。

2. 发展阶段（1938—1979）

划分为两个阶段：正名期和发展期。

1938 年中国文法革新问题大讨论，围绕介词的归类和定位展开了讨论。吕叔湘（1942：19）《中国文法要略》把介词归入"关系词"，如"之、的、于、以"等。王力（1943：185）将介词、连词和结构助词统称为"联结词"。高名凯（1948：318）称为"半动词"，赵元任（1979［1948］：330）称为"副动词"。张志公（1991［1953］：15）《汉语语法常识》主张介词立类。张志公《暂拟语法系统》（1956）正式确立了介词独立的词类地位。

黎锦熙、刘世儒《汉语介词的新体系》（1957）对汉语介词的定义、分类等问题进一步探讨，总结汉语介词的语法特征。饶长溶（1960）对副动词的语法形式进行了深入的研究。探索发展期，立足汉语实际，反思介词研究，人们对汉语介词的性质和功能具有了更加准确和清楚的认识。

3. 繁荣阶段（1980 年至今）

20 世纪 80 年代以后，汉语介词研究进入全面繁荣时期。主要表现为采用新理论、新方法对介词进行全面系统地研究，成果丰硕。

"三平面"理论下的介词研究，如饶长溶（1987）、鲁川（1987）、金昌吉（1996）、张谊生（2000）、陈昌来（2002）等。

类型学理论下的介词研究，如刘丹青（2003）、吴福祥（2003）等以类型学和语法化理论研究汉语介词，提出了新的介词理论体系。

词汇化理论下的介词研究，如徐丹（2007）、何洪峰（2008）等讨论了介词"以"的词汇化，张谊生（2010）、刘红妮（2010）等讨论了介词"于"的词汇化。

语法化理论下的介词研究，如刘坚（1992，1995）、沈家煊（1994）、江蓝生（1994，1999）、吴福祥（1996）、石毓智（1995）、马贝加（2002）等学者讨论过介词语法化的动因、机制。

当前的介词研究更加注重反思和检视，运用新的语法理论检视介词研究存在的问题，探寻汉语介词发展演变的特点，如何洪峰（2011，2014a，2014b）等。

（二）后置介词研究

汉语后置介词的研究主要集中在结构性质、词性界定以及后置介词语法化和后置介词词汇化方面。

1. 结构性质

介词"在、向、于、到、给、自、向、以"后置时，结构如何切分，意见不一，存在两种分析：（a）V｜PN；（b）VP｜N。（a）式分析为介词结构做补语，最早由《马氏文通》提出，《新著国语文法》《中国现代语法》《中国文法要略》等语法著作都作类似分析；（b）式是把介词看作动词的后附成分，整个结构分析为动宾结构，如林焘（1962）、丁声树（1980 ［1961］：59）、胡裕树（1981：296）、赵元任（1979：177）、蒋同林（1982：77—88）、赵金铭（1995）等。

事实上，这些后置介词的语法化程度并不一致，应分层处理。吴竞存、梁伯枢（1992：178—195）从历时与共时、书面语与口语不同层面分析"V·P·N"结构，区分出不同层次的介词 P。金昌吉（1996：65—73）以介词虚化连续统的观点探讨了后置介词的性质。他认为介词有继续虚化的可能，后置的介词存在一个虚化序列：介词（未虚化）→中间状态→已经复合成词。同时解释了后置介词进一步虚化的原因。

2. 词性界定

对于"V·P·N"结构中后置介词 P 的语义和性质，历来看法不一。如李人鉴（1958）认为"到"是具有前附性的助词；胡裕树（1981）认为"到"是介词，前附于动词构成一个整体；朱德熙（1982）、吕叔湘（1996）等将其视为动词；罗开农（1981）提出根据动词 V 的音节数将"到"区分为动词、介词及词素；赵金铭（1995）认为，现代汉语中有两个不同性质的"在"，后置的"在"是后缀，前置的"在"是介词；邢福义（1997）将"在"视为准动词，前附于动词构成动补结构；何洪峰（2000）详细讨论了后置介词"在"的语义、性质层次；张谊生（2010）认为绝大多数附缀"于"在后附过程中逐渐脱落，发展为零形式。

3. 后置介词语法化

关于后置的介词语法化的成果较多。郭锡良（1997，1998）分别讨论了介词"于/以"的语法化；马贝加（1996）、张玉金（2004）、王鸿滨（2007）等描写了"自"的历时发展；马贝加（1999）讨论了"向"字的虚化过程；刘光明、储泽祥、陈青松（2006）等研究了"往"字的语法化历程；吴金花（2005）、陈练军（2008）等讨论了"到"的发展演变情况；徐丹（1992）讨论了介词"在"的历时演变；太田辰夫（1991）、志村良治（1995）、洪波（2004）等学者讨论过近代汉语介词"给"的来源。

4. 后置介词词汇化

关于后置介词的词汇化，解惠全（1987：210）讨论了"动+介"组合凝结成连词和副词的过程，介词"于"逐渐虚化为类似词尾的后缀；郭锡良（1997：131—138）研究了介词"于"的起源和发展，关注了介词"于"向语素虚化的趋势；董秀芳（2002：262—285）讨论了介宾结构及跨层结构的词汇化；刘红妮（2010：25—28）分析了副词"终于"由"动+介"非句法结构词汇化的历程。郭锡良（1998：1—5）讨论了"以"字与其他词组成固定结构并凝固成词的现象；何乐士（1989：146—155）研究了《左传》中"以"字与其他词构成的固定结构；徐丹（2007：281—294）讨论了"是以""以是"的语法化与词汇化；何洪峰（2008：74—82）详细分析了先秦介词"以"的悬空及其词汇化。

综上所述，后置介词个案研究较多，比较分散，系统性研究较少。共时层面研究较多，历时发展趋向研究较少。

（三）介词结构的语序研究

《马氏文通》："句读所集之字，各有定位，不可易也。"强调句读中词语排列位置有一定的规则，是不可以任意改变的。黎锦熙（1924）、吕叔湘（1942）、王力（1943）、赵元任（1968）、胡附和文炼（1984）、屈承熹（1984）、戴浩一（1988）、张炼强（1997）、范晓（2001）、张赪

（2000，2002）、刘丹青（2003）等学者都曾论及汉语语序问题，成果丰硕，影响较大，但专门讨论介词结构语序的成果数量并不多。下面主要从句法语义、语用及类型学方面概述汉语介词结构的语序研究。

1. 句法语义研究视角

介词结构语序研究散见于一些语法著作的章节中，例如陈梦家（1956）、王力（1980）、周法高（1993）等。单篇论文多集中在对"在+处所"结构的语义功能及语法意义的探讨上，例如王还（1957）、范继淹（1982）、俞咏梅（1999）等。范继淹（1982）详细分析了现代汉语中三种不同句法分布的"在"字结构在语义表达方面的差异。俞咏梅（1999）从语义指向的角度分析了"在+处所"短语在句法结构中的表现，重点讨论了"在+处所"短语的语义功能和语序制约原则。

运用新的语法理论分析"在+处所"结构的句法和语义问题。沈家煊（1999）以"在"字句和"给"字句为例，强调句式分析的构式语法观，并详细解释了"在+X"结构四种不同位置所表达的不同语义功能。张国宪（2009）从认知的角度解释"在"字结构的前置与后置，两种构式源于不同的识解方式，反映不同的认知路径。

以上这些研究成果主要讨论现代汉语"在+处所"结构的句法、语义特征，较少涉及历时发展变化。

有一些侧重于古汉语介词结构语序变化的单篇论文。例如，何乐士（1985）描写比较了《左传》与《史记》中介宾短语的位置。沈培（1992）专门就殷墟甲骨卜辞的语序进行了研究，专章介绍了卜辞中介词结构的位置，强调卜辞中的非时间介词结构仍以后置为常，前置是为了表达命辞的焦点。潘玉坤（2003）详细比较了西周金文的介词结构在谓语前后不同位置的意义和功能。这些研究重点关注时代较早的甲骨卜辞和西周金文中介词结构的语序，基本不涉及介词结构语序的历时演变。魏培泉（1993）比较全面地探讨了古汉语介词"於"的演变历程，并推测出汉语语序演变动因。这只是一种推测或假设，还需要大量事实验证。

另外，还有一些从汉语史的角度研究介词结构语序演变的学位论文。例如赵大明（1987）讨论了处所介词的发展和处所介词结构语序的历史演变。吴可颖（1988）也考察了处所结构的位移，文章分四个时期考察处所介词结构的语序变化过程。这些研究只是讨论了处所介词结构的发展演变情况，未涉及其他介词结构的发展变化。张赪（2002）主要研究了引进处所、工具、对象的介词结构语序的历时变化。从句法和语义两方面分析了介词结构语序变化的原因。该文分析深入细致，无疑是研究介词结构语序变化的重要文献。在介词的选择、语义功能的分析等方面还有进一步研究的空间。

2. 语用研究视角

从语用视角研究汉语的语序起步较早，《马氏文通》①："凡外动字之转词。记其行之所赖用者，则介以'以'字，置先动字者，常也。盖必有所赖用而后其行乃发，故先之。""'以'字介止词，置诸动字之先，不先者，惟司词长者为然。""转词短而后置者，句意未绝也。"吕叔湘先生在重印《马氏文通》"序"中赞同马氏的观点，认为马氏所论不仅仅局限于语法范围内，还常常涉及修辞，具有承先启后之功。

刘景农（1994：200）指出，"介词结构'以……'既然可用在动词前做状语，也可用在后做补语；但做状语和补语的作用有不同。大抵用作状语时，述说的重点是在动词上；若做补语，就侧重在介词的宾语。"鲁国尧（1994［1982］：15）提出一种语序分布"调节论"。他认为，"在语言里，一个句子内的各个组成部分根据相互制约的关系而自动调节，以求构成一个协调、和谐的统一体。"有些介词结构既可前置，也可后置，选择什么序位排列，要受制于相互间的关系。为了更好地表达思想，根据各个结构的形式特点，对他们自动调节、选择，以求协调、和谐。何乐士（2005［1992］）发现在许多字数相等，结构相当的成偶骈句中经常见到为了追求形式美而缀以虚词或调整语序的。介词结构语序的调整是为了协调韵律，追求形式美。林忠（2013）描写了现代汉语介词结构在句中的分布位置，从篇章及物性和语用话题焦点的角度解释了介词结构的漂移问题。这些研究大多集中在现代汉语共时平面上，且多局限于单个介词结构的研究。

3. 语序类型学视角

从语序类型学视角研究介词结构语序的主要有张赪（2002）、刘丹青（2003）等。张赪（2002）通过研究介词结构语序的历时变化，试图回答

---

① 马建忠：《马氏文通》，商务印书馆1998［1983］年版，第148—149页。

汉语是否从 SVO 型演变为 SOV 型，结论认为，介词结构语序变化是汉语
内部为适应语法的发展而进行调整的结果，汉语语序没有经历由 SVO 到
SOV 的变化，现代汉语仍然是 SVO 语言。

刘丹青（2003）运用类型学理论研究汉语介词，选择介词类型作
为核心问题展开讨论，强调后置介词在汉语中的重要作用，丰富了汉
语介词理论。试图解释汉语介词结构语序演变的动因和机制，运用
"联系项居中""语序和谐"等原则分析介词的类型及介词结构的
语序。

Greenberg（1963）提出的语言类型学理论强调语言的蕴含共性，汉
语作为一种 SVO 型语言，其语序呈现出许多不和谐。为了验证"蕴含共
性"的合理性，有人认为汉语实际是 SOV 型语言，或者认为汉语经历了
由 SVO 到 SOV 的演变，这似乎是以汉语的事实去迁就某种理论。运用类
型学理论分析汉语语序，应该立足汉语实际，充分挖掘汉语事实，分析语
言的个性。

二 国外研究概况

（一）汉语介词研究

国外对汉语介词进行系统研究的成果不多，多是个案研究。Hagège
（1975）讨论了汉语介词语法化的句法环境 "$V_1+N_1+V_2+N_2$"，以及介词
虚化的语义基础和限制条件，详细考察了"对、朝、向、往、跟、拿"
等几个单音和双音介词。该书是研究汉语介词的重要参考资料。

在语法著作或语法化、类型学研究中论及汉语介词。太田辰夫
（2003［1958］：231—248）讨论了 17 类 49 个现代汉语介词的用法
及其发展演变；香坂顺一（1992：296—343）考察了《水浒传》中
43 个介词的使用情况；志村良治（1995：93）分析了中古汉语的 9
个介词；蒲立本（1995：52—63）考察了古汉语的 4 类次动词；Pey-
raube（1994：361—387）讨论了汉语处所介词的发展演变情况；Re-
douane Djamouri（1997：221—248）研究了甲骨文中处所介词"于"
和"在"的使用情况，分析了介词结构的论元地位对语序分布的
影响。

(二) 介词语法化研究

Traugott 和 Heine（1991）、Heine（1991）、Hopper 和 Traugett（1993）、C. Lehmann（1995）等代表语法化研究领域的重要成果。语法化的原则、机制等问题成为研究的焦点。

单向性和渐进性是语法化理论的重要原则。Hopper 和 Traugott（1993：7）构拟出一个语法化"斜坡"（Cline）：Content item>grammtical word>clitic>inflectional affix。Lehmann（2002［1995］：12）将语法化进程描述为：Discourse>syntax>morphology>morphophonemics>zero。语法化进程由左向右一路虚化，汉语动词介词化的过程基本遵循了单向性原则，但与西方语法化路径和特点不完全相同，汉语介词虚化并未沿着语法化"斜坡"虚化到底，直至归零，有的可能终止于某个阶段，何洪峰（2011：48—55）讨论了介词"去"语法化的终止与回归现象。

过去许多学者非常重视语法化的机制问题。Hopper 和 Traugott（1993：40—62）提出了两种机制说"重新分析"（Reanalysis）和"类推"（Analogy）；Harris 和 Campbel（2007［1995］：3）、Heine（2003：579—580）分别提出了三种、四种机制说；何洪峰（2014：16）认为汉语动词介词化的主要机制是"扩展"和"去语义化"。这些机制在汉语动词介词化过程中的作用和影响各不相同。

介词语法化的句法来源主要有两个：一是名源［Hopper 和 Traugott（1993：106—107）］；二是动源［Hagège（2010：151—162）］。汉语介词大多是动源介词，动源介词源于连动结构。Hagège（2010：152）介绍了两种动源介词：一是连动结构框架：a. $N+V_1+N_1+V_2+N_2$（绝大多数 VO 语言）：V_1 或 V_2 虚化为前置词（preposition）；b. $N+N_1+V_1+N_2+V_2$（绝大多数 OV 语言）：V_1 或 V_2 虚化为后置词（postposition）。二是第二谓语的次动词也可语法化为介词。汉语介词语法化的语义机制取决于连动结构中的每个成分的语义及其句法语义关系。

(三) 语序类型学研究

1. 介词语序类型学研究

自从 Greenberg（1966［1963］）的当代语言类型学著作《一些主要与语序有关的语法共性》问世以后，许多学者开始讨论语言共性与语言类型学问题，如 Comrie（1981）、Hawkins（1983）、Givón（1984）、Croft

（1990）、Dryer （1992）、Lehmann （1992）、Dik （1997）、Lapolla（2002）等。现代类型学关注的焦点是语序问题，介词又是判断语序类型的重要参项，所以介词及介词结构的语序类型成为类型学研究的重要领域。

Greenberg（1966［1963］）不仅将语序问题作为研究的核心领域，而且强调了介词语序类型的重要地位。Hawkins（1983）将介词类型（Preposition/Postposition）作为判断语序共性的核心参项。追求无例外的蕴含共性，其实这是比较困难的，Lapolla（2002）已经注意到汉语长期存在的不和谐语序现象。

Dryer（1992）以超大语种库探讨了动宾语序与相关参数的配对关系，特别突显了介词结构相对于动词的语序，并认为介词结构的语序是所有参项中跟动宾语序对应最紧密的（VO-VPP；OV-PPV），同时他也注意到了汉语与语序和谐性相悖的一面。

Lehmann（1992）认为介词语法化程度影响介词及介词结构的语序，语法化程度较低的介词，介词结构的内部和外部语序都比较灵活；语法化程度较高的介词，介词结构的内部语序较为固定，但介词结构的语序仍比较灵活。

Dik（1997）运用联系项理论揭示了介词的"联系项"性质。在前置词语言中，前置介词结构一般位于VP之后，介词正处于联系项位置，沟通了动项与名项之间的关系（VP+P+NP）。在后置词语言中，后置介词结构一般在VP之前，在"NP+P+VP"结构中，介词P正处于中介位置。对于汉语而言，在先秦时期介词结构后置情况下这一规律比较有说服力，然而在现代汉语中介词结构前置的情况下似乎不大奏效。

2. 汉语介词结构的语序类型学研究

20世纪七八十年代，在语序类型学理论背景下学界展开了语序问题大讨论。古今汉语介词结构的序位发生了重大变化，汉语语序是否也经历了SVO→SOV的演变。介词结构的语序变化成为研究汉语语序的重要参数，可以说这一时期有关介词结构语序演变的成果大多是语序大讨论所衍生的"副产品"。

Greenberg（1963）根据4种参项整理出了4种主要的语言类型特征：（a）VSO/P_r/NG/NA；（b）SVO/P_r/NG/NA；（c）SOV/P_o/GN/AN；

（d）SOV/P$_o$/GN/NA。从当前的现代汉语语序来看，汉语小句中主语、动词、宾语语序应当是 SVO，而且有 P$_r$（前置词），领属语与名词语序为 GN，形容词与名词语序为 AN。对照以上语序类型，汉语似乎很难准确归入某一类。汉语究竟是 SVO 型语言还是 SOV 型语言？海外的学者围绕此类问题展开了热烈的讨论。

　　关于汉语语序的讨论观点可以概括为三种：一种认为基本语序是从 SVO 向 SOV 转化，其过程仍未中止。例如 Li 和 Thompson（1973，1974）、Tai（1973，1976）等；另一种认为尽管出现了近似 SOV 公式的若干结构，汉语基本上仍为 SVO 语言，如 Timothy Light（1979）、Huang Shuanfan（1978）、Sun（1996）等；第三种认为古代汉语是一种 SVO 与 SOV 混合型语序，现代汉语变成了 SVO 占优势，但仍有 OV 的痕迹，如 Xu Dan（2006）。

　　Li 和 Thompson（1974）认为：汉语介词结构发生过移位，古代（12 世纪以前）汉语介词结构都后置于动词，然而现代汉语介词结构基本前置于动词，介词结构位置的变化伴随着汉语语序由 VO→OV，亦即（S+V+O→S+O+V）→（S+V+PP→S+PP+V），这种观点已被验证不太准确。12 世纪以前古代汉语介词结构是否全部位于动词之后，何乐士（1985）、Sun（1991，1996）调查了《左传》和《史记》中介词结构的分布，发现动词后的介词结构并不占优势，介词结构的位置并不能看作语序 SVO→SOV 假说的证据。究竟是介词结构的语序变化导致汉语语序的演变，还是汉语整体语序的演变引起了介词结构语序的变化。虽然还有许多问题有待解释，但可以肯定的是介词结构在历时发展过程中发生了语序的移位。

　　Timothy Light（1979：167）指出 SVO 作为汉语的无标记序次排列，自古以来未曾变化，但词序的有标记系统却发生了变化，介词结构的移位与语序的演变没有必然联系。介词结构的移位是出于语义表达的需要，因为介词结构位置的不同带来了意义的差异，称作"位置意义规则"。汉语语序具有表意功能，语序对介词短语的意义具有决定作用。例如：前置介词结构表示动作发生的场所，而后置介词结构则表示宾语受到动词影响后所处的位置。这种将句法结构与语义功能结合起来讨论语序变化的方法值得肯定。

Huang Shuanfan（1978）认为，介词结构的前移跟介词"於"的脱落以及已经前置的介词结构的类化存在一定的联系。比如，介词"在、向、对、从"在古汉语就位于核心动词之前，它们逐渐替代了古代汉语后置的多功能介词"於"，同时后置的"於"字从汉代开始大量省略。这两种力量共同推动了介词结构的移位，形成了以 PPV 为主的语序。问题是上古汉语虽然存在介词结构前置，但仍然以后置为主，为什么结果却是移到动词前而不是移到动词后。

Xu Dan（2006）认为，古代汉语（西汉以前）是一种混合型语序，既有 VO 词序也有 OV 词序。他试图证明汉语是如何从混合型语言进化成 SVO 型语言的。现代汉语变成了 SVO 占优势的语序，但仍有 OV 的痕迹。例如关系从句位于名词之前，方式副词和介词结构位于动词之前，等等。

以上代表性成果表明，介词结构是研究汉语语序的一个重要参项，介词结构的语序具有类型学意义。学者们在讨论汉语语序类型时虽然关注到了介词结构的语序变化，但大都只是集中于少数几个介词，如"於""以"等，并未全面系统地讨论介词结构的序位变化。另外，对介词结构语序变化的某些事实还是不够清楚，如介词结构移位的时间、规律，等等。

从以上研究来看，前贤已经对介词及介词结构的有关问题作了大量研究，研究的理论和方法不断更新，讨论的范围和视角不断扩大，成果丰硕。

但是，纵观这些已有成果，汉语介词及介词结构的研究仍有较大的探讨空间，值得进一步深入研究。例如：汉语介词结构语序分布的事实仍然不甚清楚；介词结构的语序演变与汉语语序类型的关系不明；介词结构语序演变的动因仍然存在分歧；系统全面地研究介词结构语序演变规律的文献较少，大多局限于单个介词结构的研究；研究介词来源的文献多，讨论介词进一步语法化的少；专门研究后置的介词及后置介词结构的文献少，探讨后置介词发展演变的趋势以及后置介词结构的句法语义限制条件的成果更少。由此，本书拟就后置介词结构的相关问题进行系统地讨论。

第四节　基本内容及特点

一　基本内容

本书主要围绕后置介词结构的语序演变和后置介词的发展变化两条主线展开研究，主体内容除绪论和结语外，共分五章：第二章梳理先秦至西汉时期后置介词系统，分析后置介词的句法、语义功能，描写介词结构的语序分布；第三章考察东汉至魏晋南北朝介词结构的语序变化，探求语序变化的影响因素；第四章考察唐宋至元明清介词结构的语序发展情况，分析后置介词的更新替换，功能衰变；第五章研究现代汉语共时平面后置介词的句法、语义特点，分析后置介词的虚化层级及发展趋势；第六章考察介词结构语序演变与汉语语序类型的关系，揭示介词结构语序变化的动因。

二　研究重点

研究重点主要有以下四个方面：
（1）考察汉语后置介词结构语序的历时演变过程；
（2）分析后置介词结构的句法、语义特点；
（3）研究后置介词的发展走向；
（4）探寻介词结构语序演变的动因，并解释介词结构语序演变的类型学意义。

三　特点

（1）考察后置介词结构语序前移的历程，从句法、语义及认知等层面解释后置介词结构语序变化的原因，总结介词结构语序分布的位置意义原则；
（2）以类型学理论审视后置介词结构语序演变的意义，阐明汉语介词结构语序分布的特性；

（3）全面梳理汉语后置介词发展、变化及走向，归纳后置介词进一步语法化的路径及特点。

第五节 理论、方法及语料

一 理论背景

（一）语法化理论

今之虚字，皆古之实字。汉语介词的产生与发展必然要经历语法化的过程。Hopper 和 Traugott（1993：2）将语法化（grammaticalization）定义为：词汇项和结构在一定的语言环境中如何发展出语法功能的过程，以及语法项如何进一步发展出新的语法功能的过程。Hopper 和 Traugott（1993）将虚化的过程描述为一个语法化"斜坡"（cline）：实义词>语法词>附缀>屈折词缀。Givón（1979）提出"循环波"（cyclic wave）：Discourse>Syntax>morphology>morphophonemics>Zero。语法化具有单向性，单向演化的结果是语言成分变得越来越虚。吴福祥（2003：308）指出，"所谓单向性，指的是语法化的演变过程是以'词汇成分>语法成分'或'较少语法化>较多语法化'这种特定方向进行的。"语法化会随着词汇化、形态化和语音销蚀，一路虚化，直至归零。汉语介词虚化的路径、特点不同于西方语言，汉语的实词语法化成为语法词或附着词之后不是演变成屈折词缀，也较少成为零形式，而是跟毗邻词项融合成一个新的词汇项，后置介词的演变趋势就是一个明证。

（二）类型学理论

Bernard Comire[①]（2010［1987］）指出："小句成分的次序是词序类型最重要的参项之一。"同时，他在评述 Greenberg 的观点时指出：Greenberg 根据 4 种参项 VSO/SVO/SOV、P_r/P_o、NG/GN、NA/AN 的各种组合

---

① ［英］伯纳德·科姆里：《语言共性和语言类型》（第 2 版），沈家煊、罗天华译，陆丙甫校，北京大学出版社 2010 年版，第 99、108—109 页。

列出 24 种逻辑上可能的语言类型。在这 24 种类型中有 15 种已由他取样的语言和那项研究中他利用的其他语言所证实……事实上，有 4 种类型每一种包含的语言数量要比其他 11 种里任何一种所包含的多得多，这 4 种类型如下：

    （a）VSO/P_r/NG/NA　　　　　　（b）SVO/P_r/NG/NA

    （c）SOV/P_o/GN/AN　　　　　　（d）SOV/P_o/GN/NA

为了确定词序类型的倾向共性而不是绝对共性，如果不把主语 S 考虑在内，通过概括与合并，可以在词序方面只研究两种较主要的类型：（e）VO，P_r，NG，NA；（f）OV，P_o，GN，AN。从语序类型学理论来看，前置介词（P_r）与后置介词（P_o）是判断语序类型的参项之一。

Dryer（1992）通过对 625 种语言的大型语种库的考察，发现"VO，P_r，VPP"最和谐，"OV，P_o，PPV"最和谐。这都说明介词和介词结构具有类型学意义，虽然不是评判语序的唯一依据，却是判断语序类型学的重要指标。

（三）认知理论

对于后置介词结构语序变迁动因的探讨，可着眼于语言系统内部，张赪（2002）从句法方面寻找动因，认为语法结构的复杂化促使介词结构前移。如果着眼于语言外部，语言符号线性排列的顺序可以从人们的认知心理上寻找理据。汉语词序排列一般是遵循时间先后顺序的。廖庶谦（1946：110）在《口语文法》中指出："一个动作连续的句子，那些动作的次序，原来就是依照动作发生的时间次序来做先后的次序的。因此，我们把一个动作修饰语在一个句子里面前后的移动，那在实际意义上，就是把那个事实发生的先后次序前后对调了。"

戴浩一（1988：10，12）提出了"'时间顺序原则'（PTS）：两个句法单位的相对次序决定于它们所表示的概念领域里的状态的时间顺序"。他认为 PTS 也可以推广到说明汉语中状语的排列次序的一些有趣的现象。例如：他从中国来。/他昨天来到美国。"从"字短语指明了始发点，因此是动作之前的状态，所以"从"字短语排在动作行为之前。"到"字短语表示到达的处所，在时间顺序上，抵达某地是在移动之后产生的结果，所以排在动作行为之后。现代汉语中的文言介词"自、于、以"形成的介词结构可以出现在动词之后，他认为这是古汉语文言格式的遗留，古汉语不遵循时间顺序原则。

谢信一（1991）指出：语言符号的组合可以根据两种原则，"由感知或概念上促成的规则称为临摹原则，以逻辑——数学为基础的规则称为抽象原则。"临摹原则就是语言符号对现实情景的反映。"在一个语言表达特别是句子里，临摹原则和抽象原则是共同起作用的。"蒋绍愚（1999）认为先秦汉语中"于+L（处所）"一律置于动词之后是"抽象原则"的体现，现代汉语中的时间顺序原则是一种"临摹原则"的体现。何洪峰（2012：435）指出，"汉语状语语序的发展动因是临摹时间像似性。语言形式临摹性形成了一种动力：将不符合事件顺序的线性结构调整为与事件顺序一致的结构，使得线性句法结构与事件顺序呈现出像似性，在像似性推动下，汉语状语语序调整成了与时间顺序像似的结构。这种像似有的是临摹真实时间顺序像似，有的是临摹想象时间顺序像似。"

从认知来看，古汉语中有些后置介词结构语序演变的动因是句法临摹时间的像似性。例如，古代汉语中表示［−终点］义的介词结构语序发生了变化：前移（表示起点、范围等）；调整（表方式、工具等）；表示［+终点］义的介词结构始终后置。

二　主要方法

（一）历时与共时相结合

古今汉语后置介词及介词结构的语序发生了演变，为了方便勾画后置介词结构的语序变化规律，分析后置介词的演变趋势，本书将分四个时期（先秦至西汉、东汉至魏晋南北朝、唐宋至元明清、现代）描写每个后置介词结构共时层面的句法、语义特点，分析每个后置介词的语义及功能，在历时层面上比较介词结构的序位演变，观察后置介词的语义及功能方面的发展变化。

（二）定量与定性相结合

定量统计是研究的基础，古汉语中有些介词结构的语序比较自由，既可以前置，也可以后置。针对特定范围的语料，统计介词结构的出现频次，确定不同介词结构的分布优势。统计每个后置介词不同时期的功能复现频率，判定主要功能域标和次要功能域，发现后置介词的语义功能变化。

（三）描写与解释相结合

详细地描写每个后置介词结构在各历史阶段的句法表现，描写介词结构的分布位置，解释后置介词结构句法分布位置的语义限制条件，归纳后置介词及介词结构的发展演变规律。

三　语料范围

本书将分四个历史时期讨论后置介词结构的语序演变过程和后置介词的发展演变趋势。四个时期选取的代表性文献[①]分别是：

（一）先秦至西汉

先秦时期主要考察《诗经》《尚书》《国语》《左传》《论语》《孟子》《庄子》《荀子》《韩非子》《礼记》等 16 部文献，西汉时期考察《史记》《淮南子》2 部文献。

（二）东汉至魏晋南北朝

东汉时期主要考察中土文献《论衡》和佛经文献《道行般若经》《中本起经》；魏晋南北朝时期主要调查传统文献 5 部《三国志》《搜神记》《世说新语》《洛阳伽蓝记》《齐民要术》，佛经文献 4 部《六度集经》《旧杂譬喻经》《佛般泥洹经》《佛说大般泥洹经》。

（三）唐宋至元明清

唐宋时期主要考察了 9 部文献：《六祖坛经》《入唐求法巡礼行记》《寒山诗校注》《王梵志诗校注》《敦煌变文集》《祖堂集》《近代汉语语法资料汇编》（唐五代卷）（宋代卷）和《朱子语类辑略》。

元明清时期主要考察 13 部文献：《近代汉语语法资料汇编（元明卷）》《新校元刊杂剧三十种》《元曲选》《大元圣政国朝典章·刑部》《元朝秘史》；《朴通事》《老乞大》《三国演义》《水浒传》《金瓶梅词

---

① 版本信息详见文末附注"主要文献语料"。

话》;《红楼梦》《儒林外史》《儿女英雄传》。

（四）现代

现当代语料主要来自朱氏语料库，北京大学 CCL 现代汉语语料库，北京语言大学 BCC 现代汉语语料库。

第二章 先秦至西汉的后置介词结构

先秦至西汉时期后置的介词主要有 8 个，本章主要描写这一时期后置介词的概貌，分析后置介词结构的句法表现，归纳后置介词结构的语义类型，解释影响后置介词结构语序分布的可能因素。

本章统计数据来源文献主要依据先秦时期：《诗经》《左传》《论语》《孟子》《庄子》《荀子》《韩非子》《礼记》；西汉时期：《史记》①《淮南子》，例证材料不限于以上文献。

第一节 先秦至西汉时期介词概况

先秦至西汉时期大致分为三个阶段：上古前期（商周时期）、上古中期（春秋战国时期）和上古后期（西汉时期）。

殷商时期。这一时期的介词虽数量不多，但许多介词尚处于动词向介词的发展过渡阶段，对介词的识断难度较高，分歧也较大。例如：

管燮初（1953：48—49）确认的介词 12 个：

> 于、曰、及、之、从、乎、叀、隹、在、母、自……至于、叀……不；

陈梦家（1988：123—125）确认的介词 5 个：

---

① 《史记》语料选取范围：宋亚云（2010：5）将《史记》语料一分为二：《史记》（上）（51 篇）更多地代表了先秦的语言，《史记》（下）（53 篇）则主要代表西汉时期的语言，本书以《史记》（下）53 篇内容作为统计范围。

自、至于、于、在、从；

张玉金（2001：65）确认的介词18个：

郯（必）、在、从、至、至于、于、暨、及、戠、即、由、若、
攀、终、先、后、自、卒；

沈培（1992：126）确认的介词7个：

于、自、在、从、由、自……至（于）……、自……于……。

有些词在后代来看是介词，但在甲骨文中可能既是介词，又是动词。
如沈培（1992：159）将"叀"看作语气词，把"至（于）、以、及"视
为动词。标准宽严不同，结果差异较大。杨逢彬（2003：282）以"只能
位于从属位置，不能单独作谓语；一般是高频词；必须语法化程度较高"
等较严的标准，判定出甲骨卜辞中真正的介词只有两个："于"和"自"。
综合过去的研究，对甲骨文中的介词一致确认的有 4 个：于、自、
在、从。

西周时期。以金文和《尚书》为主要材料的介词研究成果比较丰富。
例如：

管燮初（1981：183—184）收录了西周金文 14 个介词：

于、雩、佳（唯）、罘、以、自、用、叡、为、剻、唬、彶、
叀、雩若；

钱宗武（2004：208—209）收录了 21 个介词：

从、达、及、暨、如、若、为、惟、以、已、因、用、由、于、
於、越、亦越、在、至于、自、作；

潘玉坤（2005：81—116）从语序角度讨论了 11 个介词：

　　罦、雫、及、至于、越、安、于、以、在、用、自;

武振玉(2006:155—187)总结出西周金文9个介词:

　　于、才(在)、自、雫、以、及、暨、庸、用。

　　上述介词中,有的使用频率太低,如"越""安"等西周金文中分别仅有1例,难以准确定性。对于有些介词,学者们意见不一,如张玉金(2001:35)认为"叀"是语气副词,武振玉(2006:250)把"隹(唯、惟)"也视作起焦点的提示、强调作用的语气副词或语气词。对西周介词的认定基本一致的有5个:于、以、自、用、及。

　　上古中期。除了沿袭上古前期的介词以外,也产生一些新的介词,部分旧有介词消失,介词普遍具有多功能性。春秋战国的文献资源丰富,介词研究成果较多,散见于专书或专题研究中。例如:何乐士(1985:62)收录了《左传》介词21个,王鸿滨(2003:59)认定《春秋左传》介词33个,二者确认一致的介词有18个:於、于、以、及、自、在、诸、乎、与、为、从、因、由、用、当、代、循、逮。王鸿滨(2003:59)认定《论语》介词14个,杨伯峻(1960:105)认定《孟子》介词19个,殷国光(1997:318—322)认定《吕氏春秋》介词22个,姚振武(2005:196—209)列举了《晏子春秋》8个介词。

　　上古后期。介词数量大幅增加,部分高频介词使用频次下降,逐渐被专用介词所替代,介词功能逐渐固定,分工更趋明确。何乐士[①](2005:287—296)收录《史记》介词45个,王鸿滨[②](2003:59)列举《史记》介词22个,二者对同一专书介词确认相同的有19个:於、当、及、在、以、自、由、从、比、乎、与、因、为、至、方、乡、缘、循、乘。

　　以上各家所收战国至西汉时期的介词情况列表如表2-1所示。

---

　　① 分别为:於、当、及、在、以、自、由、从、比、乎、与、因、为、方、乡、缘、循、乘、至、会、并、即、临、随、赖、空、后、候、竟、依、逐、旁、到、终、应、坐、用、代、道、先、将、逮、于、诸、抵。

　　② 分别为:於、当、及、在、以、自、由、从、比、乎、与、因、为、方、繇、缘、循、乘、至、如、焉、承。

表2-1　　　　　　　春秋战国及西汉时期专书介词比较

文献	相同介词	不同介词
《左传》	於、于、以、及、自、在、诸、乎、与、为、由、用、当	从、因、代、循、逮
《论语》	於、于、以、及、自、在、诸、乎、与、为、由、用、当	比、焉
《孟子》	於、于、以、及、自、在、诸、乎、与、为、由、用、当	从、比、至、焉、及至、至於
《吕氏春秋》	於、于、以、及、自、在、乎、与、为、由、用、当	从、比、至、因、方、终、如、道、缘、繇
《晏子春秋》	於、于、以、自、乎、与	从、因
《史记》	於、以、及、自、在、乎、与、为、由、用、当	从、比、至、因、方、乡、缘、循、乘

由表2-1可见，不同的专书，介词数量不尽相同，这可能与专书语料容量大小有一定关系，与研究者收词方式也有关，有的是遍举式，有的是举例式，如《晏子春秋》。另外，与介词判别标准不同也有关，对于动介、连介、副介兼类的处理，意见不一，例如"方"副介并存，"循、如、至"等动介两用。虽然春秋战国时期介词数目仍不十分固定，但对一些常用介词的认定渐趋一致。

在参考前人研究成果的基础上，综合上文对甲金文时期和春秋战国时期介词的分析比较，我们选定15个认定基本一致的介词作为考察对象：

於/于、以、及、从、自、比、在、诸、乎、当、与、为、因、由、用。

第二节　先秦至西汉后置的介词

先秦至西汉介词结构的句法分布位置不确定。有的只能前置，如"从"字结构；有的只能后置，如"于"字结构；有的既能前置又能后置，如"以"字结构。为了弄清先秦时期常用介词构成的介词结构的句法分布位置，本书对上文确定的15个常用介词（于/於、自、以、为、用、及、在、乎、诸、从、与、由、当、比、因）在先秦至西汉5部典籍中的使用情况进行了统计，列成表2-2所示。

表2-2显示：（1）整体而言，介词结构后置较多；（2）就单个介词

而言，只能前置的介词有 7 个：与、从、为、由、当、比、因；只能后置
的有 2 个：诸、乎；既可前置又可后置有 6 个：于/於、以、自、及、在、

表 2-2　　　　　　　　　介词结构出现在动词前后的频次

介词	《左传》①		《论语》		《孟子》		《礼记》		《史记》（下）	
	前置	后置	前置	后置	前置	后置	前置	后置	前置	后置
于/於②	235	2989	20	151	23	290③	31	1314	48	930
以	1903	253	65	25	181	43	442	204	931	113
与	332	0	40	0	89	0	124	0	1034	0
为	222	31	17	0	101	0	190	0	376	0
自	187	67	9	0	22	2	51	64	124	3
及	190	1	4	0	11	0	31	16	546	3
乎	0	1	0	21	0	44	0	109	0	47
诸	0	268	0	3	0	17	0	89	0	1
在	14	13	2	0	3	0	12	7	13	6
从	15	0	0	0	1	0	3	0	141	0
用	17	6	0	0	4	0	2	4	20	0
由	37	0	2	0	26	0	28	0	72	0
当	8	0	2	0	14	0	18	0	80	0
比	7	0	2	0	3	0	16	0	9	0
因	30	9④	0	0	0	0	19	0	57	0
合计	3197	3638	163	200	478	396	968	1817	3451	1103

───────────

①　《左传》介词统计数据引自赵大明《左传介词研究》，首都师范大学出版社 2007 年版，第 32 页。

②　"于"和"於"的关系问题，在此不做深究。过去已有各家多有论述，如解惠全和洪波（1988）、郭锡良（1997）等。闻宥（1984：44—48）指出：甲骨文里只有"于"字，没有"於"字，到了周代的金文里才于"于"字之外再加一个"於"字，大约在春秋末期才有。段玉裁在《说文解字注》里说："凡经多用'于'，凡传多用'於'"，段玉裁将"于"和"於"看作古今字。从传世文献来看，这两个字在用作介词时大多可以互换。介词"於"和"于"的用法大致相同，为行文方便本书一般用"於"字表示，例句根据原文书写。

③　以上统计数字都不包含重复出现的介词结构，也不包含固定组合，如"之于""至于"等。

④　我们认为，这种位于判断句中谓语位置的"因"是表示因果关系的连词，而非介词。例如"狄侵齐，因晋丧也。"（《左传·僖公三十三年》）

用；（3）后置介词的使用频率极不平衡，高频介词"于/於"和"以"后置用例最多（6312），约占后置介词总例（7154）的88%，占据了绝对优势。

另外，何乐士（1985：178）也比较分析了《左传》与《史记》中的介词分布位置，情况如表2-3所示。

表 2-3　　　　　　　　　动词前后介词数量

文献	动词前或动词后	动词后	动词前	总计
《左传》	5（於、以、及、自、在）	2（诸、乎）	14（从、与、为……）	21
《史记》	6（於、以、及、自、在、抵①）	2（诸、乎）	36（从、与、为……）	44

综合以上情况，可以确定先秦至西汉时期后置的介词共计8个，其中2个只能后置（诸、乎），6个可前置可后置（於/于、以、自、及、在、用）。这8个常用介词构成的介词结构后置时，主要表示处所、时间、工具、对象4种语义。

一　时处介词

先秦时期，能够后置介引处所或时间的介词主要有：于/於、自、在、乎、诸、及。

（一）于/於

"於"字介引处所，构成"於"字结构，表示动作行为所自、所到、所在场所，或表示静态存在场所。

1. 动作所自

"於"字结构后置，表示动作行为源起之处所。例如：

（1）a 虎兕出於柙，龟玉毁於椟中，是谁之过与？（《论语·季氏》）

　　　　b 亨狗於东方，祖阳气之发於东方也。（《礼记·乡饮

---

① "抵"仅在《史记》中有少量出现在动词之后的用例，其他文献中未见，可视作特例，故不做讨论。

酒义》)

　　(2) a 今之诸侯取之於民也，犹御也。(《孟子·万章下》)
　　　　b 宜民宜人，受禄于天。(《诗经·假乐》)

　　上例"於"字结构，例 (1) 表示动作行为起点，例 (2) 表示事物来源，"於"字相当于"自、从"。

　　2. 动作所到
　　"於"字结构后置于 [+位移] 义动词，表示动作行为达到的处所或目标，"於"字相当于"到"。例如：

　　(3) a 百岁之后，归于其居。(《诗经·葛生》)
　　　　b 舜往于田，号泣于旻天，何为其号泣也? (《孟子·万章上》)
　　　　c 由也升堂矣，未入於室也。(《论语·先进》)

　　有时，"於"字结构后置于动词宾语，表示客体在动作行为的作用下所达到的终点。例如：

　　(4) a 三年讨其君，驱飞廉於海隅而戮之。 (《孟子·滕文公下》)
　　　　b 河内凶，则移其民於河东，移其粟於河内。(《孟子·梁惠王上》)
　　　　c 投其首於宁风之棘上。(《左传·昭公五年》)

　　3. 静态存在场所
　　"於"字结构后置于 [+静态] 动词，表示存在或滞留的处所。例如：

　　(5) a 以兄之室为不义之室而不居也，避兄、离母，处於於陵。(《孟子·滕文公下》)
　　　　b 不敢悬於夫之楎椸，不敢藏於夫之篋笥，不敢共湢浴。(《礼记·内则》)

c 有美玉於斯，韫椟而藏诸，求善贾而沽诸？（《论语·子罕》）

上例的谓语动词动作性较弱，"於"字结构表示人或事物存在的处所、状态持续的处所，"於"相当于"在"。部分存在动词可带宾语，如例（c）表示事物静态存在的位置。

4. 动作发生的场所

"於"字结构后置，表示动作行为发生的场所，构成"V+於+NP"结构（例（6）），也可表示事件发生的处所，构成"VO+於+NP"结构（例（7））。例如：

（6）a 八佾舞於庭，是可忍也，孰不可忍也？　（《论语·八佾》）

b 冬，十二月，齐侯游于姑棼，遂田于贝丘。（《左传·庄公八年》）

（7）a 天子亲帅三公、九卿、大夫以迎夏於南郊。（《礼记·月令》）

b 春，叔弓会楚子于陈。（《左传·昭公八年》）

表示动作或事件发生处所的"於"字结构一般直接位于动词之后，少量位于动词宾语之后。

另外，介词"於"还可介引动作行为发生的时间。例如：

（8）a 后稷肇祀，庶无罪悔，以迄于今。（《诗经·生民》）
b 播五行於四时，和而后月生也。（《礼记·礼运》）

例（a）表示时间终点，例（b）表示动作行为发生的时间。

西汉时期，处所介词"於"的语义功能与先秦基本相似，介引动作行为所自（a）、所到（b）、所在（c）及静态存在（d）。例如：

（9）阳气起於东北（a），尽於西南（b）；阴气起於西南（a），

尽於东北（b）。（《淮南子·诠言训》）

    c 楚恭王与晋人战於鄢陵，战酣，恭王伤而休。（《淮南子·人间训》）

    d 天子处於郊亭，则九卿趋，大夫走，坐者伏，倚者齐。（《淮南子·泛论训》）

先秦时期表示处所的名词与一般名词不做区分。例如：

    （10）a 温温恭人，如集于木。（《诗经·小宛》）
        b 道不行，乘桴浮于海。（《论语·公治长》）

"木"和"海"本是表示事物的一般名词，在句中用于表示事物存在的处所。李崇兴（1992：249）认为，自西汉开始，处所名词与一般名词出现了分化，处所名词同一般名词的分化从带方位词开始发生。他认为，正是由于处所名词的分化造成了介引处所补语的"於"字大量的脱落，我们认为这种解释是合理的。

以动词"置"带处所补语为例，《左传》与《史记》中动词"置"所带处所补语存在明显的差异，《史记》中介引处所的"於"字开始大量脱落。

《左传》中动词"置"后接处所补语35例，其中31例处所补语都由处所介词"于"或"诸"介引，仅有少量处所补语后出现方位词（例（11）c）。例如：

    （11）a 夏，四月，齐陈恒执其君，置于舒州。（《左传·哀公十四年》）

    b 置桓公子雍於谷，易牙奉之以为鲁援。（《左传·僖公二六年》）

    c 鱄设诸置剑於鱼中以进，抽剑刺王。（《左传·昭公二七年》）

《史记》中动词"置"后接处所补语27例，都没有介词"於"或"诸"介引，仅有1例出现了介词"乎"。无介词介引的处所宾语中有16

例名词后带上了方位词。例如：

（12）a 项羽乃立章邯为雍王，置楚军中。（《史记·项羽本纪》）

b 燕数万衔土置冢上，百姓怜之。（《史记·五宗世家》）

（13）a 项王则受璧，置之坐上。（《史记·项羽本纪》）

b 有所爱马，衣以文绣，置之华屋之下。（《史记·滑稽列传》）

以上动词"置"所带处所补语和宾语的变化说明了处所名词的分化造成了处所标记"於"的使用逐渐减少。随着方位词处所标记功能的不断增强，不必依赖介词"於"，就可以区分开实体名词与处所名词。

（二）自

甲骨文中介词"自"常用于介引动作行为的处所、时间起点，上古早期的《诗经》《尚书》延续了"自"在甲金文中的用法。例如：

（14）a 我来自东，零雨其蒙。（《诗经·东山》）

b 乃葛伯仇饷，初征自葛。（《尚书·仲虺之诰》）

c 晋师从齐师，入自丘舆。（《左传·成公二年》）

（15）a 颠之倒之，自公召之。（《诗经·东方未明》）

b 帝作邦作对，自大伯王季。（《诗经·皇矣》）

例（14）后置介词"自"介引处所起点，例（15）介词"自"引进时间的起点，位于句尾。

介词"自"还可介引动作行为的经由例（16）a、b 或所在例（16）c，一般前置。例如：

（16）a 伯牛有疾，子问之，自牖执其手。（《论语·雍也》）

b 弥牟亡而有益，请自北门出。（《左传·哀公二十六年》）

c 昔我缪公自岐、雍之间，修德行武，东平晋乱。（《史记·秦本纪》）

（三）在

《说文解字》（以下简称《说文》）："在，存也"，"在"的介词用法出现较早，甲骨文时期已经有了介词用例，管燮初（1953）、陈梦家（1956）等学者多有论述，在此不赘。甲金文中的介词"在"主要介引时间、处所或对象，用例不多。通过考察先秦时期 5 部文献"在"字的功能，发现介词"在"的使用频率仍然不高，主要还是用作动词。

表 2-4 "在"字功能对比

	《诗经》	《左传》	《论语》	《孟子》	《礼记》
介词	11	27	4	2	5
动词	135	437	47	63	218
总计	146	464	51	65	223
介词比例	7.5%	5.8%	7.8%	3%	2.2%

先秦时期"在"主要用作动词，介词用法还比较少见。"在"用作动词，句中单独作谓语，表示"存在"之义。例如：

（17）a 唯二姬之子在绛。（《左传·庄公二十八年》）
　　　b 王在灵囿，麀鹿攸伏。（《孟子·梁惠王上》）

上例"在"单独作谓语，用作动词，由于动词义"存在"与介词义"所在"重合，经常造成动介语法属性难以从意义上截然分开，大致可根据句法功能来定性。金昌吉（1996：19）以介词的核心功能来判别，认为"介词不能单独使用，介词短语不能单独作谓语"。例如：

（18）（圣人明知之，士君子安行之，官人以为守，百姓以成俗;）其在君子以为人道也，其在百姓以为鬼事也。（《荀子·礼论》）→＊其在君子，（其）以为人道。

上例中的"在君子"与"以为人道"不能点断，也即"在 X"不能单说，不能单独作谓语，所以"在"字应该视为介词，引出动作行为关涉的对象。

但有时候，连动结构的几个连动项之间可出现语音停顿，句中点断，形成几个独立的并列事件，可能理解为动词。例如：

（19）a 鱼在在藻。（《诗经·鱼藻》）→鱼在，在藻。

b 子在齐闻韶，三月不知肉味。（《论语·述而》）→子在齐，闻韶。

郭锡良（1997：137）将上例"在"字视作动词，认为真正的介词"在"到汉代才产生。"在"字结构后置，表示动作行为到达或存在的处所，具有介词用法。例如：

（20）a 陟则在巘，复降在原。（《诗经·公刘》）①

b 初，晋悼公子憖亡在卫，使其女仆而田。（《左传·哀公十一年》）

（21）昭升于上（a），敷闻在下（b）。（《尚书·文侯之命》）

（22）a 夫赏，国之典也，藏在盟府，不可废也。（《左传·襄公十一年》）

b 为文王卿士，勋在王室，藏於盟府。（《左传·僖公五年》）

例（20）"在"位于连动结构 V₂ 位置，已不是表意的中心，后置的"在"字结构补充说明"下、逃"的终到处。例（21）、例（22）中的"在"与"於"对举使用，功能相似，性质相当。

（四）乎

《说文》："乎，语之余也。"语气词是其最基本用法。先秦时期，"乎"字产生了介词用法。《马氏文通》（1983：261）指出："'乎'、'於'两字同一用法，而有时两者不能相易者，此则系乎上下文之语气耳。"也即"乎"的介词功能和"於"相同，用作语气词是不能相混淆的。"乎"也被看作是介词"於"的变体，郭锡良（1997：135）、张玉金（2009：17）认为，先秦典籍中的介词"于"在书写上有几种变体："於、

---

① 引自《古代汉语虚词词典》，商务印书馆 1999 年版，第 806 页。

乎、诸"，这三个字是介词"于"先后不同的假借字。

"乎"的语气词用法远远超过其介词用法，例如《论语》中"乎"字语气词用例 137 例，介词用例 21 例；《孟子》语气词 162 见，介词 44 见。另外，介词"乎"的出现频次大大低于介词"于"。《论语》中介词"于"和"乎"的频次比为 171：21；《孟子》中为 313：44。

表示处所的"乎"字结构均后置，与介词"於"功能相似，表示动作行为所在（例（23）a）、所到（例（23）b/c）及经由（例（23）d）等。例如：

（23）a 冠者五六人，童子六七人，浴乎沂，风乎舞雩，咏而归。（《论语·先进》）

b 强不犯弱，众不暴寡，而弟达乎州巷矣。（《礼记·祭义》）

c 期我乎桑中，要我乎上宫，送我乎淇之上矣。（《诗经·桑中》）

d 出乎大门而先，男帅女，女从男，夫妇之义由此始也。（《礼记·郊特牲》）

西汉时期，介词"乎"延续先秦时的用法，功能更加广泛，"乎"字介词结构都位于动词之后。例如：

A. 介引所在

（24）a 故水出於山，入行海；稼生乎野，而藏乎仓。（《淮南子·缪称训》）

b 骑蜚廉而从敦圄，驰於方外，休乎宇内。（《淮南子·俶真训》）

B. 介引所自或经由

（25）a 驰骛往来，出乎椒丘之阙，行乎洲淤之浦，径乎桂林之中，过乎泱莽之野。（《史记·司马相如列传》）

　　b圣人之行义也，其忧寻出乎中也，於己何以利！（《淮南子·缪称训》）

C. 介引所到

（26）a使句芒其将行兮，吾欲往乎南嬉。（《史记·司马相如列传》）

　　　b顾见卢敖，慢然下其臂，遯逃乎碑。（《淮南子·道应训》）

（五）诸

介词"诸"有两种用法，杨伯峻（1963：16）将"诸"视作兼词，其特点是："以一个字，却同时起两个不同的词性的作用。有些是合音词，有些却不是合音词；譬如常用的'诸'字，有时是'之于'两字的合音，'之'是代词，'于'是介词，那么，这一'诸'字便同时既起代词的作用，又起介词的作用，'一身而二任'了。因此，我管它叫兼词，因为它表面上只是一个字，却兼任两种词。"

其一，"诸"用作合音词，相当于"之于"。例如：

（27）a孔子时其亡也，而往拜之，遇诸涂。（《论语·阳货》）
　　　b执卫侯，归之于京师，置诸深室。（《左传·僖公二十八年》）
　　　c反必告，设奠卒，敛币玉，藏诸两阶之间，乃出。（《礼记·曾子问》）

　　上例中的"诸"是"之于"合音，"之"指代上文的"阳货、卫侯、币玉"，介词"于"引进动作行为发生的处所。现代汉语书面语还保留了"诸"的合音词用法，例如"付诸实施""公诸社会"等。
　　其二，"诸"直接用作介词，相当于"于"，"诸"字结构都后置。例如：

（28）a 公徒将杀昭子，伏诸道。（《左传·昭公二十五年》）

　　　　b 楚人坐其北门，而覆诸山下。（《左传·桓公十二年》）

　　　　c 崔明夜辟诸大墓。（《左传·襄公二十七年》）

上例的动词"伏、覆、辟"都是非自主性的动作行为，没有受事存在，所以"诸"只能解释为"于"，介引动作行为的处所。

（六）及

"及，逮也，从又从人"（《说文·又部》）。"及"动词，表示"赶上、到达"之义。例如：

（29）a 楚令尹子玉追秦师，弗及。（《左传·僖公二十五年》）

　　　　b 群居终日，言不及义，好行小慧，难矣哉！（《论语·卫灵公》）

"及"从"追赶"动词义逐渐虚化发展为介词，据武振玉（2007：152）对两周金文中"及"的考察，指出"及"在金文中已确有介词用法。

周朝时期，介词"及"已经产生了后置用法。《金文常用字典》："及，介词，放在动词后面，表示趋向，相当于'到'"，例如"是有纯德遗训，以施及子孙。"（15·9735 中山王壶，战晚）①

介词"及"相当于"於/于"，后置引出动作行为所到之处。例如：

（30）a 无体之礼，施及四海；无服之丧，施于孙子。（《礼记·孔子闲居》）

　　　　b 公与三子入于季氏之宫，登武子之台。……入及公侧，仲尼命申句须、乐颀下，伐之，费人北。（《左传·定公十二年》）

先秦时期，表示处所的"及"字结构后置用例较少，主要表示动作行为所及之处，"及"相当于"到"。例如：

---

① 例句引自陈初生《金文常用字典》，陕西人民出版社 2004 年版，第 322 页。

（31）a 行及弇中，将舍。（《左传·襄公二十五年》）

b 父母之丧既引及涂，闻君薨，如之何？（《礼记·曾子问》）

c 郤克伤于矢，流血及屦。（《左传·成公二年》）

综上所述，调查《左传》和《史记》（下）中主要处所介词的语序分布及出现频率，具体情况如表 2-5 所示。

表 2-5　《左传》《史记》（下）中处所介词结构语序分布统计

文献	起点		活动处所		存在处所		终点	
	前置	后置	前置	后置	前置	后置	前置	后置
《左传》	从$_1$ 自$_{120}$	于$_{47}$ 於$_{104}$ 诸$_{12}$ 自$_{31}$		于$_{622}$ 於$_{318}$ 诸$_{82}$ 在$_1$		于$_{78}$ 於$_{38}$ 诸$_{22}$ 在$_6$		于$_{354}$ 於$_{240}$ 诸$_{64}$ 在$_{13}$ 及$_9$
《史记》（下）	从$_{92}$ 由$_1$ 自$_{41}$	於$_{24}$ 自$_3$	於$_5$ 在$_1$	於$_{322}$ 于$_{25}$ 乎$_{25}$	於$_1$	於$_{68}$ 于$_{13}$ 乎$_6$ 在$_1$		于/於$_{98}$ 乎$_3$ 在$_3$

统计显示：先秦至西汉时期，后置的处所介词及其频度斜坡为：于/於、自、诸、乎、在、及。

处所介词结构基本后置，可以表达多种语义次类。介词"于/於"主要介引动作行为的起点或来源、终点、存在处所、动作行为发生处所；介词"自"主要介引动作行为的起点或经由；介词"在"主要介引动作行为发生处所、存在处所及终点。

二　方式介词

方式是人们说话做事所采取的方法和形式。何洪峰（2012：3）提出，"方式范畴（manner category）是句法语义结构中对动作行为或性质变化的方法和形式的概括与抽象。"陈昌来（2003：232—238）指出："方式是句子语义结构中施事者为完成某动作行为所采取的方法和形式。"

方式范畴可以指广义方式，包括工具、材料及凭借等范畴。吴继光（1999：179—191）把"用+X+VP"结构中"用字结构表示的语义成分称作'用事成分'"，包括"凭借成分"与"方式成分"。"凭借成分"包括工具、材料成分。陈昌来（2003：175—243）把"工具、材料、方式、依据等总称为'凭事'"。Crystal（2000：214）解释"方式状语"时指出，"状语的其他几个语义类密切相关（例如工具和手段），有时也归在方式的名下。"这都说明方式是上位语义，工具、手段、凭借等是下位语义。

何洪峰（2012：17—19）从方式语义的层级性方面解释了介词结构表示的方式范畴与相关范畴（工具、材料、凭借）之间的包含关系，他认为工具、材料及凭借是低层语义关系，是描述介词与所介引词语间的关系，而高层关系是介词结构与VP的语义关系，虽然从低层语义关系来看"工具""材料""凭借"各不相同，但在高层语义层面它们都是表方式，都用来回答"怎么样·VP"，都用来说明怎么样实现句中谓语描述的事实。

本书中的"方式"范畴包含工具、材料、依凭等语义。有时为了方便区分，把介词介引抽象义词语的视为狭义的方式，介引具体义词语的是工具或材料。介词结构经常表示方式，先秦至西汉时期常用于表示方式的介词主要是"以"，其次是"用"。

（一）"以"字结构

"以"字作为古汉语常用介词，语法著作无不论及。专门研究"以"字的单篇论文比较多，如郭锡良（1998）、鲁国尧（1982）、罗庆云（2005）、张德福（1997）等。

先秦时期"以"字结构使用频率较高，用法灵活，语序不固定。有时前后置互见，语义无明显差异。例如：

（32）a 有所不行，知和而和，不以礼节之，亦不可行也。（《论语·学而》）

b 道之以德，齐之以礼，有耻且格。（《论语·为政》）

（33）a 即不忍其觳觫，若无罪而就死地，故以羊易之也。（《孟子·梁惠王上》）

　　b 我非爱其财而易之以羊也。(《孟子·梁惠王上》)

　　例 (32) 的 a 句 "以礼 V 之" 与 b 句 "V 之以礼",尽管句法结构形式不同,但语义上基本没有什么差别,只是语用功能不同。例 (33) 更能说明问题,形成最小对立对,刘景农 (1994:200) 认为,做状语和补语的作用不同,作状语时,述说的重点是在动词上;若做补语,就侧重在介词的宾语。鲁国尧 (1994 [1982]:15) 则认为,作状语还是作补语主要是为了追求句法结构的协调、和谐,句法成分间的自动调节。

　　根据 "以" 字结构与所修饰 VP 之间的不同语义关系,"以" 字结构可以划分出以下几种语义次类。

　　1. 表示方式

　　主要是指借以实施某种行为的思想、观念、法规等,一般是由抽象名词 (例 (34)) 或名词性结构 (例 (35)) 充当。例如:

　　(34) a 守之以信,行之以礼。(《左传·昭公五年》)

　　　　　b 君使臣以礼,臣事君以忠。(《论语·八佾》)

　　　　　c 尧、舜率天下以仁,而民从之;桀、纣率天下以暴,而民从之。(《礼记·大学》)

　　(35) a 从而不失仪,敬而不失威;道之以训辞,奉之以旧法。(《左传·昭公五年》)

　　　　　b 地方七百里,革车千乘,命鲁公世世祀周公天以子之礼乐。(《礼记·明堂位》)

　　2. 表示工具

　　工具是实施动作行为可用来操持的器物,一般是由意义比较具体的名词 (例 (36)) 或名词性结构 (例 (37)) 充当。例如:

　　(36) a 太子救之以戈。(《左传·哀公二年》)

　　　　　b 路马死,埋之以帷。(《礼记·檀弓下》)

　　(37) a 曾孙维主,酒醴维醹,酌以大斗,以祈黄耇。(《诗经·行苇》)

　　　　b 杀人以梃与刃，有以异乎？（《孟子·梁惠王上》）

　　有时介词"以"的工具用法与方式用法难以区分，关系密切。工具介词可以发展出方式用法（工具介词>方式介词），这具有类型学特征（吴福祥，2003）。例如，英语介词"with"：He fought with a knife.（工具格）→He fought with skill.（方式格）。在此不做严格区分，不管是抽象的方式，还是具体的工具，在更高语义层级上都属于方式范畴。

　　3. 表示依凭

　　介词"以"引进动作行为依据的标准（例（38））、条件（例（39））、身份（例（40））等，"以"的宾语多为名词或名词性短语。例如：

　　　　（38）a 昔先王议事以制，不为刑辟，惧民之有争心也。（《左传·昭公六年》）

　　　　　　b 命仆及七驺咸驾，载旌旐，授车以级，整设于屏外。（《礼记·月令》）

　　　　（39）a 朝聘以时，厚往而薄来，所以怀诸侯也。（《礼记·中庸》）

　　　　　　b 凡入学以齿。（《礼记·王制》）

　　　　（40）a 宾之以上卿，礼也。（《左传·桓公九年》）

　　　　　　b 许穆公卒于师，葬之以侯，礼也。（《左传·僖公四年》）

　　4. 表示材料

　　材料是制作物品所凭借的事物，一般由事物名词充当。例如：

　　　　（41）a 煎醢加于陆稻上，沃之以膏，曰淳熬。（《礼记·内则》）

　　　　　　b 教成祭之，牲用鱼，芼之以苹藻，所以成妇顺也。（《礼记·昏义》）

　　　　　　c 置之新箧，裳之以玄纁，加组带焉。（《左传·哀公十

一年》）

5. 表示性状

凭借某一性状进行某种主体行为，"以"字介引形容词或形容词性结构。例如：

　　（42）a 其待我以横逆，则君子必自反也。（《孟子·离娄下》）

　　　　　b 示之以整，使谋而来。（《左传·宣公十四年》）

　　　　　c 吴人加敝邑以乱，齐因其病，取欢与阐，寡君是以寒心。（《左传·哀公十五年》）

6. 表示行为

凭借某一事件进行某种主体行为，"以"字介引动词或动词性结构。例如：

　　（43）a 公辞焉以沐。（《左传·僖公二十四年》）

　　　　　b 诸侯相厉以轻财重礼，则民作让矣。（《礼记·聘义》）

　　　　　c 故就汤而说之以伐夏救民。（《孟子·万章上》）

7. 表示原因

动作行为所发生的缘由，"以"的宾语一般为名词或名词性结构。例如：

　　（44）a 昔者辞以病，今日吊，或者不可乎？（《孟子·公孙丑下》）

　　　　　b 乐以天下，忧以天下，然而不王者，未之有也。（《孟子·梁惠王下》）

　　　　　c 国之兴也以福，其亡也以祸。（《左传·哀公元年》）

8. 表示时间

动作行为发生或进行的时间，"以"的宾语一般为表示具体时间的名词或名词性结构。例如：

 （45）a 赴以庚戌，故书之。（《左传·隐公三年》）

   b 赏以春夏，刑以秋冬。（《左传·襄公二十六年》）

   c 外事以刚日，内事以柔日。（《礼记·曲礼上》）

 综上所述，后置"以"字结构所表达的语义比较丰富，主要表达方式、工具、凭借、材料、原因、时间等语义，本书将重点关注其方式、工具及依凭用法。

（二）"用"字结构

 先秦时期，"用"与"因、由"相同，介引动作行为的原因，这种用法出现较早。如：譬彼坏木，疾用无枝。（《诗经·小雅·小弁》）君子屡盟，乱是用长。（《诗经·小雅·巧言》）同时，"用"也由表示"使用"义的动词逐渐虚化为表示工具或方式的介词，近似于"以"。例如：

 （46）a 用下敬上，谓之贵贵；用上敬下，谓之尊贤。（《孟子·万章下》）

   b 吾闻用夏变夷者，未闻变于夷者也。（《孟子·滕文公下》）

   c 浞因羿室，生浇及豷，恃其谗慝诈伪而不德于民，使浇用师灭斟灌及斟寻氏。（《左传·襄公四年》）

 例（46）宾语"下、夏、师"多指人，难以理解成动词义"使用"的对象，可以视作介词，"用"字结构表示方式，"用"相当于"以"。

 这一时期，"用"介引工具或方式的用例较少，仅检得 11 例（《诗经》3 例、《左传》4 例、《孟子》3 例、《礼记》1 例）。西汉时期，"用"字出现频率略有增加，《史记》（下）检得 10 例方式用法。例如：

 （47）a 齐氏用戈击公孟，宗鲁以背蔽之。（《左传·昭公二十年》）

   b 以为儒者用文乱法，而侠者以武犯禁。（《史记·老子韩

非列传》)

   c 甸人取所彻庙之西北厞薪,用爨之。 (《礼记·丧大记》)

例（a/b）"以""用"互见,功能相同,表示方式。跟"以"字结构相似,"用"字结构表示工具或方式也可后置,后置较少。例如:

  (48) a 执豕于牢,酌之用匏。(《诗经·大雅·公刘》)
    b 大夫命妇,丧浴用冰。(《左传·昭公四年》)

小结:先秦至西汉时期能够后置的方式介词主要是"以"字,其次是"用"字。介词"以"可以介引方式、工具、依凭等多种语义成分。

三　对象介词

先秦时期,介引动作行为影响或关涉对象的介词主要有"于/於、以、为、与、乎、及、比、用、诸"等,但能够后置的介词主要是"于/於"和"以"。介词"乎""诸""及"等也有少量后置用法。

（一）于/於

多功能介词"于/於"使用频率很高,用法也比较复杂。除了上文所讨论的介引处所、时间以外,还可引进动作行为所关涉的对象。根据"于"字结构与动词之间的不同语义联系,可细化为四种不同的对象角色:A. 介引动作行为的受事;B. 介引动作行为的与事;C. 介引动作行为的施事;D. 介引比较的对象。

1. 介引受事

介词"於"位于动词之后,引出动作行为直接作用的对象,如动词"恶、畏、朝、让、责、疑、斩、讨、诛、害、责难、得罪"等。例如:

  (49) a 不愧于人,不畏于天。(《诗经·何人斯》)
    b 及文子卒,卫侯始恶於公叔戌,以其富也。(《左传·定公十三年》)

（50）a 初，公孙无知虐于雍廪。九年春，雍廪杀无知。（《左传·庄公八年》）

b 楚子使蒍章让於邓。邓人弗受。（《左传·桓公九年》）

（51）a 君若欲诛於祝、史，修德而后可。（《左传·昭公二十年》）

b 虽寒，不衣祭服；为宫室，不斩於丘木。（《礼记·曲礼下》）

上例介词"於"引出动作行为直接影响的对象，谓语动词的及物性程度不同，动词"畏、恶→虐、让→诛、斩"及物性逐渐增强，动作对对象的影响力也逐渐加强。这种表层的动补结构实质上表达出深层的语义支配（动+受）关系。古代汉语中，这种用法的动宾之间也可以不用介词"于/於"。例如：

（52）a 以大事小者，乐天者也；以小事大者，畏天者也。（《孟子·梁惠王下》）

b 公孟恶北宫喜、褚师圃，欲去之。（《左传·昭公二十年》）

c 诛其君而吊其民，若时雨降。（《孟子·梁惠王下》）

比较例（52）a 与例（49）a，例（52）b 与例（49）b，例（52）c 与例（51）a 可以发现，两句并无语义上的明显差异。这种动宾之间为什么要出现"于"字呢？杨伯峻（1982）认为，这是"古汉语之罕见语法现象"，是不该用介词而用了介词；梁晓红（1985：105）认为，及物动词与受事宾语之间的"於"是一种特殊用法。何乐士（1989：97）认为，介词"于/於"引进受事宾语，主要起强调和加强语气的作用。杉田泰史（1998：125）指出，"及物动词和它的宾语之间有'于'字，这个句式表示动作的不完整。"董秀芳（2006：2—8）则认为，"'于/於'是动词低及物性的标志，在句法上标明其后的名词不是宾语，在语义上标明其后的名词是间接题元。"这种结构实际是先秦时期某些动词的及物性还不够稳定的表现，是发展中的过渡形式。

2. 介引与事

引进动作行为有关的另一对象，根据动词的语义可分为四种类型：A. 给予类动词；B. 求取类动词；C. 言告类动词；D. 其他动词。

A. 给予类动词

"於"字引进"给予"的对象，常见动词如"施、献、赐、馈、加"等。例如：

（53）a 言私其豵，献豜于公。（《诗经·七月》）

　　　b 昔者有馈生鱼於郑子产，子产使校人畜之池。（《孟子·万章上》）

（54）a 己所不欲，勿施於人。（《论语·颜渊》）

　　　b 大夫有赐於士，不得受於其家，则往拜其门。（《孟子·滕文公下》）

"给予"动词是双及物动词，介词"於"引出给予的对象，位于受事宾语之后，如例（52）。当受事宾语省略时，"於"字结构直接位于动词之后，如例（54）。

B. 求取类动词

介词"於"引出求取的对象，常用动词如"请、求、乞、假、问"等。例如：

（55）a 晋侯复假道於虞以伐虢。（《左传·僖公五年》）

　　　b 秦景公使士雃乞师于楚，将以伐晋，楚子许之。（《左传·襄公九年》）

（56）a 所求於人者重，而所以自任者轻。（《孟子·尽心下》）

　　　b 冢妇所祭祀、宾客，每事必请於姑，介妇请於冢妇。（《礼记·内则》）

（57）a 子鲜不获命於敬姒，以公命与宁喜言。（《左传·襄公二十六年》）

　　　b 初，季公鸟娶妻於齐鲍文子，生甲。（《左传·昭公二十五年》）

"於"字引出求取的对象，充当间接宾语（例（55））。受事宾语也可省略，"於"字结构直接后置于动词（例（56））。先秦时期，一般名词与处所名词没有分化（李崇兴，1992：249）。"於"字引出求取的对象（例（57）），也可看作处所，"於"相当于"自、从"。

C. 言告类动词

言告行为的实施包含三个基本要素：言告主体、言告对象及言告内容，常见言告动词如"言、告、陈、命、愬"等。例如：

（58）a 吾言於君，君弗听也。（《左传·襄公二十三年》）

b 釐尔圭瓒，秬鬯一卣，告于文人。（《诗经·江汉》）

（59）a 孔子沐浴而朝，告於哀公曰："陈恒弑其君，请讨之。"（《论语·宪问》）

b 周桓公言於王曰："我周之东迁，晋、郑焉依。"（《左传·隐公六年》）

介词"於"引出言告的对象，言告内容承前省略，"於"字结构直接位于动词后（例（58））。若言告内容复杂，则在"於"字结构之后以"曰"引出（例（59））。

D. 其他动词

引出对待的对象，动词多为特殊动词"有""无"，动词后一般带有宾语，"于"相当于"对、对于"。例如：

（60）a 有功德於民者，加地进律。（《礼记·王制》）

b 若是乎贤者之无益於国也。（《孟子·告子下》）

引进动作行为相关联的对象，动词的动作性较弱，"於"可释作"与、和、跟"。例如：

（61）a 宣伯通於穆姜，欲去季、孟而取其室。（《左传·成公十六年》）

b 谋於长者，必操几杖以从之。（《礼记·曲礼上》）

上述"给予、求取、言告"义的动词，大都是三价的及物动词，动词后面两个宾语同时出现，其中一个宾语需要介词"于/於"介引。

3. 介引施事

引出动作行为的施动者，表达被动关系，"於"相当于"被"。例如：

（62）a 梁婴父嬖於知文子，文子欲以为卿。（《左传·定公十三年》）

　　　　b 御人以口给，屡憎於人。（《论语·公冶长》）

（63）a 耳目之官不思，而蔽於物。（《孟子·告子上》）

　　　　b 吾闻用夏变夷者，未闻变於夷者也。（《孟子·滕文公上》）

先秦时期，主要使用介词"于/於"表达被动关系，在语料中共计检得39例①。这一时期还有少量"为"字式（例（64））和"见"字式（例（65））的被动结构，前者有9例，后者仅有4例。② 例如：

（64）a 战而不可，为诸侯笑。（《左传·襄公十年》）

　　　　b 有国者不可以不慎，辟则为天下戮矣。（《礼记·大学》）

（65）a 随之见伐，不量力也。（《左传·僖公二十年》）

　　　　b 盆成括见杀，门人问曰："夫子何以知其将见杀?"（《孟子·尽心下》）

西汉时期，被动表达结构出现了变化，表达形式更加丰富，多种被动表达式并存竞争，有"为"字句、"於"字句、"见"字句、"被"字句以及一些无标记的被动式。例如：

A. V+於 NP

（66）a 是故圣人法天顺情，不拘于俗，不诱於人。（《淮南子·

---

① "于/於"字被动式：《左传》18例，《论语》3例，《孟子》14例，《礼记》4例。

② "为"字被动式：《左传》7例，《礼记》1例，《论语》1例；"见"字式：《左传》3例，《孟子》1例。

精神训》)

　　　　b是故有术则制人，无术则制於人。（《淮南子·主术训》)

B. 为 N+所 VP

　　（67）a吾闻先即制人，后则为人所制。（《史记·项羽本纪》)
　　　　b彭越去之巨野中为盗，而布为人所略卖。（《史记·季布栾布列传》)

C. 见+V+於 NP

　　（68）a是皆以利见制於人也。（《淮南子·主术训》)
　　　　b内无暴事以离怨於百姓，外无贤行以见忌於诸矦。（《淮南子·诠言训》)

D. 被+V

　　（69）a信而见疑，忠而被谤，能无怨乎？（《史记·屈原贾生列传》)
　　　　b而七国之乱，发怒於错，错卒以被戮。（《史记·酷吏列传》)

E. 无标记被动式

　　（70）a项羽已杀卿子冠军，威震楚国，名闻诸侯。（《史记·项羽本纪》)
　　　　b蜚鸟尽，良弓藏；狡兔死，走狗烹。（《史记·越王句践世家》)

多种被动表达结构竞争，"於"字被动式逐渐被其他结构所取代。何乐士（2000：189—227）比较了《左传》与《史记》中的被动句，"为……所"式被动句在《史记》中占主要地位，"於"字被动句使用数量要少于"为"字式，"为……所"结构逐渐成为主流结构，这是"於"字衰落的表征之一。

4. 介引比较对象

"於"字结构位于形容词之后，引进性状比较的对象，可用于差比句（例（71）），"於"相当于"比"。另外，"於"字也可用于平比句（例（72））。"於"字比较用法较为常见。例如：

（71）a 季氏富於周公，而求也为之聚敛而附益之。（《论语·先进》）

b 金重於羽者，岂谓一钩金与一舆羽之谓哉？（《孟子·告子上》）

c 楚弱於晋，晋不吾疾也。（《左传·襄公十一年》）

（72）a 其所以异於深山之野人者几希。（《孟子·尽心上》）

b 光又甚文，将自同於先王。（《左传·昭公二十九年》）

上古汉语比较句比较基准一般后置于形容词，形成"形容词+於+比较基准"的句法格局。有学者将形容词与比较基准之间的句法配置作为判断语言基本语序的"语序类型参数"，如 Dryer（1992、2003）发现 OV 语言倾向于"St. +Adj"（比较标准+形容词）组配，而 VO 语言则倾向于"Adj+St."（形容词+比较标准）组配。上古时期"於"字式比较句的语序正好与汉语语序类型 SVO 相和谐。

（二）以

"以"不仅能够介引工具和方式，还可介引受事对象。介词"以"常用于"给予"义或"言告"义动词前后，引出给予的物品（例（73））或言告的内容（例（74））。介引受事对象的"以"字结构一般前置，少量后置。

（73）a 分人以财谓之惠，教人以善谓之忠，为天下得人者谓之仁。（《孟子·滕文公》）

  b 成王、康王追念周公之所以勋劳者，而欲尊鲁，故赐之以重祭。(《礼记·祭统》)

  c 及河，子犯以璧授公子。(《左传·僖公二十四年》)

(74) a 王尝语庄子以好乐，有诸？(《孟子·梁惠王下》)

  b 币必诚，辞无不腆，告之以直信。(《礼记·郊特牲》)

  c 曾子以斯言告於子游。(《礼记·檀弓上》)

  这种用法的句式大多具有处置意义，"以"字介引的处置对象一般前置，介词"以"相当于"把"，表示"把……给予/告诉（谁）"。

（三）乎

  介词"乎"的功能与"于/於"基本相似，位于动词或形容词后，引进动作行为的受事、施事及比较对象。"乎"字结构全部后置。

1. 引进受事

(75) a 攻乎异端，斯害也已。(《论语·为政》)

  b 是故入小而不偪，处大而不窕，浸乎金石，润乎草木。(《淮南子·兵略训》)

2. 引进施事

(76) a 不信乎朋友，不获乎上矣。(《礼记·中庸》)

  b 是故形伤於寒暑燥湿之虐者，形苑而神壮。神伤乎喜怒思虑之患者，神尽而形有余。(《淮南子·俶真训》)

3. 引进比较对象

(77) a 义正乎君，仁亲乎父。(《淮南子·缪称训》)

  b 若彼之所相者，乃有贵乎马者。(《淮南子·道应训》)

(78) a 故君子莫大乎与人为善。(《孟子·公孙丑上》)

  b 孝子之至，莫大乎尊亲；尊亲之至，莫大乎以天下养。(《孟子·万章上》)

（四）及

表示对象的"及"字结构既可前置，也可后置。由表示动作所及之处的处所用法（见第二章第二节）引申发展出表动作行为涉及的对象或范围，这种用法的"及"字结构常位于施予义（例（79））或言说义（例（80））动词之后。例如：

（79）a 公饮之酒，厚酬之，赐及从者。（《左传·昭公二十一年》）

　　　　b 君若顾报周室，施及寡人，以奖天衷，君之惠也。（《左传·定公四年》）

（80）a 宾牟贾侍坐于孔子，孔子与之言及乐。（《礼记·乐记》）

　　　　b 语及卫故，大宰嚭曰："寡君愿事卫君，卫君之来也缓，寡君惧，故将止之。"（《左传·哀公十二年》）

当介词"及"引进动作行为的共同参与者（与事）时，基本前置，相当于"与、跟"，这是"及"字的最常见用法。例如：

（81）a 女心伤悲，殆及公子同归。（《诗经·七月》）
　　　　b 鲁庄公及宋人战于乘丘。（《礼记·檀弓上》）

（五）诸

"诸"是"之于"合音词，"之"指代动词的宾语，"于"引进"予求"的对象（例（82））或言告的对象（例（83））。例如：

（82）a 发而不中，不怨胜己者，反求诸己而已矣。（《孟子·公孙丑上》）

　　　　b 则受而献诸舅姑，舅姑受之则喜，如新受赐。（《礼记·郊特牲》）

（83）a 单子语诸大夫曰："温季其亡乎！"（《左传·成公十六年》）

b问诸夫人与左师，则皆曰："固闻之。"（《左传·襄公二十六年》）

小结。先秦至西汉时期表示对象的后置介词结构主要是"于/於"字结构和"以"字结构，后置介词"乎、及、诸"也有少量介引对象的用法。

介词"于"和"以"可以介引多种对象角色。"于"字介引动作行为的受事、施事、与事及比较对象，西汉时期介引施事的"于"字被动式数量开始减少；"以"字主要引进受事对象。

第三节　介词结构的语序

本节主要分析介词结构所在句法结构的语序分布特征，描写介词结构后置后所在句法结构的句法、语义表现。

一　处所介词结构

先秦时期，后置处所介词结构主要有"于/於+NP""自+NP""在+NP""诸+NP"和"乎+NP"式。

（一）于/於+处所

表示处所的"於"字结构基本后置。前置是有标记语序，主要起强调对比的作用，用例数量较少，《诗经》仅有8例，《孟子》9例，《礼记》5例。例如：

（1）a 申伯还南，谢于诚归。（《诗经·大雅·崧高》）

b 凡羞有俎者，则於俎内祭。（《礼记·少仪》）

c 送宾反位，又哭尽哀，遂除，於家不哭。（《礼记·奔丧》）

"於"字结构前置对动作发生的场所起到强调凸显的作用。例（a）强调申伯确实要回到"谢邑"，例（b）凸显祭祀的位置在"俎内"，例（c）承接前文"痛哭於墓"，强调"在家"不能痛哭。又如：

（2）a 孔子於卫主痈疽，於齐主侍人瘠环。（《孟子·万章上》）

b 前日於齐，王馈兼金一百而不受；於宋，馈七十镒而受；於薛，馈五十镒而受。（《孟子·公孙丑下》）

上例的"於"字结构前后形成对照，例（b）的对比意味十分明显。

甲骨卜辞中已经存在介词结构前置的现象。陈梦家（1956：124）认为，卜辞中介词结构"从后往前移"是为了表示"着重卜问"。沈培（1992：158）认为，卜辞中的非时间介词结构仍以后置为常，有的相当固定，从不前置。凡是既有前置用法又有后置用法的非时间介词结构，在前置时都是命辞的焦点，也就是说，它们是为了特定语用目的而前置的。《马氏文通》（1983：256—257）指出："若'於'之司词为意之所重者，则可先所附焉……"

由此可见，表示处所的"於"字结构以后置为常，前置是特殊语序，具有语用上的强调突显功能。

先秦时期，"于/於+处所"结构一般后置于单音节动词。西汉时期，"於"字结构后置于非单音动词或非单音结构 VP 的用例逐渐增多。在《史记》（下）中检得 46 个非单音动词性结构，《淮南子》中有 40 多个。例如：

（3）芒然仿佯於尘垢之外，而消摇於无事之业。（《淮南子·精神训》）

（4）a 扬名广誉於当世，亲天下而服四夷。（《史记·平津侯主父列传》）

b 天气始下，地气始上，阴阳错合，相与优游竞畅於宇宙之闲。（《淮南子·俶真训》）

有些非单音结构已经凝固成词，如例（3）的"消摇（逍遥）、仿佯"等。有些仍是并列结构，如例（4）的"扬名广誉""优游竞畅"。

非单音结构主要有并列式（例（5）a）、动宾式（例（5）b）、状中式（例（5）c）等，以并列式居多。例如：

（5）a甘暝太宵之宅，而觉视於昭昭之宇，休息於无委曲之隅，而游敖於无形埒之野。（《淮南子·精神训》）

b孝景帝三年正月甲子，初起兵於广陵。（《史记·吴王濞列传》）

c夫鱼相忘於江湖，人相忘於道术。 （《淮南子·俶真训》）

值得注意的是，这一时期的处所成分一般需要介词引出，介词"于/於"使用较多，但有时也可以不用介词。例如：

（6）a今适南亩，或耘或耔，黍稷薿薿。（《诗经·甫田》）
b有为神农之言者许行，自楚之滕。 （《孟子·滕文公上》）
c子入太庙，每事问。（《论语·八佾》）

处所成分"南亩、滕、太庙"直接在位移动词"适、之、入"之后，表示位移的终点，这种用法比较常见。《马氏文通》（1983：166）指出，"记所至之处，后乎内动，无介字者常也，然有介以'於'字者。"

表示静态存在或滞留的处所也可不用介词介引。例如：

（7）a度其鲜原，居岐之阳。（《诗经·皇矣》）
b坐堂伏槛，临曲池些。（《楚辞·招魂》）
c余处幽篁兮终不见天，路险难兮独后来。 （《楚辞·山鬼》）

表示动作发生的处所无介词引介的也比较常见，既可后置（例（8））也可前置（例（9）），以后置居多。例如：

（8）a 与女沐兮咸池，晞女发兮阳之阿。（《楚辞·少司命》）

b 屈原既放，游於江潭，行吟泽畔，颜色憔悴，形容枯槁。（《楚辞·渔父》）

c 复田江南，许男与焉。（《左传·昭公四年》）

（9）a 孟子去齐，充虞路问曰：“夫子若有不豫色然。”（《孟子·公孙丑下》）

b 若野赐之，是委君贶於草莽也。（《左传·昭公元年》）

c 散军而郊射。（《礼记·乐记》）

处所名词可直接前置作状语，表示动作行为发生的处所。

综上所述，“于/於＋处所”结构的语序和无介词介引的处所成分的语序分布基本一致，绝大多数分布在动词后，极少数位于动词前。

（二）　自＋处所

上古早期，表示处所起点的“自”字结构语序不固定，既可前置也可后置，意义不发生变化。例如：

（10）a 下民之孽，匪降自天；噂沓背憎，职竞由人。（《诗经·十月之交》）

b 自天降康，丰年穰穰。（《诗经·烈祖》）

（11）a 日居月诸，出自东方。（《诗经·日月》）

b 人之彦圣，其心好之，不啻若自其口出，是能容之。（《尚书·秦誓》）

（12）a 来归自镐，我行永久。（《诗经·六月》）

b 自牧归荑，洵美且异。（《诗经·静女》）

表示处所起点的“自”字结构以后置为常。《诗经》《尚书》中“自”字结构大多后置，《诗经》“自”引介处所 27 例中有 19 例后置，《尚书》15 例中有 13 例后置。“自”字结构多用于位移动词之后，如“归、入、出、奔、来、往、还、适、如、反、逃、逾、迁、之、至”等，表示位移的起点。例如：

(13) a 我入自外，室人交遍谪我。(《诗经·北门》)

b 出自幽谷，迁于乔木。(《诗经·伐木》)

c 惟五月丁亥，王来自奄，至于宗周。(《尚书·多方》)

d 越三日壬申，王朝步自宗周，至于丰。 (《尚书·毕命》)

上古时期，表示处所起点，可以介词结构表示，如例（13）；也可以处所宾语表示，如例（14）。

(14) a 汤出重泉，夫何罪尤？(《楚辞·天问》)

b 平明发兮苍梧，夕投宿兮石城。(《楚辞·九叹》)

c 朝晨发兮鄢郢，食时至兮增泉。(《楚辞·九思》)

例（14）a 中，"出重泉"是"出自重泉"；例（14）b、c 中"发（兮）苍梧""发（兮）鄢郢"意为"发于苍梧""发于鄢郢"。"重泉""苍梧""鄢郢"是动词"出""发"的处所宾语（朱德熙 1982：114）。

上古中后期，"自"字结构语序发生了变化，逐渐移位到动词之前，以前置为常。《左传》中"自+处所"用例 151，前置 120 例；《论语》共 7 例，前置 7 例；……可见，此时"自+处所"以前置为主，详情如表 2-6 所示。

表 2-6　　　　　　　　　"自+处所"的语序分布

	《左传》	《论语》	《孟子》	《礼记》	合计
VP 前	120	7	11	26	164
VP 后	31	0	2	17	50

"自"字结构既可前置于位移动词，表示位移的起点（例（15）），也可前置于非位移动词，表示动作发生的起始位置（例（16））。例如：

(15) a 桓公自莒先入。(《左传·庄公九年》)

b 吾自卫反鲁，然后乐正，雅、颂各得其所。(《论语·

子罕》）

　　　　c 有为神农之言者许行，自楚之滕，踵门而告文公。（《孟子·滕文公上》）

　　（16）a 郑厉公自栎侵郑，及大陵，获傅瑕。（《左传·庄公十四年》）

　　　　b 颍考叔取郑伯之旗蝥弧以先登，子都自下射之，颠。（《左传·隐公十一年》）

　　　　c 逾隐而待之，督戎逾入，豹自后击而杀之。（《左传·襄公二十三年》）

"自+N$_处$"表示处所起点，西汉时期以前置为主，少量后置属于上古早期用法的遗留。《史记》（下）中"自"介引起点仅 3 例后置。《淮南子》中仅 2 例后置。例如：

　　（17）a 秦质子归自赵，赵太子出归国。（《史记·秦始皇本纪》）

　　　　b 赤水之东，弱水出自穷石，至於合黎。（《淮南子·墜形训》）

同时期，表处所起点的"从+N$_处$""由+N$_处$"结构只能前置。例如：

　　（18）a 有一人从桥下走出，乘舆马惊。（《史记·张释之冯唐列传》）

　　　　b 方船济乎江，有虚船从一方来，触而覆之。（《淮南子·诠言训》）

　　　　c 乐由中出，礼自外作。（《礼记·乐记》）

　　由此可见，介词短语表示处所起点，由上古时期以后置为主发展到西汉时期，已呈现前置为主的状态。

　　"自"字结构的句法分布与中心语 VP 的构成情况存在一定的关联。张赪（2002：34）对《左传》中"自+场所"的句法分布做过统计和分析，如表 2-7 所示。她认为，"自"字结构的句法位置与谓语中心成分的复杂性存在密切联系。

表 2-7 《左传》中"自+场所"的位置 张赪（2002：34）

	"自+场所"位于动词前	"自+场所"位于动词后
VP 为光杆单音节动词	29	71
VP 为非单音节动词	10	1
VP 带宾语	51	0
VP 带补语	19	0

当 VP 为光杆单音节动词时，"自"字结构一般后置（例（19））；VP 为非单音节动词时，"自"字结构大多数前置（例（20）），谓语是复杂形式（述宾结构 a、述补结构 b、状中结构 c、连动结构 d）。例如：

（19）a 公还自晋，郑伯会公于棐。（《左传·文公十三年》）
　　　b 晋侯济自泮，会于夷仪。（《左传·襄公二十五年》）
　　　c 妻抱子出自房，当楣立东面。（《礼记·内则》）
（20）a 自天降康，丰年穰穰。（《诗经·烈祖》）
　　　b 秋，莒去疾自齐入于莒。（《左传·昭公元年》）
　　　c 围人荦自墙外与之戏。（《左传·庄公三十二年》）
　　　d 公出，自其厩射而杀之。（《左传·宣公十年》）

有时，"自"字结构后置具有调节句法结构的作用，形成句式的排比，使整体句式结构更加和谐顺畅。例如：

（21）a 蔡侯归自晋，入于郑。（《左传·襄公二十八年》）
　　　b 反自褅祥，宿于蒇氏，生懿子及南宫敬叔于泉丘人。（《左传·昭公十一年》）
　　　c 逃出自窦，归于有仍，生少康焉。（《左传·哀公元年》）

句中动词的位置大致相同，"自"字结构后置能够形成句式上的排比，使得前后句之间衔接更紧密，语气更通畅。

（三）在+处所

这一时期"在"字结构既可前置，也可后置。介词"在"的使用频率较低，7 部文献中仅检得 59 例①介词用法。例如：

（22）a 鲁侯戾止，在泮饮酒。（《诗经·泮水》）

　　　b 在陈绝粮，从者病，莫能兴。（《论语·卫灵公》）

　　　c 在朝言礼，问礼对以礼。（《礼记·曲礼上》）

例（22）"在"字结构前置表示动作行为发生的处所。先秦时期"在"字结构前置用例并不多见，5 部文献共计检得 14 例：《诗经》5 例，《论语》4 例，《孟子》2 例，《礼记》3 例。

"在"字结构后置，主要表示动作行为发生的场所（例（23））、存在处所（例（24））及位移终点（例（25））。例如：

（23）a 明日，以表尸之，皆重获在木下。（《左传·宣公十二年》）

　　　b 命乞言，皆大乐正授数，大司成论说在东序。（《礼记·文王世子》）

（24）a 夫赏，国之典也，藏在盟府，不可废也。（《左传·襄公十一年》）

　　　b 蛰虫咸俯在内，皆墐其户。（《礼记·月令》）

（25）a 寡君使瘠，闻君不抚社稷，而越在他竟，若之何不吊？（《左传·襄公十四年》）

　　　b 宗子去在他国，庶子无爵而居者，可以祭乎？（《礼记·曾子问》）

（四）乎/诸/及+处所

介词"乎、诸、及"介引处所只能后置，一般表动作的终点或发生

---

① 《诗经》11 例，《左传》27 例，《论语》4 例，《孟子》2 例，《礼记》5 例，《史记》（下）6 例，《淮南子》4 例。

的处所。例如：

（26）a 子之还兮，遭我乎猇之间兮。（《诗经·国风·还》）

b 鸡鸣狗吠相闻，而达乎四境，而齐有其民矣。（《孟子·公孙丑上》）

（27）a 臧氏使五人以戈楯伏诸桐汝之间。（《左传·昭公二十五年》）

b 郑公子偃师帅师御之，使东鄙覆诸鄾，败诸丘舆。（《左传·成公三年》）

（28）a 其孙箴尹克黄使于齐，还及宋，闻乱。（《左传·宣公四年》）

b 楚侵及阳桥，孟孙请往赂之以执斫、执针、织纴，皆百人。（《左传·成公二年》）

二　方式介词结构

先秦时期，能够后置表示方式的介词结构主要是"以"字结构，其次是"用"字结构。

（一）以+方式

"以+方式"结构既可前置也可后置，具体表现为三种结构形式：A. 以O+VP；B. O 以+VP；C. VP+以 O。先秦至西汉时期"以+方式"结构前置最为常见，是一种优势语序。

1. "以 O+VP"结构

（29）a 子路从而后，遇丈人，以杖荷蓧。（《论语·微子》）

b 王寝，盗攻之，以戈击王，王孙由于以背受之，中肩。（《左传·定公四年》）

（30）a 以德服人者，中心悦而诚服也。（《孟子·公孙丑》）

b 有楚国而治其民，以敬事神，可以得祥。（《左传·哀公十六年》）

（31）a 以礼食，则饥而死，不以礼食，则得食，必以礼乎？（《孟子·告子下》）

　　　　b 以三十年之通制国用，量入以为出，祭用数之仂。（《礼记·王制》）

（32）a 王好战，请以战喻。（《孟子·梁惠王上》）

　　　　b 以乘车往，曰："迹人来告曰：'逢泽有介麋焉。'"（《左传·哀公十四年》）

"以"字结构前置可以表示工具（例（29））、方式（例（30））及依凭（例（31））等语义。例（32）的宾语分别是动词及动词性短语"战、乘车"，介词"以"介引这种谓词性宾语一般都前置。

"以"字结构前置时，谓语 VP 一般是复杂形式。动词 V 常带宾语（例（33）），也可带补语（例（34）a），还可前插状语（例（34）b）。例如：

（33）a 以粟易之。（《孟子·滕文公上》）

　　　　b 南宫万奔陈，以乘车辇其母，一日而至。（《左传·庄公十二年》）

（34）a 范鞅门于雍门，其御追喜［以戈］杀犬<于门中>。（《左传·襄公三十五年》）

　　　　b 我［以锐师］［宵］加<於郧>，郧有虞心而恃其城，莫有斗志。（《左传·桓公十一年》）

先秦时期，各类实词不用介词引介可以直接做状语，名词状语最为常见，表示各种方式义。管燮初（1981：98—123）、马建忠（1983：230）、杨树达（1984：171—174）、何洪峰（2007：11—17）等学者详细讨论过先秦至西汉的前置方式状语，肯定了名词构成前置方式状语的常见性。例如：

（35）a 年长以倍则父事之，十年以长则兄事之。（《礼记·曲礼上》）

　　　　b 今而后知吾君之犬马畜伋。(《孟子·万章下》)

　　(36) a 夫如是,则四方之民襁负其子而至矣,焉用稼。(《论语·子路》)

　　　　b 子欲手援天下乎?(《孟子·离娄上》)

　　例 (35) 名词状语表示对待方式, "父/兄" 即 "以事父/兄的方式", "犬马畜伋" 即 "以畜犬马之道畜伋";例 (36) 表示工具方式, "襁负其子" 即 "以襁负其子", "手援天下" 即 "以手援天下"。

　　由此可见,前置 "以" 字结构方式状语与非介词结构构成的方式状语具有语序结构上的一致性,都以前置为常。《马氏文通》(卷四,第8页) 也指出:"凡外动字之转词,记其行之所赖用者,则介以 '以' 字,置先动字者,常也。盖必有所赖用而后其行乃发,故先之。" 这句话概括了两个重要事实:a. 说明了语序排列,表示方式的 "以" 字结构以前置为常;b. 解释了前置的原因,只有 "先有所赖用" 然后 "其行乃发",这正是对时间顺序原则早期最朴素的描述。

　　2. "O 以+VP" 结构

　　古汉语中 "以" 的宾语前置现象比较常见,研究较多。麦梅翘 (1983)、何乐士 (1989:171) 都对《左传》中的 "以" 字宾语前置进行过研究,潘玉坤 (2000:79—86) 也对古汉语中 "以" 的宾语前置问题作了比较全面的讨论。本书主要关注宾语前置可能给 "以" 字语法性质的发展带来影响。

　　"O 以+VP" 结构中的宾语 O 多是名词性词语 (例 (37)),也可是谓词性词语 (例 (38))。例如:

　　(37) a 礼以体政,政以正民,是以政成而民听。(《左传·桓公二年》)

　　　　b 江汉以濯之,秋阳以暴之,皓皓乎不可尚已。(《孟子·滕文公上》)

　　(38) a 庶顽谗说,若不在时,侯以明之,挞以记之。(《尚书·益稷》)

　　　　b 其徒数十人,皆衣褐,捆屦织席以为食。(《孟子·滕文

公上》）

"以"字宾语前置可能使介词"以"进一步虚化为连词或发展为词内成分。郭锡良（1998：4）指出："由于介词'以'的宾语既可以前置，又可以省略，加上也可以用谓词充当；因而使它具备了进一步虚化为连词的条件。"例如：

　　（39）a 五霸者，搂诸侯以伐诸侯者也。（《孟子·告子下》）
　　　　　b 夫如是，故远人不服，则修文德以来之。（《论语·季氏》）

例（39）中的"以"字出现在"VP$_1$以VP$_2$"结构中，这不是介词出现的典型句法环境。如果VP$_1$与VP$_2$在表意上无主次之分，"以"字起到连接作用，可能进一步语法化为连词，VP$_2$表示前一动作行为VP$_1$的目的。先秦至西汉时期，介词"以"已经虚化成了连词。

"以"字宾语前置还可能产生"以"字宾语悬空现象，从而引起词汇化，"以"字进一步虚化为词内成分。虽然"以"字的词汇化不全是由悬空引起的，有的是由代词宾语前置长期使用形成的，如"何以、是以、此以"等，但介词悬空是词汇化的重要原因。"以"字悬空形成的词汇很多，例如"所以、可以、以为"等。何洪峰（2008：77—82）详细探讨了"以"字悬空引起的词汇化现象。例如：

　　（40）a ［《诗》］$_i$ 可以（e$_i$）兴，可以（e$_i$）观，可以（e$_i$）群，可以（e$_i$）怨。（《论语·阳货》）①
　　　　　b 中人以上，可以语上也；中人以下，不可以语上也。（《论语·雍也》）

例（40）a 中介词"以"的宾语"诗"前置，造成"以"字的宾语悬空，宾语未与"以"字相连，　"以"字后留有空位宾语（empty

_____

① 引自何洪峰《先秦介词"以"的悬空及其词汇化》，《语言研究》2008 年第 4 期。

object)。当"以"字空位宾语进一步虚化,变得无所指代,"以"字完成重新分析,高频使用从而与其相邻的成分凝固成词,例(40)b已经词汇化为助动词"可以"。

3．"VP+以 O"结构

1）宾语 O 的类型

"以"字结构后置,"以"常见的宾语是名词性词语(例(41)),其次是动词性词语(例(42))和形容词性词语(例(43))。例如:

(41) a昔齐景公田,招虞人以旌,不至,将杀之。(《孟子·滕文公下》)

　　　　　b倒载干戈,包之以虎皮。(《礼记·乐记》)

　　　　　c养弟子以万钟,使诸大夫国人皆有所矜式。(《孟子·公孙丑下》)

(42) a公辞焉以沐。(《左传·僖公二十四年》)

　　　　　b争地以战,杀人盈野;争城以战,杀人盈城。(《孟子·离娄上》)

(43) a帝德罔愆,临下以简,御众以宽。(《尚书·大禹谟》)

　　　　　b临之以敬,莅之以强,断之以刚。　(《左传·昭公六年》)

综上所述,"以"的宾语以名词性词语居多,谓词性宾语较少,且结构形式一般较为简短。

2）VP 的构成

"以"字结构后置时,"VP"一般是"V之"结构,也即代词"之"是动词 V 最常见的宾语,构成"V之·以 O"格式,"之"指代语境中提到的某个对象。例如:

(44) a道之以政,齐之以刑,民免而无耻。(《论语·为政》)

　　　　　b天下溺,援之以道;嫂溺,援之以手。　(《孟子·离娄上》)

　　　　　c三日三夜毋绝火,而后调之以醯醢。(《礼记·内则》)

例（44）动词的宾语"之"分别指代前文的对象"百姓、天下、嫂、肉"，"以 O"后置使代词"之"与其所指代的对象更加靠近。

当然，动词 V 的宾语也可以是一般名词，如例（41）、例（42）、例（43）的宾语"虞人、弟子、地、城、众"等都是表人或物的普通名词。无论是何种形式的宾语大都比较简短。且当"以"字结构后置时，谓语动词 V 通常是单音节动词。

西汉时期，方式介词"以"的功能及用法与先秦基本一致。例如：

（45）a 以篙测江，篙终而以水为测，惑矣。（《淮南子·说林训》）

b 载以牛车，有棺无椁。（《史记·酷吏列传》）

（46）a 是故欲刚者必以柔守之，欲强者，必以弱保之。（《淮南子·原道训》）

b 盖闻导民以礼，风之以乐。（《史记·儒林列传》）

在语序分布上，本书统计了《淮南子》与《史记》（下）表示工具和方式的"以"字结构语序分布情况，详情如表 2-8 所示。

表 2-8　"以"字结构在《淮南子》和《史记》（下）中的语序分布

	《淮南子》		《史记》（下）		合计（比例）
	工具	方式	工具	方式	
VP 前	145	329	30	303	807（81%）
VP 后	35	89	8	52	184（19%）

统计显示，"以"字结构前置（81%）占优势；"以"字结构后置是一种劣势语序，受到较多的条件限制。正如鲁国尧（1994［1982］：17）所言："比起'以……'补语来，'以……'状语是个占优势的有前途的格式。后来'以……'状语逐渐取得胜利，淘汰了'以……'补语，也战胜了名词作工具状语的表达方式。"

综上分析，"以"字结构后置时，"以"的宾语 O 主要是名词性词语，一般比较简短；谓语 VP 主要是单音动词或带简单宾语。

（二）用+方式

先秦时期，"用"字结构表示工具或方式不太常见，基本前置（例（47）），较少后置（例（48））。例如：

> （47）a 与子上盟，用两圭质于河。（《左传·襄公三十年》）
>
> b 皆小国之祸也，焉用作坛以昭其祸？（《左传·襄公二十八年》）
>
> c 郁成食不肯出，窥知申生军日少，晨用三千人攻，戮杀申生等。（《史记·匈奴列传》）
>
> （48）教成祭之，牲用鱼，芼之以苹藻，所以成妇顺也。（《礼记·昏义》）

"用"字结构较少后置，后置时似可理解为主谓结构，如例（48）。其后置用法与"以"字结构近似。

三　对象介词结构

（一）於+对象

"於+对象"结构基本后置，表示动作行为的受事（例（49））、施事（例（50））、与事（例（51））及比较的对象（例（52））。例如：

> （49）a 阳虎有宠於季氏而欲伐於季孙，贪其富也。（《韩非子·难四》）
>
> b 自是齐、楚代讨於鲁，襄、昭皆如楚。（《国语·鲁语下》）
>
> （50）a 劳心者治人，劳力者治於人。（《孟子·滕文公上》）
>
> b 有臧武仲之知，而不容於鲁国，抑有由也。（《左传·襄公二十三年》）
>
> （51）a 初，卫宣公烝於夷姜，生急子。（《左传·桓公十六年》）
>
> b 公伯寮愬子路於季孙。（《论语·宪问》）

（52）a 子为恭也，仲尼岂贤於子乎？（《论语·子张》）

　　　b 王如知此，则无望民之多於邻国也。（《孟子·梁惠王上》）

"於+对象"前置较少①，是一种有标记的语序。这种特殊的前置结构主要用于强调与主语存在的某种对待、比较关系，或者用以表达某种观念或态度，具有话题化或焦点化的作用。句中谓语动词的动作性一般较弱。例如：

（53）a 不义而富且贵，於我如浮云。（《论语·述而》）

　　　b 於神为不祥，於德为愆义，於人为失礼，君必不然。（《左传·定公十年》）

"於"字引进说明的对象或话题，谓语动词"如、为"等动作性较弱，例（53）b 中"於"字前置形成排比句式，对照关系更加鲜明，"於"可以理解为"对……而言"。

（54）a 君子於其所不知，盖阙如也。（《论语·子路》）

　　　b 礼之於政，如热之有濯也。（《左传·襄公三十一年》）

例（54）介词"於"介引的对象与主语存在某种对待关系，"於"相当于"对、对于"。例（54）b 中"之於"连用，连接比较的对象，强调两者之间的比较关系，形成对比焦点。

（二）以+对象

"以+对象"结构语序不固定，以前置占优势。"以"字介引受事也可后置，位于给予或言告对象之后。例如：

（55）a 卫人赏之以邑，辞。（《左传·成公二年》）

---

① 在所检索的先秦文献中仅见 53 例：《左传》23 例；《论语》11 例；《孟子》4 例；《礼记》15 例。

b 若有甲兵之事，则授之以车甲，合其卒伍。（《礼记·燕义》）

（56）a 既立，所宿庚宗之妇人献以雉。（《左传·昭公四年》）

b 徐子及郯人、莒人会齐侯，盟于蒲隧，赂以甲父之鼎。（《左传·昭公十六年》）

（57）子路，人告之以有过，则喜。（《孟子·公孙丑》）

"以"字结构后置于三价动词，如"授、赏、赐、贿、赠、赂、献、畀、假"等，介词"以"位于间接宾语和直接宾语之间，介词"以"的出现虽然没有改变句子的命题意义，但改变了句式结构特点，由直接宾语变为补语成分。例如：

（58）晋侯赏桓子狄臣千室，亦赏士伯以瓜衍之县。（《左传·宣公十五年》）

例（58）中同一个双宾动词"赏"，前半句是普通双宾结构，后半句是"以"字双宾结构，介词"以"的有无虽然不影响句子的基本命题意义，但并非可有可无。在句法上，它的存在与否直接关系到句式特点的差异，是直接宾语的句法标记；在语用上，介词"以"的出现突显了赏赐的内容，具有聚焦作用。

"以"字结构后置时，谓语中心 VP 大都比较简单，动词一般是单音动词，可以带有简单的表人或物的宾语，代词"之"最为常见。介词"以"的宾语一般是比较简短的名词或名词性结构，但也有比较复杂的，长度较长，字数较多，较为少见。例如：

（59）a 分唐叔以大路、密须之鼓、阙巩、沽洗，怀姓九宗，职官五正。（《左传·定公四年》）

b 郑人赂晋侯以师悝、师触、师蠲；广车、軘车淳十五乘，甲兵备，凡兵车百乘；歌钟二肆，及其镈、磬；女乐二八。（《左传·襄公十一年》）

从句法结构上看，"以"字介引的宾语较长，显得头轻脚重，结构失衡，这也是"以"字结构前移的语用动因之一。

有时复杂的"以"字结构前置主要起到语用强调或平衡结构的作用。例如：

（60）a 郑人以子西、伯有、子产之故，纳赂于宋，以马四十乘与师茷、师慧。（《左传·襄公十五年》）

b 晋荀息请以屈产之乘与垂棘之璧假道於虞以伐虢。（《左传·僖公二年》）

比较例（59）与例（60）的结构，例（60）的句法结构显得更加匀称与和谐。

《马氏文通》指出："'以'字司词概先动字，其有后乎动字者，则司词长，不则语意未绝也。"事实表明，情况不尽如此。介词"以"的宾语复杂程度并不是"以"字结构是否后置的决定性因素，语用因素"焦点"（focus）和"照应"（anaphoric）也是影响"以"字结构语序的重要方面。例如：

（61）a 五亩之宅，树之以桑。（《孟子·梁惠王上》）

b 暴见於王，王语暴以好乐，暴未有以对也。（《孟子·梁惠王下》）

新信息或自然焦点一般位于句末或动词后，例（61）a 的"以桑"后置，突出焦点信息"桑"，同时"以桑"后置也拉近了动词"树"的宾语"之"与先行词"宅"的距离，便于照应连接。例（61）b 的"以"字省略了宾语，前置也是为了与先行词"好乐"更加靠近，形成紧密的照应。孙朝奋（1991：208）也指出"以"字结构前置，能够使介词"以"的宾语更加接近于它的先行词。

综上所述，先秦时期表示对象的"以"字结构多数前置（68%），少量后置（32%）。"以"字结构的语序分布受语用因素的重要影响，后置具有"凸显"和"照应"的功能。"以+对象"结构的语序分布，详情如

表 2-9 所示。

表 2-9　　　　　　　　　先秦时期"以+对象"结构的句法分布

	《诗经》	《左传》	《论语》	《孟子》	《礼记》	总计（比例）
前置	6	198	14	11	67	296（68%）
后置	0	84	0	8	47	139（32%）

　　小结。语序方面：①先秦至西汉时期，表示处所或对象的"于"字结构基本后置；"自+处所"结构在上古早期语序不固定，以后置为常，西汉时期渐趋前置；"在+处所"结构前置较少，大多后置；处所介词"乎、诸"也只能后置。②表示方式或对象的"以"字结构语序不固定，存在两种基本的语序结构：A. 以 O+VP/O 以+VP；B. VP+以 O。其中"以 O+VP"是优势语序，而"VP+以 O"是一种劣势结构。

　　句法方面：介词结构后置时，谓语 VP 一般比较简单，或为光杆单音节形式，或带简短宾语。介词的宾语 O 一般是简短的名词性词语。

　　语义方面：处所介词结构的语序分布呈现出初步的倾向性，即表示 ［+终点］ 的介词结构只能后置，表 ［+起点］ 的介词结构逐渐前移，表 ［+存在］ 的介词结构基本后置，表 ［+活动］ 处所的介词结构大多后置，部分前置。

　　语用方面："于"字结构前置是一种有标记语序，起话题化或焦点化的作用。前置时，谓语动词的动作性较弱，多强调与主语存在的某种对待、比较关系，或表达某种观念或态度。表示方式或对象的"以"字结构具有语用凸显或平衡结构的功能，后置便于突出焦点信息，形成紧密的照应关系。

第四节　后置介词词汇化

　　先秦时期，后置介词表现出进一步虚化的趋势，经常跟毗邻的词语连用，易于发生词汇化，由语法成分发展为词内成分，汉语后置的介词更容易出现附缀化。

一　"以"的词汇化

关于"以"的词汇化，王力（1989：73—75）讨论过"所以"的虚化过程，何乐士（1989：146—155）讨论了《左传》中"以"字固定格式，郭锡良（1998：1—5）讨论了先秦时期"以"字固定结构，徐丹（2007：281—294）分析了"是以""以是"的语法化与词汇化，何洪峰（2008：77—82）讨论了"以"字悬空引起的词汇化现象。

"以"语法化为介词以后，并没有终止语法化，而是继续虚化，与别的词组成固定结构，有的固定结构已经开始凝固成词，"以"虚化为词内成分。检录先秦 5 部文献，常用的"以"字固定结构有"可以、以为、所以"等，使用频次详见表 2-10。

表 2-10　　　　　　　　先秦时期"以"字固定结构

	可以	以为	所以	何以	有以	无以	是以	以是	足以	难以	以此	此以
《诗经》	19	13	1	12	0	2	8	0	0	0	0	0
《左传》	140	12	82	101	3	4	159	4	33	6	6	3
《论语》	34	16	4	8	0	5	3	0	4	0	0	0
《孟子》	125	90	42	31	4	8	19	0	51	0	0	0
《礼记》	169	274	3	17	19	13	54	7	18	0	4	1

以上固定结构可分为两大类：A. 代词+以，例如"何以、所以、是以、以是、此以、以此"等；B. 形/动词+以，例如"可以、足以、难以、有以、无以"等，还有"以"字作为第一词素构成的其他固定结构，例如"以为、以及"等。除此以外，还有一些"以"字构成的方位词或连词，如"以上、以下、以内、以外、以前、以后；以来、以往、以还"等，在此不讨论这些方位词及连词，该组合中"以"一般不看作介词，《汉语大词典》① 视为助词，杨树达、何乐士②等学者都将其视作连词。

---

① 《汉语大词典》（缩印本），上海辞书出版社 1997 年版，第 458 页。

② 杨树达：《词诠》，中华书局 1965 年版，第 315 页；何乐士：《〈左传〉中的连词"以"》，载《〈左传〉虚词研究》，商务印书馆 1989 年版，第 188—189 页。

　　有些固定结构春秋战国时期已经凝固成词，如"可以、以为"等；有的后来逐渐凝固成词，如"所以"魏晋以后发展成为连词；有的在发展过程中逐渐消失了，如"此以"等。

　　"以"的词汇化形式较多，可以通过一般介词结构高频使用，"以"与这些成分相邻，从而成为固定组合，如"以是、以此"等，这种结构中成分之间结合得并不紧密，只是习惯搭配使用。有时介词后置产生词汇化，如："是以、何以"等。

　　（1）a 君子是以知桓王之失郑也。（《左传·隐公十一年》）
　　　　　b 君子是以善鲁庄公。（《左传·庄公八年》）
　　（2）a 虽小道，必有可观者焉；致远恐泥，是以君子不为也。
（《论语·子张》）
　　　　　b 纣之不善，不如是之甚也。是以君子恶居下流，天下之恶皆归焉。（《论语·子张》）

　　例（1）"是以"位于主谓之间，"是"是代词，"以"可视作介词，表原因。例（2）"是以"位于小句之首，前后分句之间，"是以"关联前后语句，表达因果关系，"是以"是连词。

　　（3）a 何以报德？以直报怨，以德报德。（《论语·宪问》）
　　　　　b 敢问招虞人何以？曰："以皮冠，……"（《孟子·万章下》）
　　（4）a 子柳之母死，子硕请具。子柳曰："何以哉？"（《礼记·檀弓上》）
　　　　　b 魏求相綦母恢而周不听，何以也？（《战国策·张仪相秦》）

　　例（3）通过问答可以看出"以"与"何"关系松散，"以"是介词。例（4）"何以"单独成句，无所介引，"何以"已经凝固，表示"怎么办"或"为什么"。

　　"以"字后置用法还保留在词语结构中，徐丹（2007：283）认为，

"以"字后置词用法只存活在成语或固定用法里。他以"是以"和"以是"词汇化为例，讨论了汉语语序的变化对词汇化的影响。汉语语序在汉代发生了类型上的转变，VO 语序得到发展，OV 语序受到抑制。对介词而言，前置词得到发展，后置词受到抑制，某些后置词的用法就只能保留在词汇里，留下过去的遗迹。

"以"字悬空①是其词汇化的一种重要因素。刘丹青（2004：45）指出，"介词悬空是造成汉语语法史上若干重要的语法化和词汇化现象的重要原因"。何洪峰（2008：77—81）讨论了"以"字悬空所形成的词语，如"所以、可以、足以、以为、以及"等，择其一二略作分析。

（一）以为

　　（5）a 先君以寡人为贤，使主社稷。（《左传·隐公三年》）

　　　　 b 成王$_i$幼，不能莅阼，以（e$_i$）为世子，则无为也。（《礼记·文王世子》）

　　　　　c 不知者以为为肉也；其知者以为为无礼也。（《孟子·告子下》）

　　例（5）a"以……为"中"以"是介词，引进对象。例（5）b 介词"以"的宾语悬空，使得"以"与"为"紧邻，经过重新分析，成为一个词语。例（5）c"以为"意义进一步融合，虚化为心理活动动词，相当于"认为"。

（二）足以/难以

　　（6）a 此五行者$_i$，足以（e$_i$）正身安国矣。（《荀子·乐论》）

　　　　 b 人悦之、好色、富贵$_i$无足以（e$_i$）解忧者，惟顺于父母，可以解忧。（《孟子·万章上》）

　　（7）a 君有攻伐之器，小国诸侯有守御之备，则难以速得志矣。

----

① 介词悬空是指介词宾语不与介词相连而出现在语境的其他位置，介词后可以补出代词回指实宾语这种现象。（详细解释可参见何洪峰《先秦介词"以"的悬空及其词汇化》，《语言研究》2008 年第 4 期。）

（《国语·齐语》）

　　　　b 敌之如志，国之忧也，可以陵小，难以征国。（《国语·晋语》）

　　　　c 众叛、亲离，难以济矣。（《左传·隐公四年》）

　　　　d 今葬有日矣，而雪甚，及牛目，难以行。（《吕氏春秋·开春》）

　　例（6）a 中"以"出现了空位宾语，实际是指"此五行者"，例（6）b "以"也出现空位宾语，且"足"和"以"关系紧密，受否定词修饰，表示"不能够"之义。上句"足以"与下句"可以"对举，进一步说明"足以"已成为助词。

　　例（7）a 中"难"和"以"形成［难［以速［得志］］］结构，属于跨层结构，例（7）b "难以"和"可以"对举，"可以"已经成词，例（7）c "难以"基本融合成一个词语，例（7）d 的"以"字已经失去介引功能，"难以行"相当于"难行"，"难以"已经词汇化，"以"成为构词语素。太田辰夫（2003［1958］：191）认为，"'难以'的意义大致和'难'相同，是纯粹的助动词。这个'以'是后缀，可能是由'可以'、'足以'类推而来的。"我们以为可能存在"类推"这个诱因，但究其根本还是由于"以"字宾语悬空造成的。

　　（三）无以/有以

　　（8）a 其取之也，有所以取之。其取之也同，其所以取之不必同。（《墨子·小取》）

　　　　b 今人皆处天下而事天，得罪於天，将无所以避逃之者矣。（《墨子·天志下》）

　　（9）a 故推恩足以保四海，不推恩无以保妻子。（《孟子·梁惠王上》）

　　　　b 圣人有以见天下之赜，而拟诸其形容，象其物宜。（《周易·系辞上》）①

----

① 引自《古代汉语虚词词典》，商务印书馆 1999 年版，第 756 页。

例（9）a"足以"与"无以"对举，"无以"相当于"不能、没办法"，例（9）b中"有以"，表示"能够"之义。例（9）省略了指代较弱，语义较虚的特殊代词"所"，"有所以/无所以"→"有以/无以"。吕叔湘先生在《中国文法要略》和《文言虚字》中也将"有以、无以"看作是"有所以、无所以"的省略。这种省略经常使用就可能凝固成词。

二　"于"的词汇化

介词"于"在春秋战国时期进入繁盛时期，成为一个高频率全功能的介词。随着使用范围的不断扩展，介词"于"进一步虚化，与其他词语组合使用，并逐渐凝固成固定结构，进而发生词汇化，解惠全（1987）、郭锡良（1997）等曾研究过"于"的词汇化。先秦时期，介词"于"出现前附的倾向，如"终于"；有的已经发展为词内成分，如"于是""至于"等。

（一）终于

介词"于"一旦产生功能悬空，失去介引功能，发生非范畴化，就可能发生附缀化。例如：

（10）a黄鸟于飞，集于灌木，其鸣喈喈。（《诗经·周南》）

b文定厥祥，亲迎于渭。（《诗经·大雅》）

（11）a立爱惟亲，立敬惟长。始于家邦，终于四海。（《尚书·伊训》）

b虽疏食菜羹，未尝不饱，盖不敢不饱也。然终於此而已矣。（《孟子·万章下》）

（12）a见疑强大，怀不自安，事穷势迫，卒谋叛逆，终于灭亡。（《汉书·韩彭英卢吴传》）

b昔曾子大孝，慈母投杼；伯奇至贤，终于流放。（《后汉书·左周黄列传》）

c遂莫肯改痌，法则古人，而各行其私意，终于君臣乖离，上下交怨。（《汉书·五行志》）

例（10）介词"于"介引动作行为发生的处所，是介词"于"的典型用法。例（11）的动词"终"表示"终结、结束"之义，"于"是介词，介宾短语作补语，例（11）a 的"始"和"终"形成对比，用作动词。例（12）中"于"的宾语扩展成谓词性成分"灭亡、流放"，甚至是小句形式"君臣乖离，上下交怨"，显然介引谓词性宾语并不是"于"的典型功能。从某种程度上说，例（12）中"于"已经出现非范畴化的用法。这种结构可作两种分析：终 [于 VP]，表示以什么样的状态结束了；[终于] VP，表示最终怎么样了。这种两可性分析正好说明"于"字出现了前附的发展趋势。"终于"位于动词性成分之前，这正是副词出现的典型位置。在此基础上，"终于"进一步发展为时间副词，表示经过种种变化或等待后出现的情况，这个过程的完成时间较晚。

（二）至于/于是

随着"于"进一步虚化发展，出现与其他词语组合成固定结构，如"至于""于是"等，且使用频率较高，"至于"《左传》中出现 86 次，《孟子》20 次，《礼记》56 次。

（13）a 送子涉淇，至于顿丘。（《诗经·氓》）

　　　b 我征徂西，至于艽野。（《诗经·小明》）

（14）a 今之孝者，是谓能养。至於犬马，皆能有养；不敬，何以别乎？（《论语·为政》）

　　　b 今有璞玉於此，虽万镒，必使玉人雕琢之；① 至於治国家，则曰"姑舍女所学而从我"，则何以异于教玉人雕琢玉哉？（《孟子·梁惠王下》）

例（13）中动词"至"和介词"于"组合，介词"于"引出处所宾语，表示到达的处所，"至于"属于跨层结构。例（14）a 中"於"意义更加虚化，"於"后并未介引处所宾语，"至於"位于句首，没有"到

---

① 杨伯峻译作："假如王有一块未经雕琢的玉石，虽然它价值很高，也一定要请玉匠来雕琢它；可是一说到治理国家，你却（对政治家）说：……。"（杨伯峻：《孟子译注》，中华书局 1984 年版，第 43 页。）

达"之义，而是共同引出对象，相当于"对于"。张相在《诗词曲语词汇释》中将"至于"释作"即使""就是"，可见位于句首的跨层结构"至于"已经词汇化。例（14）b更加清楚地显示出"至於"的连词性质，上下句之间含有轻微的转折，"至於"位于小句之首，应该是具有转折作用的连词，相当于"却"。这种用法的"至于"已经凝固成为一个词语，"于"成为词内成分。

"于是"本是一个介宾结构，"于"是介词，"是"为代词。但是，当"于是"出现在动词之前，特别是小句之首时，就可能发生词汇化，句首位置的"于是"是表示承接关系的连词。例如：

（15）a子於是日哭，则不歌。（《论语·述而》）

b子貉早死无后，而天钟美於是，将必以是大有败也。（《左传·昭公二十八年》）

（16）a逢蒙学射于羿，尽羿之道，思天下惟羿为愈己，於是杀羿。（《孟子·离娄下》）

b吾闻之：古也墓而不坟；今丘也，东西南北人也，不可以弗识也。於是封之，崇四尺。（《礼记·檀弓上》）

例（15）中"於"是介词，"是"为代词，"於"引出时间和对象。例（16）中"於是"都位于句首，"是"失去指代性，"於是"成为表达承接或因果关系的关联词。

先秦时期，"于"常与临近的动词或形容词搭配组合，有些组合虽然还未完全凝固，但经常这样使用，就成为一种习惯搭配。例如：

（17）a世溷兮冥昏，违君兮归真。（《楚辞·九怀》）

b凡我同盟之人，既盟之后，言归于好。（《孟子·告子下》）

（18）a大学之道，在明明德，在亲民，在止于至善。（《礼记·大学》）

b礼义之始，在於正容体、齐颜色、顺辞令。（《礼记·冠仪》）

（19）a 叔善射忌，又良御忌。（《诗经·大叔于田》）

　　　　b 范宣子言於晋侯，以其善於伐秦也。（《左传·襄公十九年》）

（20）a 司射、庭长，及冠士立者，皆属宾党。　（《礼记·投壶》）

　　　　b 若五指之属于臂，搏援攫捷，莫不如志，言以小属于大也。（《淮南子·主术训》）

例（17）、例（18）、例（19）、例（20）中词"归于""在於""善於""属于"虽然还未完全定型，但"于"字的后续成分都是谓词性的，它已经失去了典型的介引功能，随着这些结构的高频使用，"于"字介引对象的泛化，就会逐渐发展成为构词语素。

Hopper 和 Traugott（1993：7）根据语法化程度的高低，建立了一个普遍意义的语法化"斜坡"（cline）：Content item>grammtical word>clitic>inflectional affix。以上关于"以"和"于"词汇化的分析，都说明介词"以"和"于"正在进一步虚化，已经进入了"语法词>附着词"的发展阶段。

第五节　小结

首先，先秦至西汉时期后置的介词主要有 8 个，大致可分两类：①只能后置的介词，如"诸""乎"等；②既可前置也可后置的介词，如"于/於、以、自、及、在、用"等。

其次，在功能上，后置的介词主要介引处所、方式及对象等语义域。①后置的处所介词主要有：于/於>自>诸、乎、在、及。"于/於"主要介引动作行为的起点或来源、终点、存在的处所、发生的处所；"自"主要介引动作行为的起点或经由；"在"主要介引动作行为发生、存在的处所及终点。②方式介词主要是"以"和"用"，"以"介引方式、工具、依凭、材料等，介词"用"的功能跟"以"字近似。③对象介词主要是"于/於"和"以"，"诸、乎、及"有少量介引对象的用例。"于"主要介引受事、施事、与事及比较的对象。介词"以"主要介引受事对象，包括给予的物品或言说的内容。

在语序上，后置介词结构的语序呈现出混合型的特点，既有 SVO 型语言介词结构 PP 后置的表现，也存在 SOV 型语言介词结构 PP 前置的特点。①表示处所或对象的"于"字结构基本后置；"自+处所"结构上古早期语序不固定，以后置为常，西汉时期渐趋前置；"在+处所"结构大多后置，处所介词"诸、乎、及"只能后置。②表示方式或对象的"以"字结构语序不固定，"以 O+VP"语序是优势语序，而"VP+以 O"是一种劣势结构。

在语义上，处所介词结构的分布呈现出初步的倾向性：［+终点］义介词结构只能后置；［+起点］义介词结构逐渐前移；［+存在］义介词结构基本后置；［+活动］义介词结构大多后置，部分前置。

在句法上，介词结构后置时，谓语 VP 一般比较简单，或为光杆单音节形式，或带简短宾语。后置介词的宾语 O 一般是简短的名词性词语。

在语用上，表示处所或对象的"於"字结构前置是一种有标记的语序，起话题化或焦点化的作用。前置时，多强调与主语存在的某种对待、比较关系。表示方式或对象的"以"字结构具有语用凸显或平衡结构的功能。后置时，便于突出焦点信息，形成紧密的照应关系。

最后，这一时期常用的后置介词"于"和"以"表现出进一步虚化的趋势，有些已经发生了词汇化，发展成为"词内成分"。

第三章　东汉至魏晋南北朝的
后置介词结构

东汉至魏晋南北朝是古代汉语发展演变的重要历史时期。这一时期，汉语发展的总体特征是新旧形式交替，旧有的语法形式继续沿用，同时也出现了一些新的语法形式。介词的功能、介词结构的语序发生明显的变化，新生介词大量涌现，传统介词逐渐衰落，并存竞争、更新替换现象频繁发生，后置介词结构逐渐前移。为了更加细致地观察后置介词结构发展演变情况，在此划分东汉和魏晋南北朝两个时期。

第一节　东汉时期后置介词结构

东汉作为上古与中古的过渡时期，是观察介词结构语序演变的重要窗口。本书主要调查了本土文献《论衡》和佛经语料《道行般若经》《中本起经》中后置介词结构的发展演变情况。两种语料性质不同，在介词使用与介词结构的语序变化方面表现出细微的差异。汉译佛经更加接近当时的口语，敏锐地反映出后置介词结构的语序变化，佛经中介词结构大多前置，新的后置介词开始萌芽，个别旧的后置介词渐趋消失。

一　东汉后置介词概况

与前代相比，传统的后置介词，如"自、诸、乎"在东汉时期频度下降，"著"等新兴介词开始萌芽，在介词成员系统中，新旧介词竞争替换。在功能上，后置介词与前一时期基本一致。

（一）时处介词

常用的后置时处介词有"於、在"等。与前代相比，东汉时期"在"

的使用频度逐渐增多，介词"自、诸、乎"等大量减少，"著、至"等也萌生了介词用法。

1. 於

东汉时期，介词"於"表时间、处所后置，但使用频度较前代有明显降低。例如：

(1) a 及玉色剖於石心，珠光出於鱼腹。（《论衡·自纪篇》）

b 其日世尊，起於竹园，与比丘僧千二百五十人俱。（《中本起经》）

c 铸阳燧取飞火於日，作方诸取水於月。（《论衡·乱龙篇》）

(2) 与比丘僧千二百五十人俱，游於王舍国竹园中。（《中本起经》）

(3) a 昔文帝出，过霸陵桥，有一人行逢车驾，逃於桥下。（《论衡·难岁篇》）

b 今梦黄熊入於寝门，其何厉鬼也？（《论衡·死伪篇》）

(4) a 本在我家时，澡浴名香汁，处於山树间，何物洗身垢？（《中本起经》）

b 离形更自为鬼，立於人傍。（《论衡·死伪篇》）

(5) 春夏未生，其生必於秋末。（《论衡·是应篇》）

介词"於"后置时，可介引动作起始/来源的处所（例（1））；动作发生的处所（例（2））；动作终到的处所（例（3））；动作所在的处所（例（4））；动作开始的时间（例（5））。

表动作所在的处所时，"於"也可前置。例如：

(6) a 云何复於空中说经，是经不可逮。（《道行般若经》）

b 设於梦中杀人其心喜，觉以言："我杀是人快乎?"（《道行般若经》）

2. 在

相较于前代，东汉时期，介词"在"的使用频率大幅上升，既可前置也可后置；《论衡》及两部佛经中共计 106 例，其中前置 49 例，后置 57 例。例如：

(7) a 三千大千刹土诸天子飞在上俱皆观。(《道行般若经》)

b 五谷生地，一丰一耗；谷粜在市，一贵一贱。(《论衡·治期篇》)

c 时魔在城外戏，与五万婇女共游戏。(《道行般若经》)

(8) a 王宿愿人，今系在狱，誓要相连，是使门闭。(《中本起经》)

b 美玉隐在石中，楚王、令尹不能知。 (《论衡·讲瑞篇》)

c 千世之后，孝文之事，载在经艺之上。 (《论衡·艺增篇》)

(9) a 今我用经法起来，师入在内，我义不可卧，不可坐。(《道行般若经》)

b 当觉是事，知魔来在菩萨前，魔时时变服。(《道行般若经》)

c 韩非之书，传在秦庭。(《论衡·佚文篇》)

(10) a 菩萨在疾疫中时，心念言："我终无恐惧。"(《道行般若经》)

b 在建章宫时，钳徒相之，曰："贵至封侯。"(《论衡·骨相篇》)

介词"在"，表示动作行为发生的处所，可后置或前置（例（7）），表示存在处所（例（8））、表示终到处所（例（9））均后置，表示动作行为发生的时间（例（10）），可前置。

介词"在"介引处所的功能与介词"於"相似。例如：

(11) a 圣者垂日月之明，处在中州。隐於百里，遥闻传授，不实。(《论衡·须颂篇》)

b 从彼间来生中国，常於善人黠慧中生，在工谈语晓经书

家生。(《道行般若经》)

例(11)中介词"在"与"於"交错运用,功能相似。例(11)a 表示存在的处所,例(11)b 表示活动发生的处所。

3. 自

与前代相比,东汉时期"自"介引处所起点的使用频率愈加降低,《论衡》中仅有9例,《道行般若经》中"自"出现288次,未见介词用例,《中本起经》中"自"出现101次,仅有1例介词用法。例如:

(12) a 吾自卫反鲁,然后乐正,雅颂各得其所。(《论衡·知实篇》)

b 伯牛有疾,孔子自牖执其手。(《论衡·祸虚篇》)

c 今使来还,何得自外诣门求通耶。(《中本起经》)

(13) 自凿井后,不复寄汲,计之,日得一人之作。(《论衡·书虚篇》)

(14) 言金由贵家起,文粪自贱室出。(《论衡·自纪篇》)

例(12)表示起点或经由的"自"字结构都前置,例(13)"自"介引时间的起点,较为常见,《论衡》中有18例时间介词用法。例(14)介词"自"与"由"对举使用,介词"由"也可介引处所起点,只能前置。例如:

(15) a 不御之饭,同一实也,俱由外来,故为累害。(《论衡·累害篇》)

b 光武由白水奋威武,帝海内。(《论衡·恢国篇》)

c 祸衅是生,正由心出,能重能轻。(《中本起经》)

介词"从"发展迅速,成为常用介词,分化了"自"的部分功能,能够介引动作所自、所在、对象及依凭等,用法灵活,意义多样。例如:

(16) a 初得佛之处,四面若有人,直从一面来入。(《道行般

若经》）

       b 飞从东来，没佛坐前，四方上下，化现亦尔。（《中本起经》）

（17）a 从门应庭，听堂室之言，什而失九。（《论衡·须颂篇》）

       b 若人梦行至雒阳，觉，因从雒阳悟矣。（《论衡·纪妖篇》）

（18）a 譬若狗子从大家得食，不肯食之，反从作务者索食。（《道行般若经》）

       b 晋公子重耳失国，乏食於道，从耕者乞饭。（《论衡·纪妖篇》）

（19）a 且从祖己之言，雉来吉也，雉伏於野草（《论衡·异虚篇》）

       b 如从儒堂讦之，则儒生在上，文吏在下矣。（《论衡·程材篇》）

（20）a 能知其黑白、短长、乡里、姓字所自从出乎？（《论衡·实知篇》）

       b 无所因据，其吉凶自从口出，若童之摇矣。（《论衡·订鬼篇》）

例（16）"从"字结构表示位移的起点，例（17）表示动作发生处所，例（18）表示动作所向的对象，例（19）表示动作进行的依凭。例（20）功能相似的介词"自""从"并置叠加，介引事物的源起之处。

东汉时期，介词"自"的使用频率很低，介引起点的功能已经逐渐被介词"从"所取代，从东汉文献的释文中可见一斑，通常以介词"从"来对译"自"。例如：

（21）a 世子自楚反，复见孟子。【从楚还，复诣孟子，欲重受法则也。】（赵岐《孟子章句·滕文公上》）

       b 天诛造攻，自牧官。【言意欲诛伐桀造作可攻计之罪者，从牧官桀起自取之也。】（赵岐《孟子章句·万章上》）

　　c 三鸟飞以自南兮，览其志而欲北。【言己在于湖泽之中，
见三鸟飞从南来，观察其志，欲北渡江，纵恣自在也。】（王逸《楚
辞章句·九叹》）

　　东汉佛经文献中，"从"的使用频率很高，相反介词"自"使用较
少。据陈秀兰（2001：51）统计，《道行般若经》中介词"从"有 287
次，《中本起经》中有 38 次，而介词"自"在这两部佛经中仅见 1 次。
陈秀兰认为上古时期介词"自"的使用频率大于"从"，从魏晋开始，形
势发生变化，在口语程度较高的文献中，"从"的频率高于"自"，这说
明在实际口语中介词"从"已经占据统治地位，我们认为这种观点是符
合实际的。

　　比较介词"从"和"自"在先秦至东汉文献中的使用频次，二者在
历时发展过程中的更迭关系就比较清楚了，见表 3-1。

表 3-1　　　介词"自"与"从"介引处所起点的频次比较

时期	文献	"自"的频次	"从"的频次
先秦	《诗经》	58	0
	《左传》	151	5
	《论语》	7	0
	《孟子》	13	1
	《礼记》	43	3
	小计	272	9
西汉	《史记》	112	198
	《淮南子》	11	47
	小计	123	245
东汉	《论衡》	8	93
	《中本起经》	1	38
	《道行般若经》	0	287
	小计	9	418

　　统计显示：①处所介词"自"从先秦到东汉的使用频次逐渐减少，
介词"从"则逐渐上升，二者呈现出此消彼长的关系；②西汉时期是介
词"从"的发展时期，也是介词"从"与"自"并存竞争阶段，"从"

处于优势地位；③始自东汉，介词"自"已经衰落，"从"逐渐取代了介词"自"。

4. 其他介词

1）诸/乎

介词"诸"渐趋消失，《论衡》中仅有 4 例处所用法，佛经语料未见介词用例。例如：

（22）a 孔子时其亡也，而往拜之，遇诸涂。（《论衡·知实篇》）

b 而锡之姓曰董，氏曰豢龙，封诸鬲鬷川。（《论衡·龙虚篇》）

c 古今帝王死，葬诸地中。（《论衡·死伪篇》）

实际上，西汉时期，已经较少见到"诸"字介词用法。何乐士（2005：249—250）对照《左传》与《史记》中"诸"的变化，分析了介词"诸"减少的三个主要原因：A. "诸"消失，"诸"的前后成分直接连接；B. "诸"由"名＋於"或"之＋於"替代；C. "诸"变成"之"。

随着介词"於"的衰减，"诸"也渐趋消失了。在东汉释文中，介词"诸"已经被"於"所替代。例如：

（23）a 言举斯心加诸彼而已。【天下国家之福，但举己心加於人而已。】（赵岐《孟子章句·梁惠王上》）

b 一介不以与人，一介不以取诸人。【一介草不以舆人，亦不以取於人也。】（赵岐《孟子章句·梁惠王上》）

c 射有似乎君子，失诸正鹄，反求诸其身。【反求於其身，不以怨人。】（郑玄《礼记注·中庸》）

"乎"字介词用法也渐趋减少，多用作句末语气词。《论衡》中仅 17 见介词用例，佛经中未见介词用例。东汉释文中介词"乎"也多被"於"字所替换。例如：

（24）a 顾见卢敖，樊然下其臂，遁逃乎碑下。（《论衡·道虚篇》）

b 平公恐惧，伏乎廊室。（《论衡·感虚篇》）

（25）a 是故知命者不立乎巖墙之下。【知命者欲趨於正，故不立於巖墙之下，恐壓覆也。】（赵岐《孟子章句·尽心上》）

b 同乎流俗，合乎汙世。【志同於流俗之人，行合於污亂之世。】（赵岐《孟子章句·尽心下》）

2）著/至

东汉时期，"著"用于"V+著+处所"结构中。当"著"不是结构的表意中心时，"著"有发展为介词的可能。例如：

（26）譬若大海中有故坏船不补治之，便推著水中，取财物置其中。（《道行般若经》）

例（26）"著"字位于动词"推"之后，已出现虚化的倾向，可视为介词用法的萌芽，引介处所补语，表示位移的终点。

"至"也可出现在连动结构的 V_2 位置，形成"V_1+至+处所"结构，不过东汉时期"至"大多用于运行动词之后，还处于动介虚化过程中。例如：

（27）a 於是忧陀耶，还至舍夷，诣宫求通。（《中本起经》）

b 时长者女与诸伎人媒女五百人，相随来至萨陀波伦菩萨所。（《道行般若经》）

c 士於五湖之侧，皆加刃於肩，血流至地。（《论衡·无形篇》）

d 秦王兼吞天下，号始皇，巡狩至鲁。（《论衡·实知篇》）

"至"字结构多位于运行动词"还、来、流"等之后，既可分析为连动结构，也可看作动补结构，可以视为介词"至"的萌芽状态。

（二）方式介词

1. 以

东汉时期，方式介词"以"的功能与前一时期大致相似，主要用以引进动作发生所凭借的工具（例（28））、方式（例（29））或依凭（例（30）），基本前置，少量后置。例如：

（28）a 若有学持诵般若波罗蜜者，佛以眼悉视之。（《道行般若经》）

b 阿难已得其麦，以钵受之。（《中本起经》）

c 蒸之於甑，爨之以火，成熟为饭，乃甘可食。（《论衡·量知篇》）

（29）a 吾以大悲济度众生；迦叶比丘大悲如此（《中本起经》）

b 若复有菩萨以经布施，不深入是中，转不及也。（《道行般若经》）

c 论则考之以心，效之以事，浮虚之事，辄立证验。（《论衡·对作篇》）

（30）a 孟子相人以眸子焉，心清则眸子了。 （《论衡·佚文篇》）

b 京氏占寒温以阴阳升降，变复之家以刑赏喜怒。（《论衡·寒温篇》）

2. 用

与先秦相比，东汉时期介词"用"表工具，使用频度较高，发展更为成熟，仅《论衡》中就有147例。例如：

（31）a 使人尽有过，天用雷杀人。（《论衡·雷虚篇》）

b 用口食之，用口歆之。（《论衡·祀义篇》）

c 夫刑人用刀，伐人用兵，罪人用法，诛人用武。（《论衡·儒增篇》）

（32）a 用明察非，非无不见；用理铨疑，疑无不定。（《论衡·

定贤篇》）

　　　　　b 威虐皆恶也，用恶报恶，乱莫甚焉。　（《论衡·谴
告篇》）

　　　　　c 夫治风用风，治热用热，治边用蜜丹。（《论衡·言
毒篇》）

　　（33）a 卿前过春陵，何用知其气佳也？（《论衡·吉验篇》）

　　　　　b 五音之家，用口调姓名及字，用姓定其名，用名正其
字。（《论衡·诘术篇》）

　　表达工具范畴的"用"字结构既可前置，也可后置。例（31）表示
工具，例（32）表示方式，例（33）表示依凭，可释作"按，根据"。

　　介词"用"与"以"功能近似，都是表达方式范畴的主要介词。
例如：

　　（34）a 尧、禹治洪水以力役，辇者治壅河用自责。（《论衡·感
虚篇》）

　　　　　b 且王断刑以秋，天之杀用夏。（《论衡·雷虚篇》）
　　　　　c 天杀用夏，王诛以秋。（《论衡·雷虚篇》）

　　例（34）介词"用"介引方式或时间，与介词"以"对举互文，功
能相近，关系紧密。

　　（三）对象介词

　　1. 於

　　"於"介引对象的用法与先秦时期基本一致，所不同的是介引施事的
"於"字被动表达式渐趋消失。"於"字结构后置主要表示动作行为关涉
的对象，语义次类主要包括受事（例（35））、与事（例（36））及比
较对象（例（37））等。例如：

　　（35）a 其人远离八恶处生，其人黠慧信於佛。　（《道行般
若经》）

　　　　　b 太岁之气，天地之气也，何憎於人，触而为害？（《论

衡·难岁篇》)

　　(36) a 荆和献宝於楚，楚刖其足。(《论衡·儒增篇》)

　　　　 b 请地韩、魏，韩、魏予之；请地於赵，赵不予。(《论衡·纪妖篇》)

　　(37) a 此言之妙，美於甘露。(《中本起经》)

　　　　 b 国之功德，崇於城墙，文人之笔，劲於筑蹈。(《论衡·须颂篇》)

　　"於"字被动式在东汉时期进一步减少。根据唐钰明（1987）的研究，"於（于）"字被动式在先秦、西汉、东汉及六朝中的被动式总数中所占的比例分别为：58%>27%>11%>1.1%，总体上呈现出逐渐消亡的趋势。两部佛经语料中基本没有"於"字被动式，许理和（1987：218）也指出，"在这些早期的佛经译文中没有用'於'来表示被动的，'於'的这一种传统用法显然已经在口语中消失了。"

　　书面语色彩稍强的《论衡》中还保留着少量"於"字被动式，曹小云（1999：79—84）讨论了《论衡》中的各种被动句式，被动句式总计163例，其中"於"字式仅28例。例如：

　　(38) a 如孔子先知，宜知诸侯惑於谗臣，必不能用。(《论衡·知实篇》)

　　　　 b 入山林草泽见害於虎，怪之非也。(《论衡·遭虎篇》)

　　孙良明（1994：134—138）根据东汉注书对"V+于+NP"结构注释的情况判断，"V+于+NP"被动式在东汉时期出现式微的迹象。例如：

　　(39) a (甘茂曰) 今臣不肖，弃逐于秦而出关。【甘茂言我不肖，为秦所弃逐也。】(高诱《战国策注·秦二》)

　　　　 b 因刑而任之，不制于物。【不制于物者，不为物所制。】(高诱《吕氏春秋注·审分》)

　　例（39）"于"字被动式在汉文注释中已被"为……所"结构替换，

《论衡》中"为……所"结构的被动式也是使用最多的，多达 64 例。

2. 以

介词"以"介引受事，既可前置，也可后置。例如：

(40) a 将以晋畀秦，秦将祀余。(《论衡·死伪篇》)

b 赐人丝缕，犹为重厚，况遗人以成帛与织布乎？(《论衡·异虚篇》)

(41) a 董安於受言而书藏之，以扁鹊言告简子。(《论衡·纪妖篇》)

b 弟子共坐有若，问以道事，有若不能对者，何也？(《论衡·讲瑞篇》)

(42) a 若设美饭以毒著中，色大甚好而香，无不喜者。(《道行般若经》)

b 拖张海边故坏船补治之，以推著水中，持财物置其中。(《道行般若经》)

例 (42)"以"介引受事，前置于动词，动词后出现了处所补语"中、水中"，具有"处置义"，表示"把某物处置到某处"，例 (42) b 介词"以"的宾语省略，后半句的"持"字似乎可以看作"持拿"义的动词，也可视为"处置义"的介词，相当于"把"，"以"与"持"形成对举。东汉时期已见"持"字处置式的萌芽，例如：

(43) a 心念十方萨和萨，是时持慈心悉施人上。(《道行般若经》)

b 持深经授与令得分德住，悉致愿使得经。(《道行般若经》)

例 (43) a 中"持"介引抽象宾语"慈心"，不可作为持拿的对象，"持"应视为介词，例 (43) b"持"字结构位于给予动词之前，强调对"深经"的处置。

3. 及

东汉时期，介词"及"有少量介引对象的用例，用法基本与先秦至西汉时期相同。例如：

（44）a 高祖追及老公，止使自相。（《论衡·骨相篇》）

b 故饥岁之春，不食亲戚，穰岁之秋，召及四邻。（《论衡·治期篇》）

c 重罪刑及族属，罪父母子弟乎？（《论衡·顺鼓篇》）

例（44）的"及"字结构后置作补语，表示动作行为所涉及的对象或范围。

二　后置介词结构修饰的谓语

（一）谓语动词的特点

这一时期，受后置介词结构修饰的谓语中心动词仍然以单音节为主。相较于先秦时期，复音节结构数量开始增多。仅就《论衡》而言，已有 131 个复音节结构 VP，最常见的是并列式复音结构和状中式复音结构。例如：

（45）a 有痴狂之疾，歌啼於路，不晓东西。（《论衡·率性篇》）

b 昔周人有仕数不遇，年老白首，泣涕於涂者。（《论衡·逢遇篇》）

c 时忉利天人来下在虚空中，观见菩萨日日啼哭。（《道行般若经》）

例（45）的谓语"歌啼、泣涕、来下"都是并列式的复音结构，两个并列动词可分别与后置介词结构搭配组合，例如"歌啼於路→歌於路，啼於路"。又如：

（46）a 邻人邹曼甫之母告之，然后得合葬於防。（《论衡·知实篇》）

　　　　b 教导以学，渐渍以德，亦将日有仁义之操。（《论衡·率性篇》）

　　　　c 命当溺死，故相聚於历阳；命当压死，故相积於长平。（《论衡·命义篇》）

　　例（46）的谓语"合葬、渐渍、相聚、相积"是状中式复音结构，后一词语是表意中心，后置介词结构仅修饰中心动词。

　　从上分析可知，虽然后置介词结构与复音节谓语组合搭配，实际上后置介词结构只是修饰单音节动词。

　　介词结构一般前置于动补式复音结构，较少后置于动补式的复音结构。例如：

　　（47）a 於诸佛所，破坏众恶，而断爱欲。（《道行般若经》）

　　　　b 皆於般若波罗蜜中学成，我时亦共在其中学。（《道行般若经》）

　　　　c 譬如幻师於旷大处化作二大城，作化人满其中。（《道行般若经》）

　　例（47）的谓语"破坏、学成、化作"都是"动词+结果补语"形式，介词结构前置作状语，修饰动补式谓语中心，形成"状+动+补"式句法结构。

　　综上所述，东汉时期，后置介词结构修饰的谓语中心 VP 仍然以单音节动词占优势，复音结构呈增多的趋势。

　　（二）谓语动词带宾语情况

　　1. 处所介词

　　处所介词结构后置时，谓语动词大部分不带宾语（例（48））。《论衡》中"於"字介引处所共计 932 例，其中动词带宾语 184 例，占总数的 20%；"在"字结构后置时，动词带宾语仅 3 例，约占总用例（47例）的 6%。如果谓语动词带有宾语，一般只是简单的名词性词语（例（49））。例如：

　　（48）a 是故德令降於殿堂，命长之囚，出於牢中。（《论衡·偶
会篇》）

　　　　　b 蝼蚁行於地，人举足而涉之。（《论衡·幸偶篇》）

　　　　　c 如岸狭地仰，沟洫决洩，散在丘墟矣。（《论衡·效
力篇》）

　　（49）a 吴王夫差杀伍子胥，煮之於镬，乃以鸱夷橐投之於江。
（《论衡·书虚篇》）

　　　　　b 如刺秦王在间中，不知为谁，尽诛之，可也。（《论衡·
语增篇》）

　　　　　c 丁公凿井得一人於井中。（《论衡·书虚篇》）

2. 方式介词

方式介词结构后置时，谓语动词大部分带有宾语。《论衡》中检得 93
例表方式的后置"以"字结构，其中有 83 例带有宾语，宾语大都比较简
短，代词"之"尤为常见（例（50）），还有简单的名词性词语（例
（51））。例如：

　　（50）a 道之以德，将之以威，以故诸侯服从。（《论衡·书
虚篇》）

　　　　　b 狄牙之调味也，酸则沃之以水，淡则加之以咸。（《论
衡·谴告篇》）

　　　　　c 水之性胜火，如裹之以釜，水煎而不得胜，必矣。（《论
衡·非韩篇》）

　　（51）a 悬肉以林，则言肉为林。（《论衡·语增篇》）

　　　　　b 或时载酒用鹿车，则言车行酒、骑行炙。（《论衡·语
增篇》）

3. 对象介词

介引对象的介词结构直接后置于动词，谓语动词大部分不带宾语。
例如：

（52）a 汝以不复恭敬於佛。（《道行般若经》）

　　　　b 亦无有珍琦好物及华香持用供养於师。　（《道行般若经》）

　　　　c 此言颜渊学於孔子，积累岁月，见道弥深也。（《论衡·问孔篇》）

当介词"於"介引与事后置于双宾动词时，动词一般带有直接宾语。例如：

（53）a 周时天下太平，越尝献雉於周公。（《论衡·异虚篇》）

　　　　b 天地，夫妇也，天施气於地以生物。　（《论衡·奇怪篇》）

介词"以"介引受事，双宾动词一般也带有宾语。例如：

（54）以《武成》言之，食儿以丹，晨举脂烛，殆且然矣。（《论衡·恢国篇》）

三　介词结构的语序

介词结构的语序发生较大变化，后置的处所介词结构开始前移，方式介词结构以前置为常，在口语性较强的佛经语料中表现最为明显。

（一）处所介词

东汉时期，处所介词结构语序变化明显，发展很不平衡。不同语体的语序演变差异较大，处所介词结构在传统书面语《论衡》中比较保守，前移的速度较慢，佛经语料中前移速度较快，已经基本前置。

1. 於+处所

佛经中处所介词结构语序变化较大，"於+处所"结构大量前置。前置表示动作行为发生的处所（例（55））、主体静态存在的处所（例（56））、事物的来源（例（57））。

（55）a 给孤独氏，於园饭佛，请吾往斋，斋名八关。（《中本起经》）

　　　b 时有一女，端正非凡，於会中舞，众咸喜悦，意甚无量。（《中本起经》）

（56）a 我曹义不可於车上载，当下步入国耳。（《道行般若经》）

　　　b 如我有时与诸天共於天上坐，持异特座，乃至自我座。（《道行般若经》）

（57）a 皆於四事中取道，用四事护萨和萨。（《道行般若经》）

　　　b 甫当复出索佛道者，皆当於其中得佛道。（《道行般若经》）

（58）a 时菩萨卧出，天人於梦中语言。（《道行般若经》）

　　　b 我本索般若波罗蜜时，於空闲山中大啼哭，於上虚空中有化佛。（《道行般若经》）

以上用法的"於"字结构在先秦时期一般后置，东汉佛经中前置已经比较常见。"於"字结构可前置于单音节动词，也可前置于复音节结构（例（58））。

当然，"於"字结构也可后置，表示动作行为发生的处所（例（59））、存在的处所（例（60））、终到处所（例（61））或起点（例（62））。例如：

（59）a 於是众佑，与大比丘僧千二百五十人俱，游於舍卫国。（《中本起经》）

　　　b 天放大光，照於竹园。（《中本起经》）

（60）a 譬若工射人射空中，其箭住於空中。（《道行般若经》）

　　　b 本无无所从生之事，坐於树下降伏於魔。（《道行般若经》）

（61）a 入於山中，求道无师，能得道不？（《中本起经》）

　　　b 如是入中，入中以闻是本无，以若转於余处闻心终不疑。（《道行般若经》）

（62）a 设复有法出於泥洹，亦复如幻。（《道行般若经》）

　　　b 便行起於斯奈园，投暮往造迦叶。（《中本起经》）

《论衡》中处所介词结构的语序与佛经语料显著不同，继续延续先秦至西汉时期的特点，基本后置。

2. 在+处所

佛经中"在"字结构以前置为常，《道行般若经》中共检得处所介词"在"53 见，其中 44 例都位于动词之前。前置"在"字结构主要表示存在处所（例（63））和动作行为发生的处所（例（64））。例如：

（63）a 相去不远遥见昙无竭菩萨在高座上坐。（《道行般若经》）

　　　b 更作方便，化作若干菩萨在其边住。（《道行般若经》）

（64）a 各各遥见昙无竭菩萨在高座说经。（《道行般若经》）

　　　b 当云何尽我寿常在佛边受诵般若波罗蜜？（《道行般若经》）

后置"在"字结构也可表示存在处所（例（65）a/b）或动作的终到处（例（65）c）。例如：

（65）a 见佛及僧，足步其地，仰观足迹，处在空中。（《中本起经》）

　　　b 父母及身皆闭在牢狱，其人啼哭愁忧不可言。（《道行般若经》）

　　　c 瞻睹尊妙，惊喜交集，下在道侧。（《中本起经》）

《论衡》中"在"字结构基本后置，仅有 2 例前置。后置的"在"字结构主要表示存在处所（例（66））、位移的终点（例（67））和动作发生的处所（例（68））。例如：

（66）a 坐在深室之中，闭窗举烛，故曰长夜。（《论衡·语

增篇》)

　　　　b 笔墨之余迹，陈在简筴之上，乃可得知。(《论衡·知实篇》)

　　(67) 或高才洁行，不遇，退在下流。(《论衡·逢遇篇》)

　　(68) 彗星无吉，搏在上无凶也。(《论衡·异虚篇》)

　　由以上分析可知，不同语体中的处所介词结构语序发展很不平衡。以佛经语料为代表的口语中处所介词结构的语序前移速度较快，已基本前置。详情如表3-2所示。

表3-2　　　　　　　　　两种语料中的处所介词结构语序对比

	《论衡》		佛经	
	於	在	於	在
VP 前	6（1%）	2（4%）	132（84%）	47（80%）
VP 后	935（99%）	45（96%）	25（26%）	12（20%）

(二) 方式介词

东汉时期，表方式的介词结构已经以前置为常。

1. 以+方式

佛经语料和《论衡》中表方式的"以"字结构的语序不完全相同，在佛经语料中均已前置。例如：

　　(69) a 食已欲澡漱口无水，天帝释即下以手指地，自然成池。(《中本起经》)

　　　　b 盛捣栴檀名香及余杂碎诸宝蜜香甚多，以五百乘车载自重。(《道行般若经》)

　　(70) a 尔时四王天上二万人，悉以头面著佛足。(《道行般若经》)

　　　　b 更从腰以上水、腰以下火，以水雨火，衣燥不软。(《中本起经》)

《论衡》中表工具或方式的"以"字结构以前置为主，前置641例，约占85%，但仍然存在一定数量的后置用例，约有112例。例如：

（71）a 以椎击凿，令凿穿木。（《论衡·明雩篇》）

b 欲以天子礼葬公，公人臣也；欲以人臣礼葬公，公有王功。（《论衡·感类篇》）

（72）a 儒生受长吏之禄，报长吏以道。（《论衡·量知篇》）

b 法度不明，虽日求奸，决其源郭之以掌也。（《论衡·非韩篇》）

从东汉赵岐（108？—201）的注释书《孟子章句》中可以看出这种语序的明显变化。例如：

（73）a 天下溺，援之以道。嫂溺，援之以手。子欲手援天下乎？【当以道援天下，而道不得行，子欲使我以手援天下乎？】（赵岐《孟子章句·离娄上》）

b 禄之以天下弗顾也，系马千驷弗视也。【虽以天下之禄加之，不一顾而觑也。】（赵岐《孟子章句·万章上》）

c 今有御人于国门之外者，其交也以道，其馈也以礼，斯可受御与？【御人，以兵御人而夺之货，如是而以礼道来交接己，斯可受乎？】（赵岐《孟子章句·万章下》）

先秦文献原文中后置的"以"字结构，在东汉注释书中都以前置作注解，这也反映出东汉时期人们已经以"以"字结构前置为常。

2. 用+方式

表工具或方式的"用"字结构基本前置（例（74）），仅有少量后置（例（75））。《论衡》中介词"用"使用较多，约有136见，其中仅27例后置。佛经中"用"字结构均前置。例如：

（74）a 文、武受命於天，天用雀与鱼乌命授之也。（《论衡·初禀篇》）

b 论灾异，谓古之人君为政失道，天用灾异谴告之也。

（《论衡·谴告篇》）

        c 皆於四事中取道，用四事护萨和萨。（《道行般若经》）

（75）a 刑与兵，犹足与翼也，走用足，飞用翼。（《论衡·儒增篇》）

        b 如比於文吏，洗涝泥者以水，燔腥生者用火。（《论衡·程材篇》）

例（75）"用"字结构后置，例（75）b"以"和"用"对举，功能相似。"用"字结构后置似乎也可理解为主谓结构，"用"字结构作谓语。

（三）对象介词

表示对象的介词结构既可前置，也可后置。

1. 於+对象

佛经中表示对象的"於"字结构既有前置（例（76）），也有后置（例（77））。例如：

（76）a 若波罗蜜甚清净，於诸法无所取。（《道行般若经》）

        b 大爱道信多善意，於我有恩。（《中本起经》）

（77）a 中有神龙，性急姤恶，有入室者，每便吐火烧害於人。（《中本起经》）

        b 不祠祀跪拜天，不持华香施於天，亦不教他人为。（《道行般若经》）

《论衡》中介引对象的"於"字结构基本后置，前置仅 48 见（例（79）），基本延续了先秦时期的分布规律。

（78）a 於太平，凤皇为未必然之应。（《论衡·问孔篇》）

        b 於其封也，亦与之席，毋使其首陷焉。（《论衡·祭意篇》）

（79）a 身通而知困，官大而德细，於彼为荣，於我为累。（《论衡·自纪篇》）

        b 於彼则礼情相副，於此则恩义不称，未晓孔子为礼之

意。(《论衡·问孔篇》)

"於"字结构前置仍然具有语用凸显功能，是一种有标记的句法位置。如例 (78) 强调突出"天下太平""狗的埋葬"，"於"理解为"对……而言"，具有引出话题的作用。例 (79) 前后话语之间比较对照的意味儿尤为明显，当"於"字结构前置时，谓语动词一般动作行为性较弱。

2. 以+对象

佛经中"以"字介引对象的用例较少，仅有 4 例，均前置。《论衡》中表示对象的"以"字结构既可前置，也可后置。例如：

(80) a 天帝送石，以给吾用。(《中本起经》)

b 因以其女妻高祖，吕后是也。(《论衡·骨相篇》)

(81) a 修己行善，善行闻天，天乃授以帝王之命也。(《论衡·初禀篇》)

b 及长，置以贤师良傅，教君臣父子之道，贤不肖在此时矣。(《论衡·命义篇》)

小结。东汉时期，新兴介词"从、在、用"的使用频率明显增加，已成为常用介词，新生了后置介词"著"和"至"，旧的后置介词"诸、乎"渐趋消失，被介词"於"所替代。介词"以""於"虽然仍旧是最常用的介词，但已出现多种形式并存竞争、更新替代的趋势，如介词"以"和"用"，"於"和"在"，"自"和"从"等都呈现出并存竞争的局面，其中介词"自"逐渐被高频介词"从"所替代。

这一时期，谓语中心 VP 复音节形式增多。介词结构前置时，VP 多带有宾语。表示处所或对象的介词结构后置时，VP 多不带宾语；表示方式和受事的介词结构后置时，VP 多带有宾语；当谓语动词带有补语时，介词结构一般前置。

总之，东汉时期，介词结构的语序变化明显：后置处所介词结构开始前移，方式介词结构基本由后置变为前置，对象介词结构前移速度稍慢。不同语体的介词结构语序发展极不平衡，以佛经为代表的口语语体中介词结构前移较快，大多前置，而以《论衡》为代表的传统书面语中前移缓慢，延续了先秦至西汉时期的特点。

第二节　魏晋南北朝的后置介词结构

介词结构发展的总体特点是后置介词结构前移速度明显加快，介词结构在句中分布的语义位置格局基本形成。传统的多功能介词使用频率逐渐下降，新的介词大量产生，新兴介词发展较快，新旧介词更迭频繁。主要调查两种语料：A. 本土文献：《三国志》《搜神记》《世说新语》《洛阳伽蓝记》《齐民要术》；B. 佛经语料：《六度集经》《旧杂譬喻经》《佛般泥洹经》《佛说大般泥洹经》。

一　魏晋南北朝的后置介词概况

这一时期，后置介词发展的基本特点是新生介词较多，沿用的介词进一步衰退，新兴介词分化或替代了旧有介词的部分功能。

（一）时处介词

1. 沿用的介词

1）於

介词"於"的使用频率急剧下降。处所介词"於"在西汉文献《淮南子》中出现约902次，魏晋时期的《世说新语》与《搜神记》中总计约415次，文献容量大小相当，但出现频次降低了近一半。比较《左传》与《世说新语》《搜神记》中动词"置""投"与处所补语的搭配可见一斑。例如：

（1）a 夏，四月，齐陈恒执其君，置於舒州。（《左传·哀公十四年》）

　　　　b 晋以王室之故，不弃兄弟，置诸河上。（《左传·哀公十六年》）

（2）a 顾彦先平生好琴，及丧，家人常以琴置灵床上。（《世说新语·伤逝》）

　　　b 乃归，合手伐得百余械，置门屋下。（《搜神记·卷十七》）

　　（3）a 弗得，滋怒，自投於床，废于炉炭，烂，遂卒。（《左传·定公三年》）

　　　b 登铁上，望见郑师众，大子惧，自投於车下。（《左传·哀公二年》）

　　（4）a 见有物，大如驴，自投楼下。（《搜神记·卷十七》）

　　　b 顾视妇人，乃自投陂中，泛然作声，衣盖飞散。（《搜神记·卷十八》）

　　由上例可见，《左传》中动词"置"和"投"的处所补语一般由介词"於"引入，如例（1）、例（3）。魏晋时期，许多处所补语已不再需要"於"字介引，如例（2）、例（4）。这正是介词"於"使用频次锐减的表现。

　　在功能上，处所介词"於"延续了上古时期的一些基本用法，但也产生了一些变化。例如：

　　（5）a 公乃於车中，手取车柱撞驭人，声色甚厉。（《世说新语·尤悔》）

　　　b 蛇来，先闻臭气，便於鼻中入，盘其头中。（《搜神记·卷十七》）

　　（6）a 佛为说宿行，现四非常，得沟港道，退於树下。（《六度集经》）

　　　b 佛出於天下，知天下生死之道。（《佛般泥洹经》）

　　（7）a 我於树下坐，天地大动，我惊衣毛为起。（《佛般泥洹经》）

　　　b 五月末，於中门卧，夜半后，见东壁正白，如开门明。（《搜神记·卷三》）

　　　c 吾见一蛇，槃屈而卧於斯树下，夜树上有数十灯火。（《六度集经》）

　　（8）a 瞑止此梁上宿，王则令解之，如是数月於梁上大笑。

（《旧杂譬喻经》）

　　　　b 督邮欲於楼上观望，亟扫除。（《搜神记·卷十八》）

　　　　c 王、刘共在杭南，酣宴於桓子野家。（《世说新语·任诞》）

　　（9）a 於时日已向暮，行人断绝，不敢复进，因即留止。（《搜神记·卷十六》）

　　　　b 譬如田夫於秋月时，草实未熟深耕其地，春殖五谷草秽不生。（《大般泥洹经》）

　　与上古时期相比，这一时期介引所自的“於”字结构基本前置（例（5）），这是一个明显的变化。例（6）表示位移的终点，上古以降一直后置，没有例外。例（7）表示主体存在或滞留的处所，既可前置也可后置，而上古时期一般后置。例（8）表示动作发生的处所，前置比例超过了后置，非佛经文献中“於+处所”结构也倾向于前置，如《世说新语》中前置 55 次，后置 52 次。例（9）表示时间的“於”字结构基本位于句首或主谓之间，中古文献中还出现了许多固定组合，如“于时”“于是”“于此”等。

　　2）在

　　介词“在”的使用频率在佛经语料和非佛经语料中都增长较快，仅在《世说新语》中就出现 79 次（前置 67 次，后置 12 次）。主要介引动作发生的处所、静态存在处所或动作终到处。例如：

　　（10）a 诸人在下坐听，皆云可通。（《世说新语·文学》）

　　　　b 旋复在市中乞，衣不见污如故。（《搜神记·卷一》）

　　　　c 帝亦观戏在楼，恒令二人对为角戏。（《洛阳伽蓝记·城北》）

　　（11）a 妇人独住在水边，见狐捕取鹰舍取鱼，不得鱼复失鹰。（《旧杂譬喻经》）

　　　　b 唯有一郎在东床上坦腹卧，如不闻。（《世说新语·雅量》）

　　（12）a 无上正真绝妙之像来在中庭。（《六度集经》）

　　　　b 太后以钟声远闻，遂移在宫内，置凝闲堂前。(《洛阳伽蓝记·城东》)

　　(13) a 在母胞胎日三自归，始生堕地亦跪自归。(《旧杂譬喻经》)

　　　　b 说在宫内时，尝以弦管歌舞相欢娱，竞为妖服，以趋良时。(《搜神记·卷二》)

　　例 (10) 表示活动发生的处所基本前置，少量后置。例 (11) 表示主体静态存在的处所，既可前置也可后置。例 (12) 表示位移的终点，只能后置。例 (13) 表示介引动作行为发生时间基本前置。

　　介词"在"和"於"功能近似，可同义并置，叠加使用。例如：

　　(14) a 怀砖之义起在于此也。(《洛阳伽蓝记·城东》)

　　　　b 不知其真便妄想说，我如寸灯在于心中。(《大般泥洹经》)

　　　　c 内有扫除铜铁铅锡弃在于外粪壤之中。(《旧杂譬喻经》)

　　例 (14) "在""于"同义叠加，从语义上看，例 (14) a 的搭配似更偏重介词"于"，形成"起于"组合，例 (14) b/c 似乎更偏重"在"，"于"字可省，不影响语义。

　　这一时期，介词"在"和"於"互换使用的现象比较普遍。随着"於"的渐趋衰退，介词"在"的使用逐渐增多，大有取代"於"字之势。例如：

　　(15) a 朝来于城门中，逢一道人从我丐。(《旧杂譬喻经》)

　　　　b 今辄将吴 (异) 国沙门来在城南杏树下。(《洛阳伽蓝记·城北》)

　　(16) a 黎庶之女，苟以华色处在深宫。(《六度集经》)

　　　　b 汉光武中平中，有物处於江水。(《搜神记·卷十二》)

　　(17) a 今佛在此为母说经。佛为三世一切之救。(《旧杂譬

喻经》）

　　　　　b佛于天上为母说经，我时为天当下作猪。（《旧杂譬喻经》）

　　上例介词结构修饰同一动词，"在"和"於"互换，不区别意义。例（15）、例（16）分别表示终点和存在处所，都后置。例（17）表示活动发生的处所，都前置。虽然介词"於"和"在"可以互换，但介词"在"更为常见。

　　"同义叠加"和"同义互换"现象都是介词"在"替换介词"於"的过程中出现的并存竞争现象。

　　3）自

　　介词"自"已经衰落，已基本被介词"从"替代，佛经语料中基本未见"自"的介词用法，书面语具有一定的保守性，还保留少量介词用法。在所调查的7部本土文献中检得介词"自"51例，介词"从"266例。例如：

　　　　（18）a陶公自上流来，赴苏峻之难，令诛庾公。（《世说新语·假谲》）

　　　　　b每当祭时，洒扫以告，辄有清泉自石间出，足以周事。（《搜神记·卷十三》）

　　　　　c有男儿名黎民，生载周，充自外还，乳母抱儿在中庭。（《世说新语·惑溺》）

　　　　（19）a白鹤生于异县，丹足出自他乡。（《洛阳伽蓝记·城东》）

　　　　　b起自荒裔，来游中土，见金盘炫日，光照云表。（《洛阳伽蓝记·城内》）

　　　　　c弹棋始自魏宫内，用妆奁戏。（《世说新语·巧艺》）

　　表示起点的"自"字结构基本前置（例（18）），少量后置用例是上古语序的遗迹（例（19））。后置介词"自"逐渐与动词组成了固定结构，如例（19）的"出自""起自""始自"等，使用频率较高。

2. 新兴介词

1）著①

关于"著"字的语法化，王力（1958）、梅祖麟（1988）、刘坚（1988）、曹广顺（1995）、吴福祥（2004）等学者多有研究，不再赘述。动词"著"的虚化在东汉时期已经萌芽，但用例较少。

魏晋南北朝时期，介词"著"逐渐发展成熟，使用频率超过了具有近似功能的介词"在"。俞光中（1987：17）考察了六朝时期的 3 部文献，发现"V 著+处所"占优势，而"V 在+处所"处于劣势。根据"著"字所粘附的动词语义特征的不同，大致将动词分成两类：A. 静态动词；B 动态动词。两类用法的"著"字结构均后置，主要表示动作之所在和所到。例如：

A. 所在

　　（20）a 函之驰还本土，相国以付嬖妾，嬖妾悬着床前。（《六度集经》）

　　　　　b 其身坐着殿上，三十二年为天子。（《六度集经》）

　　　　　c 汝取官若干百斛穀，藏著某处。（《搜神记·卷十七》）

　　（21）a 衰裹入山，弃着竹中绝食必殒。（《六度集经》）

　　　　　b 以膏散著疮中，七日愈。（《搜神记·卷三》）

　　　　　c 有人诣之，索美酒，得，便自起，泻着梁柱间地。（《世说新语·规箴》）

　　　　　d 持彼空核种著地中，虽复溉灌终不得生。（《大般泥洹经》）

　　（22）a 埋玉树着土中，使人情何能已已！（《世说新语·伤逝》）

　　　　　b 当钉凶人着盅女之背使长负焉。（《六度集经》）

　　　　　c 命作布囊，俟女发时，张囊著窗牖间。（《搜神记·卷三》）

---

① "著"字存在不同的书写形式"着、箸"，本书根据所引原文用字书写，如无特殊需要不做区分。

例（20）动词"悬、坐、藏"是静态动词，具有"附着"义，"著"字还滞留有部分"附着"义，但这种句法位置（V₂）已经为"著"的虚化提供了理想的句法环境。例（21）动词"弃、散、泻、种"均为非附着义的动态动词，"著"的"附着"动词义基本消失，虚化为处所介词。例（22）的"著"字结构出现在受事宾语后，形成"V+O（受事）+著+处所"结构，"著"字结构对动作处置的结果加以补充说明。以上三例都表示通过某种动作达成了某种状态，使物体附着于某处，"著"相当于"在"。

B. 所到

介词"著"也可后置于动态动词，表示位移的动词。例如：

（23）a 王逮群臣，徙着山中。（《六度集经》）

　　　　b 径至宛市中，下著地，化为一羊，便卖之。（《搜神记·卷十六》）

　　　　c 出著庭中，夜皆亡去。（《搜神记·卷十六》）

例（23）"著"字结构后置于位移动词"徙、下、出"，表示位移的终点，"著"相当于"到"。

（24）a 阿群宿命尝为比丘，负米一斛送着寺中。（《六度集经》）

　　　　b 掷著他方微尘世界，于诸众生无所娆害。（《大般泥洹经》）

　　　　c 婢擎金澡盘盛水，琉璃碗盛澡豆，因倒着水中而饮之。（《世说新语·纰漏》）

例（24）的动词也是动态动词，是非位移动词，但动作行为的发生能够使客体发生位移，强调客体达到的终点，"著"相当于"到"。

2）至

魏晋时期介词"至"渐趋发展成熟。这一时期仍有许多"至"字位于运行动词之后，如"还、入、进、往、来、去、走、趋、追、行"等，表示位移的终点。例如：

（25）a 昔有沙门行至他国，夜不得入城，于外草中坐。(《旧杂譬喻经》)

　　　　b 于是便去，张乃追至刘家，为设酒，殊不清旨。(《世说新语·任诞》)

（26）a 儿自力摇从竹堕地，展转至其水侧。(《六度集经》)

　　　　b 驱驰至前，果是也。(《搜神记·卷一》)

例（25）后置于单音节运行动词，例（26）后置于双音节动词。"至"字结构紧接运行动词之后，表示运行的终点。

"至"字结构也可后置于弱运行义或非运行义动词，"至"引出动作行为发生后，主客体所到达的终点。例如：

（27）a 商人愍之，载至丰国。(《六度集经》)

　　　　b 雨止，送至门。(《搜神记·卷九》)

（28）a 进前数里，有鱼千数，跳跃水边，风吹至岸上。(《搜神记·卷五》)

　　　　b 长豫亡后，丞相还台，登车后，哭至台门。(《世说新语·德行》)

例（28）中动词"吹、哭"是非运行义动词，"至"的介词性质比较明显。

介词"至"还可以介引时间的终点，大都前置。例如：

（29）a 至晓，得食便退，了无怍容。(《世说新语·任诞》)

　　　　b 至今道服由此而兴。(《搜神记·卷六》)

　　　　c 至祭时，水辄自满，用之足了，事毕即空。(《搜神记·卷十三》)

另外，"至"的同义词"到"在魏晋朝时期也产生了许多后置于位移动词的用例，但未发现后置于非位移类动词的用法。例如：

> （30）a 有一人来到我所，前为我作礼。（《佛般泥洹经》）
>
> 　　　b 昔有二人从师学道，俱去到他国。（《旧杂譬喻经》）
>
> 　　　c 床相随俱飞到龙七宝殿上。（《旧杂譬喻经》）

魏晋南北朝时，"到"字结构后置于位移动词，如"往、来、还、去、起、飞、行、追、进"等，形成"V+到+O（处所）"结构，这种连动结构 V_2 位置的"到"很有可能虚化为介词。孙锡信（1992：206）认为，直到南北朝时"到"仍只能作动词使用，直到唐代才开始虚化为介词。这种说法似乎不太确切。

3）向

介词"向"萌生于汉代，成熟于魏晋南北朝，可介引处所、时间或对象等。仅就介引处所而言，"向"字结构主要表示动作的方向，也可表示动作发生的处所和终到处所。例如：

> （31）a 裴方向壁卧，闻王使至，强回视之。（《世说新语·容止》）
>
> 　　　b 后公交车来，峤便登，正向前坐，不复容劻。（《世说新语·方正》）
>
> 　　　c 城东有孟津河，东北流向沙勒。（《洛阳伽蓝记·城北》）

例（31）"向"字结构表示动作的方向，是介词"向"的主要功能，以前置为常（例（31）a/b），有少量后置（例（31）c）。

南北朝时期，"向"新产生了介引动作发生处所的功能，相当于介词"在"，一般前置。例如：

> （32）a 至八日《节》，以次入宣阳门，向阊阖宫前受皇帝散花。（《洛阳伽蓝记·城南》）
>
> 　　　b 向光明所掘地丈余得黄金百斤，铭云："苏秦家金，得者为吾造功德。"（《洛阳伽蓝记·城南》）

表示处所的"向"字结构基本前置，但表示动作行为的终点时，一律后置。例如：

（33）a 即有青衣十人，送昙谟最向西北门，屋舍皆黑，似非好处。（《洛阳伽蓝记·城东》）

　　　b 与无数阿僧祇菩萨摩诃萨俱，来向此娑婆世界。（《大般泥洹经》）

　　　c 从其本国来向此土，乘虚而至犹若高台，一切众生无不悉见。（《大般泥洹经》）

4）就

介词"就"不仅能够介引对象，还可引出动作发生的处所或终到处，相当于"在"或"到"。例如：

（34）a 韩后与范同载，就车中裂二丈与范。（《世说新语·德行》）

　　　b 儿见充喜踊，充就乳母手中呜之。（《世说新语·惑溺》）

　　　c 魅便就地捉之。（《搜神记·卷十七》）

（35）a 蔡暂起，谢移就其处。（《世说新语·雅量》）

　　　b 不若使闻敌至，诸围皆敛兵聚谷，退就汉、乐二城。（《三国志·蜀书》）

上例的"就"是魏晋时期新兴的用法，例（34）"就"介引动作发生的处所，大都前置。例（35）"就"字结构表示位移的终点，全部后置，这种用法较少。

（二）方式介词

1. 沿用的介词

1）以

介词"以"的用法与前期相似，仍然是引介工具（例（36））、方式（例（37））或凭借（例（38））的主要介词，"以"字结构基本前置。例如：

　　　　（36）a 乃攘臂以拳击之，应手有声，缩入地。（《搜神记·卷九》）

　　　　　　　b 民吏皆去，唯郡卒独以小船载冰出钱塘口，篮篠覆之。（《世说新语·崇礼》）

　　　　　　　c 以吾所乘千马宝车迎南王来。（《六度集经》）

　　　　（37）a 然以礼侍亲，可称为孝。（《世说新语·方正》）

　　　　　　　b 凡得道人不可以恶向之，反受其殃也。（《旧杂譬喻经》）

　　　　　　　c 王以十善化民靡不欣戴。（《六度集经》）

　　　　（38）a 佛到檀越长者家坐，众僧澡讫以次坐定。（《旧杂譬喻经》）

　　　　　　　b 以我才貌，可得见张司空否？（《搜神记·卷十八》）

　　　　　　　c 以此推之，容必能立勋。（《世说新语·识鉴》）

2）用

　　方式介词"用"东汉时期比较常见，仅《论衡》中就有 147 见，但到了中古时期数量锐减，这可能与中古时期许多其他新的方式介词的涌现不无关系。佛经中出现 5 次，非佛经语料《搜神记》有 4 例，《世说新语》有 5 例，《洛阳伽蓝记》有 3 例，两种语料总计 17 见。例如：

　　　　（39）a 文帝于此戏特妙，用手巾角拂之，无不中。（《世说新语·巧艺》）

　　　　　　　b 先将数石米餈，用蜜（麦少）灌之，以置穴口。（《搜神记·卷十九》）

　　　　　　　c 是诸比丘晨用杨枝澡漱清净。（《佛说大般泥洹经》）

　　　　　　　d 本有三层浮图，用塼为之。（《洛阳伽蓝记·城东》）

　　例（39）介词"用"主要引出动作进行的工具、方式或材料等，"用"字结构已经全部前置。

介词"用"和"以"功能近似，对举使用，使语词避复。例如：

（40）a 众妙杂香用熏其座，七宝茵蓐以敷其上。（《佛说大般泥洹经》）

b 王君夫以（米台）糒澳釜，石季伦用蜡烛作炊。（《世说新语·汰侈》）

c 仲容至宗人间共集，不复用常杯斟酌，以大瓮盛酒，围坐，相向大酌。（《世说新语·任诞》）

2. 新兴的介词

魏晋南北朝时期表示方式范畴的介词发展变化较快，除了沿用上古常用的方式介词"以"和"用"外，更重要的是产生了一批新的方式介词，新生方式介词主要有："持""依""案（按）"等，以及"据、缘、将、捉"等几个词也偶有方式介词用法。这些新兴方式介词组成的介词结构大都前置，有效地分化了多功能介词"以"的功能，使语义表达更加精细。

1）持

"持"动词义表示"握持"之义，东汉时期已经萌生了介词用法。例如：

（41）a 譬如有人，持器取水，一器完牢，二者穿坏。（《中本起经》）

b 在母之时，天使神持锥笔墨刻其身乎？（《论衡·自然篇》）

（42）a 有应学是者，持手举一佛境界。（《道行般若经》）

b 非子产持耳目以知奸，独欲缪公须问以定邪？（《论衡·非韩篇》）

例（41）"持"字似乎还有"握持"义，可分析为动词或介词，而例（42）"持"的宾语"手""耳目"是难以自持之物，"耳目"指耳闻目睹的方式，"持"已虚化为介词，介引工具和依凭，相当于"用"或

"凭"。

魏晋时期，介词"持"进一步发展，佛经语料中使用较多。例如：

（43）a 若持如来常住二字历劫修习。（《佛说大般泥洹经》）

b 今我身皆痛，我持佛威神，治病不复。 （《佛般泥洹经》）

c 佛起到阿卫聚，坐一树下，持道眼见上诸天。（《佛般泥洹经》）

汉代以后，随着介词"持"的广泛使用，它与方式介词"以"形成并存竞争的局面，在某些语义内容相当的佛经中已显端倪。例如：

（44）a 前持头面著足已，绕三匝却住。（《道行般若经》）

b 前以头面著足，起绕三匝却住。（《大明度经》）

（45）a 持手著阿难肩上。（《道行般若经》）

b 又以著阿难肩上。（《大明度经》）

（46）如有国土城邑聚落有卖乳者，或持水杂欺诳他人而求财物，其贩乳者亦复如是，以水杂卖展转相欺。 （《佛说大般泥洹经》）

例（44）、例（45）的 a 句与 b 句选择不同的介词，意义相同，例（46）前半句用"持"，而后半句用"以"，功能近似，这正是新兴介词与传统介词并存竞争的表现。

2）依

《说文》云："依，倚也。"动词，表示"依傍、倚仗"等意思。例如：

（47）a 然夫虫之生也，必依温湿。（《论衡·商虫篇》）

b 太子既圣且仁，润齐二仪天下喜附，犹孩依亲。（《六度集经》）

"依"用于连动结构中，随着"依"的宾语泛化，逐渐虚化为表"依据"的介词。例如：

（48）a 父老异之，因依马迹以筑城，城乃不崩。（《搜神记·卷十三》）

b 若其问讯犹不能知，当依如来真实契经而分别之。（《佛说大般泥洹经》）

3）案（按）

"案"东汉时期已经产生了介词用法，魏晋时期介词用法进一步发展，主要表示"根据、依据"之义。例如：

（49）a 案卦论之可奈何。（《搜神记·卷三》）

b 我已有经戒，若曹但当案经戒奉行之。 （《佛般泥洹经》）

（50）a 及晓，文按次掘之，得金银五百斤，钱千万贯。（《搜神记·卷十八》）

b 伯文以次呼家中大小久之，悲伤断绝。（《搜神记·卷十五》）

"案（按）"的"依凭"用法与介词"以"相似，如例（50）表示"按照、根据"义，功能相同。

以上新兴介词最主要的特点是：①动词与介词用法并存，表现出语法化的层级；②新兴介词组成的介词结构在语序上大都前置；③新兴方式介词与传统介词形成并存竞争的局面，新兴介词分化了介词"以"的部分功能，使得传统介词"以"逐渐衰落。

（三）对象介词

1. 於

介词"於"在功能上沿用上古时期的用法，引进受事、与事、施事及比较对象等。与上古时期相比，魏晋南北朝时期使用频率明显下降。例如：

（51）a 宗门巨细，各自亲身供养於佛。（《六度集经》）

　　　　b 菩萨喜於闻法，得无痛之定。（《六度集经》）

（52）a 洛鲤伊鲂，贵於牛羊。（《洛阳伽蓝记·城南》）

　　　　b 自是居日衰减，车子长大，富於周家。（《搜神记·卷十》）

　　例（51）介词"於"引进动作作用的对象，相当于受事，但宾语表示的对象受动作影响的程度又比较低，魏培泉（1993：770）将这种介于动名之间而无实际作用的"於"字称作"垫音词"。西晋以后特别是六朝佛经中广泛使用，以四音节为韵律的佛经，主要是用这种方式协调经文的韵律。实际上这种用法先秦时期就已经存在，而且也不仅限于佛经。例（52）介词"於"引进比较的对象。

　　"於"字除了继续沿用上古时期的基本用法外，也产生了一些变化。

1）介引与事的功能开始衰落

　　（53）a 南州人有遣吏献犀簪於孙权者，舟过宫亭庙而乞灵焉。（《搜神记·卷四》）

　　　　b 此殃由吾前世不奉佛教加毒於彼。（《六度集经》）

（54）a 殷甚患之，求术於王东亭。（《世说新语·谗险》）

　　　　b 庄帝谋煞尔朱荣，恐事不果，请计於徽。（《洛阳伽蓝记·城西》）

（55）a 有人问谢安石、王坦之优劣於桓公。（《世说新语·品藻》）

　　　　b 咨於太丘，太丘曰："元方难为兄，季方难为弟。"（《世说新语·德行》）

　　"於"字结构分别后置于"给予"动词（例（53）），"请求"动词（例（54））以及"言语"动词（例（55）），这些动词大多是双宾动词，介词"於"引出对象宾语。这一时期后置于这类双宾动词的"於"渐趋减少，这与双宾句式的历时发展、介词的代替与省略密切相关。

　　先秦时期，介引与事是"於"的主要功能之一，双宾结构中介词

"於"常用于引进间接宾语，形成"动+直+於+间"结构，魏晋南北朝时期产生了一种新的双宾结构"动₁+直+动₂+间"。例如：

（56）a 遣待（侍）中朱元龙赍铁券与世隆。（《洛阳伽蓝记·城内》）

b 持斧诣园，饱共啖毕，伐之，送一车枝与和公。（《世说新语·俭啬》）

c 陶胡奴为乌程令，送一船米遗之，却不肯取。（《世说新语·方正》）

例（56）的"给予"动词"赍（送）、送"形成了双宾形式"动₁+直+动₂+间"，这种新的双宾结构产生后发展迅速，贝罗贝（1986：204—212）详细讨论了汉代至唐代六种双宾结构的历史发展演变，认为这种新形式的出现代替了部分上古汉语的"动+直+於+间"结构。魏晋南北朝时期虽然"动+直+於+间"结构仍旧存在，但是比先秦及汉代要少得多，据萧红（2008：170—171）统计，双宾形式"动+直+於+间"在东汉《论衡》中出现了134次，而《搜神记》只有14次，《世说新语》17次，《洛阳伽蓝记》5次，可见介引"给予"对象的"於"字逐渐减少。

"於"字介引"求取"对象的功能也逐渐被其他介词所分化，且对象宾语发生前移。试比较以下各例：

（57）a 乐桓子相赵文子，欲求货于叔孙，而为之请。（《左传·昭公元年》）

b 司空郑冲驰遣信就阮籍求文。（《世说新语·文学》）

c 遣使向西域求之，乃得经像焉。　（《洛阳伽蓝记·城西》）

（58）a 吴申叔仪乞粮于公孙有山氏。（《左传·哀公十三年》）

b 从公乞一弟以养老母。（《世说新语·德行》）

（59）a 我先君文公献功于衡雍，受彤弓于襄王，以为子孙藏。（《左传·襄公八年》）

b 武昌有大蛇，常居故神祠空树中，每出头从人受食。

（《搜神记·卷七》）

动词"求、乞、受"都有"求取"义，先秦时期常用"於"引进"求取"的对象，位于动词之后。魏晋南北朝时期，"就、向"等新兴介词逐渐分化了"於"的这一功能，这些新兴的介词一般位于动词之前。

先秦时期常以介词"於"引进"言语"的对象，而到了中古时期出现许多无需"於"字介引的现象。例如：

（60）a 邾人告于郑曰："请君释憾于宋，敝邑为道。"（《左传·隐公五年》）

b 於是告其妻曰："吾不负金，贤夫自有金。"（《搜神记·卷三》）

c 融果转式逐之，告左右曰："玄在土下水上而据木，此必死矣。"（《世说新语·文学》）

（61）a 公闻其入郕也，将救之，问于使者曰："师何及？"（《左传·隐公五年》）

b 遂至，问郑容曰："安之？"（《搜神记·卷四》）

c 王子敬病笃，道家上章应首过，问子敬："由来有何异同得失？"（《世说新语·德行》）

2）介引施事的功能渐趋消失

魏晋南北朝时期，介引施事的用法几近消失，取而代之的是其他被动表达式。唐钰明（1987）统计六朝被动式，显示"为……所"式约占53%，"见"字式20%，"被"字式15%，"为"字式3%，"於"字式仅1.1%。"为……所"式仍占主体，值得一提的是"被"字发展较快，仅次于"为……所"被动式，成为六朝时期的常见被动式。在承袭前期用法的基础上又产生了新的形式，形成了"被+施事+动词"格式。例如：

（62）a 昨忽被县召，夜避雨，遂误入此中。（《搜神记·卷十二》）

b 墓上人皆笑之，被石酒气冲入鼻中，亦各醉卧三月。

（《搜神记·卷十九》）

　　　　　c 祢衡被魏武谪为鼓吏，正月半试鼓。（《世说新语·言语》）

　　介词"被"引出施动者前置于动词，是一种新兴的句式，改变了上古时期"於"介引施事只能后置的句法格局，这种被动表达式一直保持到现代汉语。

2. 以

"以"介引受事，表示处置，继续沿用上古时期的用法。例如：

　　　　（63）a 孔廷尉以袁与从弟沈，沈辞不受。（《世说新语·言语》）

　　　　　b 感其笃终，辄与相见，因以珠遗之。（《搜神记·卷十六》）

　　　　　c 为设饮食，以私金一饼送之。（《旧杂譬喻经》）

　　　　　d 高祖即以金钟赐彪。（《洛阳伽蓝记·城南》）

　　例（63）动词"与、遗、送、赐"都是"给予"义三价双宾动词，介词"以"介引受事，这种句式具有"处置"义，表示把某物处置给谁，"以"相当于"把"，这种"以"字处置（给）句式从先秦一直沿用。但在这一时期也出现了处置（给）的同义句式，梅祖麟（1990：194）指出汉代至魏晋南北朝时期"持""将"字偶有替代"以"字的现象。① 中古佛经中确有"持"字处置式，"持"引出处置的对象（受事）。朱冠明（2002：83—88）详细讨论过中古译经中的"持"字处置式。例如：

　　　　（64）a 长大见沙门分越，便走自持饭与欢喜。（《旧杂譬喻经》）

---

　　①　a 时远方民，将一大牛，肥盛有力，卖与此城中人。（《生经》）b 即持此宝与诸兄弟。（《生经》）梅先生所列举的例 a "将"字句魏晋南北朝时期所见甚少，b 句的"持"字似乎动词性还很强。

　　b 当敬同学，当持同学作兄弟。(《佛般泥洹经》)

　　例 (64) a 中"持"似乎还有动词性质，也可能看作介词，表示把某物处置给某人。例 (64) b "持"字应该视为介词，表示把 A 当作 B，相当于"以 A+V+B"句式。

　　介词"以"还可引出言告的内容，前置于"言告"动词"告、白、语"等，表示"把某事告诉某人"，即"处置 (告)"。例如：

　　(65) a 愿明佛意即还，具以阿难意告诸天。(《佛般泥洹经》)
　　　　b 时有人闻将至王所，以其所闻具白国王。(《佛说大般泥洹经》)
　　　　c 太中大夫陈韪后至，人以其语语之。(《世说新语·言语》)

　　这一时期，表示处置 (到) 的"以+O+V+L"结构也开始流行。例如：

　　(66) a 又尝煮水令沸，以金指环投汤中，然后以手探汤。(《搜神记·卷二》)
　　　　b 阮宣子常步行，以百钱挂杖头，至酒店，便独酣畅。(《世说新语·任诞》)
　　　　c 吾以肝悬彼树上，鳖信而还。(《六度集经》)
　　　　d 以饭置上授还沙门，沙门持去。(《旧杂譬喻经》)

　　以上这种"以+O+V+L"处置 (到) 句式魏晋南北朝时期广泛使用，而先秦时期多以"V+O+于+L"表达，这跟介词"于"的没落有一定关系。

　　由以上分析可知，介词"以"介引受事对象的用法跟特殊句式 (处置式) 的演变密切相关，处置式与双宾式之间也存在一定的变化关联，即 $VO_1O_2 \rightarrow 以 O_1VO_2$。从该句式的发展过程可知，介词"以"具有将宾语提前的作用，梅祖麟 (1990：196) 曾讨论过处置式中"以"字的提宾作用。

3. 及

后置介词"及"引出动作行为所延及的对象或范围，这种用法的使用频率较低。常见介词"及"位于言说动词之后，引出言说的对象。例如：

(67) a 遂信宿中涂，竟不言及此事。(《世说新语·雅量》)

b 于是论及文章，辨校声实，华未尝闻。(《搜神记·卷十八》)

c 子才洽闻博见，无所不通，军国制度，罔不访及。(《洛阳伽蓝记·城南》)

介词"及"后置于非言说动词，引出动作行为作用或影响的对象。例如：

(68) a 召伯之仁，犹惠及甘棠；文靖之德，更不保五亩之宅？(《世说新语·规箴》)

b 秦始皇作阿房而殃及其子，天下叛之，二世而灭。(《三国志·魏书》)

另外，"及"字结构后置还可以表示动作行为所延及的处所范围。"及"相当于"到"。例如：

(69) a 明年，军出，行及寻阳，范见风气，因诣船贺，催兵急行。(《三国志·吴书》)

b 吾世世有慈心，于世女人，更相嫉妬，殃恶流被，延及王身。(《佛般泥洹经》)

小结。这一时期，介词发展变化较大，新兴介词大量涌现。沿用的时处介词主要有"於、在、自"，新兴介词有"著、至、向、就"，其中介词"著"发展较快，"向、就"偶有后置用法；沿用的方式介词主要是

"以"和"用"，新生了许多方式介词"持、依、案（按）"等，还有"据、缘、将、捉"等几个词也偶有方式介词用法；沿用的对象介词主要是"於"和"以"，新生了对象介词"对、向、就"等。

新旧介词的并存竞争与更新替换发展迅速。"於"和"在"，"自"和"从"，"以"和"持"等介词之间并存竞争，新兴介词分化或替代了旧有介词的部分功能，后者大有取代前者之势。传统介词"於""以""自"等使用频次急剧减少。

传统后置介词"於"和"以"功能域开始萎缩。"於"介引与事、施事的功能衰退，介词"对、向、就"等分化了"於"的部分功能；新兴的方式介词分化了"以"的部分用法；对象介词"持"分担了"以"字介引处置对象的功能。

二　介词结构的语序

（一）"於"字结构

魏晋南北朝时期，表示处所的"於"字结构前移发展较快，逐渐倾向于前置。

> （1）a 女孙年三四岁，亡之，求不知处，两三日，乃於圃中粪下啼。（《搜神记·卷三》）
> 　　　b 乃遣人于江口夺之。（《世说新语·方正》）
> 　　　c 天神则化作一人，於市中卖之。（《旧杂譬喻经》）

表示处所的"於"字结构逐渐前移，如例（1）。与东汉时期不同的是非佛经文献中的"於"字结构前置也越来越多，《世说新语》中前置55例（51%），后置52例（49%），前置数量更是超过了后置。《搜神记》中也有前置用例（55）见，约占总例的22%，相较于《论衡》，前置比例有大幅度的提高。佛经语料继续保持较快的前移速度，《旧杂譬喻经》前置53例（80%），后置13例；《佛般泥洹经》前置28例（70%），后置12例。

后置的"於"字处所结构，表示存在的处所或动作行为的终点。

例如：

　　（2）a 王孝伯死，悬其首於大桁。（《世说新语·仇隙》）

　　　　b 凡此诸海，皆有石窦流於地下，西通谷水，东连阳渠，亦
与翟泉相连。（《洛阳伽蓝记·城内》）

　　表示对象的介词结构前移速度稍显滞后，一些"於+对象"结构仍然
后置。例如：

　　（3）a 心中悲猛，举哀而行，精诚之至感於诸佛。 （《六度
集经》）

　　　　b 六者不得思念作恶加痛于人。（《佛般泥洹经》）

　　　　c 后匈奴来和，求美女于汉帝，帝以明君充行。（《世说新
语·栖逸》）

　　（4）a 时人目庾中郎："善於托大，长於自藏。"（《世说新语·
赏誉》）

　　　　b 周弘武巧於用短，杜方叔拙於用长。 （《世说新语·
品藻》）

　　　　c 市赁一人，妙於园种。（《六度集经》）

　　例（3）介词"於"位于动词后，引出动作行为关涉的对象。例
（4）"於"字结构后置于形容词，表示性状关涉的对象或影响的方面。

（二）"在"字结构

　　"在"字结构以前置为主，部分后置。表示动作发生的处所既可前置
也可后置，但以前置占优势。与东汉时期不同的是非佛经语料中"在"
字结构也以前置居多，如《世说新语》前置 67 例（75%），后置 12 例，
《搜神记》前置 18 例（67%），后置 9 例。例如：

　　（5）a 桓车骑在上明畋猎。（《世说新语·尤悔》）

　　　　b 所害非一，而平辄在缺门山上大呼言："平常生在此。"
（《搜神记·卷一》）

　　　c 化为沙门在其前步，曰："人数足矣。"（《六度集经》）

"在"字结构后置时，主要表示动作行为的终点（例（6））或主体存在的处所（例（7）），少量表示动作行为发生的处所（例（8））。例如：

　　（6）a 上方佛来，飞在其前，身色紫金。（《六度集经》）
　　　　　b 吴人浮水自云工，妓儿掷绳在虚空。（《洛阳伽蓝记·城南》）
　　（7）a 肉尽骨立，恶露涂身，倚在门侧。（《六度集经》）
　　　　　b 金五百斤，盛以青罂，覆以铜柈，埋在堂屋东头。（《搜神记·卷三》）
　　（8）a 刘伶恒纵酒放达，或脱衣裸形在屋中，人见讥之。（《世说新语·任诞》）
　　　　　b 昔孝昌年，戍在彭城。（《洛阳伽蓝记·城南》）

（三）"著/至"字结构

表示动作行为终点的"著"字结构和"至"字结构一律后置。例如：

　　（9）a 起听吾言，大王徙吾着檀特山，十年为限。（《六度集经》）
　　　　　b 王独在舆上回转，顾望左右移时不至，然后令送著门外，怡然不屑。（《世说新语·简傲》）
　　　　　c 掷著他方微尘世界，于诸众生无所娆害，各不自知谁持来去谁安在此。（《大般泥洹经》）
　　（10）a 其雄者飞至南阳，今南阳雉县是其地也。（《搜神记·卷八》）
　　　　　b 王孝伯在京，行散至其弟王睹户前。（《世说新语·文学》）
　　　　　c 众人共作饮食，送女至夫所。（《旧杂譬喻经》）

后置介词"著"除了介引动作行为的终点以外，还可以表示动作与处所间的静态存在关系，相当于"在"。例如：

（11）a 既还，蓝田爱念文度，虽长大犹抱著膝上。（《世说新语·方正》）

b 作一银案，又为金鼠，以众名珍满其腹内，罗着案上。（《六度集经》）

c 序受剑，衔须著口中，叹曰："则令须污土。"（《搜神记·卷十六》）

（四）"自"字结构

魏晋南北朝时期，介词"自"表示处所起点，除仿古用例外，基本前置。例如：

（12）a 卿愿求儿，故自远来，终不敢违，便可速迈。（《六度集经》）

b 自高投下，观者寒栗。（《六度集经》）

c 须臾，马忽自门外走还，至马尸间便灭，应时能动，起行。（《搜神记·卷二》）

（13）a 王修载乐托之性，出自门风。（《世说新语·赏誉》）

b 始自官中，天下翕然化之也。（《搜神记·卷七》）

介词"自"介引处所起点的功能日渐式微，被高频介词"从"所替代。在所调查的7部文献中，介词"自"仅有51次，其中41例前置，后置10例。

（五）"以"字结构

"以"字结构语序基本固定，表示方式或对象时，已经基本前置（例（14）、例（15）），后置（例（16））成为少数现象。

（14）a 若天旱，以火烧山，即至大雨。（《搜神记·卷十三》）

b 谢奕作剡令，有一老翁犯法，谢以醇酒罚之。（《世说新语·德行》）

（15）a 高祖迁京之始，以地给民。（《洛阳伽蓝记·城南》）

　　　b 庾稚恭为荆州，以毛扇上武帝，武帝疑是故物。（《世说新语·言语》）

（16）a 可以道化，喻之以仁，龙含凶毒，吾等摧焉。（《六度集经》）

　　　b 其体微冷，气息裁属。乃蒙之以被。（《搜神记·卷十二》）

　　　c 孙秀降晋，晋武帝厚存宠之，妻以姨妹蒯氏，室家甚笃。（《世说新语·惑溺》）

表示方式或对象的"以"字结构后置用法自先秦以后逐渐减少，魏晋南北朝时期后置已成少数现象。以非佛经语料为例，《搜神记》中仅 38 例后置，前置 278 例（88%）。《世说新语》中 21 例后置，前置 252 例（92%）。《洛阳伽蓝记》后置仅 10 例，前置 84 例（89%）。

（六）"及"字结构

"及"字结构以前置为主，常位于小句之首，表示动作行为发生的时间，相当于"等/到……时候"。后置用例较少，主要表示动作行为所延及的处所、对象或范围。

（17）a 及开帐，乃见吐唾纵横，信其实孰眠，于是得全。（《世说新语·假谲》）

　　　b 及京师倾覆，综弃州北走。（《洛阳伽蓝记·城东》）

　　　c 及晓，文按次掘之，得金银五百斤，钱千万贯，仍取杵焚之。（《搜神记·卷十八》）

（18）a 休善之，是日，进及布塞亭。（《三国志·吴书》）

　　　b 因立密计，欲北归命，不幸事露，诛及婴孩。（《三国志·吴书》）

　　　c 至于高风永夜，宝铎和鸣，铿锵之声闻及十余里。（《洛阳伽蓝记·城内》）

自先秦始，表示动作行为发生时间的"及"字结构就以前置为主

（例（17））。只有表示动作行为所涉及或影响的对象、处所时才后置（例（18）），"及"相当于"至"，一般用例较少。在《搜神记》中仅有2例后置，《世说新语》后置4例，《洛阳伽蓝记》后置4例。

小结。魏晋南北朝时期是介词结构语序的剧烈变化时期。"於+处所"结构前移发展速度较快，这一时期最显著变化是非佛经类文献中"於"字结构也逐渐倾向于前置。"在+处所"结构多数前置，部分后置。新兴介词"著"和"至"介引处所终点一律后置。表示处所起点的"自+处所"结构基本前置，后置成为古语的遗留。表示方式或对象的"以"字结构前移基本完成，仅有少量后置。"於+对象"结构前移速度稍显滞后。

三　句法扩充对介词结构语序的影响

语言形式的扩容不仅表现在大量增加复音式的词语，还表现为句法结构的扩充，尤其突出地表现在谓语结构的复杂化方面。从西汉开始，谓语结构渐趋复杂化，据何乐士（1984：42）统计，《史记》中复杂谓语所占比例由《左传》的39%上升到60%。谓语结构复杂化主要表现为并列的动词谓语、动词带宾语、动词带补语等。

如果介词结构位于复杂谓语之后，会使动词后的成分过多，介词结构与被修饰的中心成分VP之间距离较远，关系比较松散，既不利于句义的表达，也不利于句子整体结构的平衡。介词结构前移能够使它与VP邻近，遵循语义靠近的原则，且不致使VP后的成分太多，句法结构更加匀称和谐。

（一）动词为非单音结构

汉语词语发展的总体趋势是由单音节向复音节发展，程湘清（1985—1988年）统计了东汉《论衡》（21万余字）约有复音词2300个，南朝《世说新语》（6万余字）就有复音词2126个。谓语动词的音节数对介词结构的语序具有一定的影响作用。范继淹（1982：76—78）、张赪（2002：117）认为动词的音节数影响了"在+处所"结构的语序，"在+处所"一般后置于单音节动词，而该结构前置时对动词的音节数则没有约束。Li和Thompson（1974：202）也认为动词由单音节发展到多音节是影响介词结构前移和汉语语序的重要因素。例如：

  （19）张三睡在床上。

  （20）*a 张三睡觉在床上。

    b 张三在床上睡觉。

  （21）a 出於幽谷。（《孟子·滕文公上》）

    b 从幽谷出来。

  现代汉语例（19）和例（20）的主要区别在于单音节动词"睡"与复音节动词"睡觉"，例（20）a 不成立。例（21）a 古汉语介词结构后置于单音节动词"出"，例（21）b 动词成为复音节"出来"，介词结构前置于复音节动词。

  魏晋南北朝时期，介词结构以前置于非单音结构的谓语占优势。以《搜神记》《世说新语》为例，"以""於""在" 3 个介词组成的介词结构修饰非单音结构谓语共计 148 例，其中有 94 例位于非单音结构之前，有 54 例后置。例如《世说新语》中"以"字结构修饰复音节动词有 17 例，"以"字结构全部前置，没有后置于非单音结构的用例。"於"字结构前置于非单音结构 16 例，有后置 19 例。"在"字结构位于非单音节结构之前 17 例，后置 3 例。例如：

  （22）a 经吴阊门，在船中弹琴。（《世说新语·任诞》）

    b 即请坐禅僧一百人，常在殿内供养之。（《洛阳伽蓝记·城东》）

  （23）a 汉武帝乳母尝於外犯事，帝欲申宪，乳母求救东方朔。（《世说新语·规箴》）

    b 督邮欲於楼上观望，亟扫除。（《搜神记·卷十八》）

  （24）a 魏明帝登台，惧其势危，别以大材扶持之，楼即颓坏。（《世说新语·巧艺》）

    b 佛亦如是，有坏法人以理惩罚，令犯恶者自见罪报。（《大般泥洹经》）

  上例的介词结构都前置于复音节动词，分别表示动作发生的处所、工具及方式等。非单音结构除了复音节动词以外，还有一些句子的谓语中心成分 VP 是多个动词并列连用或连动式，介词结构大都前置于这类谓语动词。例如：

（25）a 于四交道，起塔立刹，以盘着上，悬缯鼓，华香燃灯。（《佛般泥洹经》）

b 昔有一女行嫡人，诸女共送，于楼上饮食相娱乐。（《旧杂譬喻经》）

c 于此庐地树下，除须发着法服作沙门。（《六度集经》）

d 於坐振袖而起，扬槌奋击，音节谐捷，神气豪上，傍若无人。（《世说新语·豪爽》）

（26）a 宣武与简文、太宰共载，密令人在舆前后鸣鼓大叫。（《世说新语·雅量》）

b 君速归，在狐噪处拊心啼哭，令家人惊怪。（《搜神记·卷三》）

c 在塔西北一百步掘地埋之，上种树，树名菩提。（《洛阳伽蓝记·城北》）

（27）a 此人负吾金，即以此板往责之，勿负言也。（《搜神记·卷三》）

b 太子以琴乐索食济命，展转诸国至妃父王之国。（《六度集经》）

当然，也有部分介词短语后置于非单音结构，但大都受到语义的限制，主要用于表示动作行为的终点（例（28））、活动发生的处所（例（29））或动作行为直接作用的对象（例（30））。例如：

（28）a 吾欲立功于河北，使卿延誉於江南，子其行乎？（《世说新语·言语》）

b 农呼妻相出於庭，叩头三下。（《搜神记·卷十一》）

（29）a 吾昔与嵇叔夜、阮嗣宗共酺饮於此垆。（《世说新语·伤逝》）

b 汉灵帝数游戏於西园中，令后宫采女为客舍主人。（《搜

神记·卷六》)

　　(30) a 司州言气少有悟逆於蝎，便作色不夷。(《世说新语·忿狷》)

　　　　　　b 汤乃以身祷于桑林，剪其爪髮，自以为牺牲，祈福于上帝。(《搜神记·卷八》)

(二) 动词带宾语情况

1. 处所介词

　　(31) a 巩县、山阳并送二虎一豹，帝在华林园观之。(《洛阳伽蓝记·城南》)

　　　　　　b 邓攸始避难，於道中弃己子，全弟子。(《世说新语·德行》)

　　　　　　c 童子曰："此名为蝹。常在地食死人脑。"(《搜神记·卷八》)

　　　　　　d 其诸众生悉在华上听受大乘，书持诵念如说修行。(《佛说大般泥洹经》)

　　介词结构前置时，动词后常带宾语。例 (31) 处所介词结构前置，谓语动词都带有名词性的宾语，主要是代词、名词或名词性结构。

　　相对而言，介词结构后置时，动词不带宾语较为常见 (例 (32))。仅有少量动词带宾语 (例 (33))。如：

　　(32) a 命终魂灵入於太山地狱，烧煮万毒为施受害也。(《六度集经》)

　　　　　　b 吴孙峻杀朱主，埋於石子冈。(《搜神记·卷二》)

　　　　　　c 许玄度隐在永兴南幽穴中，每致四方诸侯之遗。(《世说新语·栖逸》)

　　　　　　d 濡须口有大船，船覆在水中，水小时，便出见。(《搜神记·卷十六》)

　　(33) a 皆脱身众饰，投之于地。(《佛般泥洹经》)

　　b 于是家人一时去，独留女在后。（《世说新语·假谲》）

　　通过统计两个主要处所介词结构"於+处所"与"在+处所"所修饰的谓语动词带宾语的情况，分析动词是否带宾语对介词结构语序分布的影响，张赪（2002：118—121）也指出："VP 是否带真宾语与介词词组的位置有直接的关系。"

表3–3　　　　　　　　动词带宾语时处所介词结构的语序分布

		佛经文献			非佛经文献		
		V+O	用例总数	带宾语比例	V+O	用例总数	带宾语比例
於	VP 前	325	372	87%	78	120	65%
	VP 后	21	185	11%	101	363	28%
在	VP 前	15	29	52%	41	103	40%
	VP 后	5	40	13%	13	36	36%

　　表3-3 显示：①处所介词结构前置时，动词带宾语的比例高于介词结构后置时的比例，也即处所介词结构后置时谓语动词倾向于不带宾语，紧邻动词之后出现；②两种语料的处所介词结构语序发展不平衡，佛经语料的处所介词结构前移速度比非佛经语料快。

　　2. 方式介词

　　（34）a 神以水灌我，将大沾濡。（《搜神记·卷五》）
　　　　　b 用新襃锦，牢缠身体，新劫波育，复以缠上。（《佛般泥洹经》）
　　　　　c 可谓以小人之虑，度君子之心。（《世说新语·雅量》）
　　　　　d 头带一角，长八尺，奇长三尺，以玫瑰五色装饰其上。（《洛阳伽蓝记·城北》）

　　表示方式的介词结构前置时，动词大都带有代、名词或名词性宾语。

　　介词结构后置时，动词可以带宾语（例（35）），也可以不带宾语（例（36）），不带宾语比较常见。例如：

（35）a 强者绥之以德，弱者抚之以仁，恣其所安，久而益敬。（《世说新语·政事》）

b 七月七日，迎汝以赤龙。（《搜神记·卷一》）

（36）a 置之室中，覆以敝筐。（《搜神记·卷一》）

b 拱门有四力士、四狮子，饰以金银，加之珠玉。（《洛阳伽蓝记·城内》）

c 穷老幼孤，令之合居为亲为子，屋舍车乘，疾济以药，斯谓四德。（《佛般泥洹经》）

在两种文献中，方式介词结构所修饰的谓语动词带宾语的情况统计如表 3-4 所示。

表 3-4　　　　　　动词带宾语时方式介词结构的语序分布

		佛经文献			非佛经文献		
		V+O	用例总数	带宾语比例	V+O	用例总数	带宾语比例
以	VP 前	424	464	91%	287	317	91%
	VP 后	26	50	52%	16	47	34%
用	VP 前	3	5	60%	8	12	67%
	VP 后	0	0	0	0	0	0

由表 3-4 可知，魏晋南北朝时期，方式介词结构基本前置，仅有少量后置。方式介词结构前置时动词一般带宾语，后置时动词较少带宾语。表方式的"用"字结构使用频率较低，基本前置。

3. 对象介词

（37）a 请戮三男，以儿还母。（《搜神记·卷六》）

b 时有一比丘，身体有疾，大姓以一甘果与之。（《旧杂譬喻经》）

c 仵龙、文义，于王有勋，于国无功。（《洛阳伽蓝记·城东》）

d 尔曹于经有疑结者，及佛在时，当决所疑。（《佛般泥洹经》）

（38）a 崔文子者，泰山人也。学仙於王子乔。（《搜神记·卷一》）

b 以吾启闻，吾有疑心于世尊。（《佛般泥洹经》）

c 不能言语，饮食所须，托之以梦。 （《搜神记·卷十五》）

（39）a 恣心快志，恶无不至，违於佛教，后悔何益？（《六度集经》）

b 汝闻越祇，孝于父母，逊弟师长，受诚教诲不？（《佛般泥洹经》）

c 韭葑韲是搗韭根，杂以麦苗尔。（《世说新语·黜免》）

表 3-5　　　　　动词带宾语时对象介词结构的语序分布

		佛经文献			非佛经文献		
		V+O	用例总数	带宾语比例	V+O	用例总数	带宾语比例
於	VP 前	39	88	44%	6	15	40%
	VP 后	17	113	15%	29	107	27%
以	VP 前	131	144	91%	120	154	78%
	VP 后	1	34	3%	1	33	3%

以表 3-5 统计显示：①表示对象的"於"字结构大多后置，后置时动词较少带宾语；②介引受事的"以"字结构一般前置于双宾动词，谓语动词大都带宾语，介词结构后置时动词一般不带宾语。

综上所述，介词结构的语序分布与谓语动词是否带有宾语具有一定的关联。谓语动词带有宾语时，介词结构倾向于前置；介词结构后置时，谓语动词一般倾向于不带宾语。

（三） 动词带补语对介词结构语序的影响

魏晋南北朝时期是补语发展的重要时期，非介词结构充当补语（结果、趋向及程度补语等）发展较快（柳士镇 1992：309—317）。补语的发展与介词结构的前移也存在一定的联系。介词结构前置时，谓语动词可接补语；而介词结构后置时，谓语动词一般不带补语。例如：

（40）a 桓玄时，仲文入，桓於庭中望见之。（《世说新语·品藻》）

b 河神巨灵，以手擘开其上，以足蹈离其下，中分为两，以利河流。（《搜神记·卷十三》）

（41）a 韩康伯与同载，遂诱俱入郡，范便於车后趋下。（《世说新语·栖逸》）

b 龙王每作神变，国王祈请，以金玉珍宝投之池中；在后涌出，令僧取之。（《洛阳伽蓝记·城西》）

（42）a 忽一日，於城外饮酒<大醉>。（《搜神记·卷二十》）

b 鸡子於地圆转<未止>，仍下地以屐齿碾之。（《世说新语·忿狷》）

c 蛇在皮中动摇<良久>，须臾不动，乃牵出，长三尺许，纯是蛇。（《搜神记·卷三》）

例（40）动词"望见、擘开、蹈离"是动结式复音动词，例（41）中"趋下、涌出"是动趋式复音动词，例（42）动词后带补语。介词结构都前置于这些动补结构。

拿"以"字结构为例，《搜神记》中305例"以"字结构前置用例中有17例带补语，38例后置用例中动词都不带补语。《世说新语》"以"字结构前置的232例中，有7例动词带有补语，21例后置用例都不带补语。

动词后补语的发展促进了介词结构的前移。石毓智（2001：290）指出介词短语前移的动因是由于动补结构的发展。他认为，"动词之后的补语与介词短语之间具有很强的互斥性，两者很难共现。""一个句子的同一个中心动词只能被有界化（bounded）一次，介词短语和补语都有使中心动词有界化的作用。"当然也不绝对，存在一些例外情况，但数量较少。例如：

（43）a 象常坏屋败墙，走<出>于外，逢树即拔，遇墙亦倒。（《洛阳伽蓝记·城南》）

b 粪塔渐高，挺<出>于外，去地四百尺然后止。（《洛阳伽

蓝记·城北》)

例（43）的"于"字结构后置于趋向补语，表示位移的终点或方向，这也可以说是由于语义限制造成的。

何乐士（1984：248）指出从《左传》到《史记》这一历史阶段中句子结构在布局上发生了重大的变化，介词结构的语序由以后置为主发展到以前置为主，而在此期间动补式也正经历着由初起到大量发展，《史记》中的结果、趋向及程度补语迅速发展。这两种现象之间并不是偶然的互补相关的，应该有着内在的因果关系，介词结构的前移为动补式的发展准备了条件。任何关系或作用都是相互的，我们也可认为由于动补式的不断完善与发展推动了介词结构的前移。

综上所述，句法结构的扩充促使介词结构快速前移，这种语序的变化也是汉语自组织系统不断调整和发展的结果。介词结构后置时，谓语 VP 一般是单音动词，倾向于不带宾语或补语。随着句法结构的不断发展，谓语结构逐渐趋向复杂化，非单音节的动词增多，动词后的补语发展迅速，这些因素都推动了介词结构的前移。

四 语义对介词结构语序的制约

魏晋南北朝时期，介词结构在句法结构中的语义表达格局已经大致形成，介词结构在动词前后的语序分布受到语义的限制。张赪（2002：123）指出处所介词结构在 VP 前后开始形成语义对立：表示起点或发生场所的介词结构倾向于前置，表示动作行为终点的介词结构不能前置。介词结构的语序排列反映出时间顺序像似性。

（一）处所介词结构的语义对立

1. 表示处所起点

这一时期表示处所起点的介词结构大都前置。介引起点的介词主要是"从、自、由"，其中"从"是介引起点的主频介词，在 7 部文献中三者的出现频次分别为 266 次、51 次、17 次，"从"字介词结构全部位于动词之前。例如：

(44) a 王恭从会稽还，王大看之。（《世说新语·德行》）

b 复有九恒河沙诸龙王从四方来。（《佛说大般泥洹经》）

介词"自"和"由"表示所自也基本前置。例如：

(45) a 王大自都来拜墓。（《世说新语·识鉴》）

b 其女魂自墓出，问平："何处而来？"（《搜神记·卷十五》）

c 善内心出，恶不复由耳目鼻口入，御心如是，便向三禅。（《六度集经》）

值得注意的是，先秦表示处所起点的"於"字结构只是后置，在这一时期句法位置也前移了。例如：

(46) a 后因月朝阁下伏，公於内走马直出突之。（《世说新语·雅量》）

b 充每聚会，贾女於青璅中看，见寿，说之。（《世说新语·惑溺》）

c 比首相附，皆是尊天，以一小针于上投之，针不堕地。（《佛般泥洹经》）

《世说新语》中不用介词引介的起始处所也大多前置。例如：

(47) a 卿东来，故应有此物，可以一领及我。（《世说新语·德行》）

b 有人道上见者，问云："公何处来？"（《世说新语·文学》）

c 羊孚南州暂还，往卞许，云："下官疾动，不堪坐。"（《世说新语·崇礼》）

2. 表示动作发生的处所

介引动作发生处所的介词主要是"於、在"，表示动作发生处所的介词结构大量前移，逐渐以前置为常。仅就《世说新语》而言，"於"字结构前置有 55 次，后置 52 次。

与前代相比，介词"於"介引动作发生处所前置较为常见。例如：

（48）a 张湛好於斋前种松柏。（《世说新语·任诞》）

　　　b 阴生者，长安渭桥下乞小儿也。常於市中匄。（《搜神记·卷一》）

　　　c 明日宁可与诸比丘僧俱于舍饭食。（《佛般泥洹经》）

　　　d 昔有罗汉，与沙弥於山中行道，沙弥日日至道人家取饭。（《旧杂譬喻经》）

沿用前期的用法，还保留了部分后置用例。例如：

（49）a 楚王游於苑，白猿在焉；王令善射者射之。（《搜神记·卷十一》）

　　　b 有北来道人好才理，与林公相遇於瓦官寺，讲小品。（《世说新语·文学》）

介词"在"介引动作发生处所以前置占优势（例（50）），有部分后置（例（51））。例如：

（50）a 戴安道年十余岁，在瓦官寺画。（《世说新语·识鉴》）

　　　b 建安二十五年正月，魏武在洛阳起建始殿。（《搜神记·卷六》）

　　　c 吾特太子犹孩恃亲，太子在国布施四远，吾辄同愿。（《六度集经》）

（51）帝亦观戏在楼，恒令二人对为角戏。（《洛阳伽蓝记·城北》）

《世说新语》中不用介词引介的动作发生的处所也以前置占优势（例（52）），少量后置（例（53））。例如：

（52）a 徐孺子年九岁，尝月下戏。（《世说新语·言语》）

　　　b 管宁、华歆共园中锄菜。（《世说新语·德行》）

　　　c 王平子年十四、五，见王夷甫妻郭氏贪欲，令婢路上檐粪。（《世说新语·规箴》）

　　　d 诸君莫轻道，仁祖企脚北窗下弹琵琶，故自有天际真人想。（《世说新语·容止》）

（53）a 每当至讲时，辄窃听户壁间。（《世说新语·文学》）

　　　b 谢安南免吏部尚书还东，谢太傅赴桓公司马出西，相遇破冈。（《世说新语·雅量》）

3. 表静态存在的处所

介引主体静态存在或滞留处所的介词主要是"於、著、在"，位于动词前后皆可，但以后置占优势。例如：

（54）a 南阳刘驎之，高率善史传，隐於阳岐。（《世说新语·栖逸》）

　　　b 医为合膏药，并以简书封於筒中。（《搜神记·卷三》）

　　　c 华香众宝，悬在空中，去地三里。（《佛般泥洹经》）

　　　d 吾行时取汝钗，遂不以行，留在户楣上，可往取之。（《搜神记·卷十七》）

（55）a 太傅时年七八岁，着青布绔，在兄膝边坐。（《世说新语·德行》）

　　　b 师如命行，之象游处，先射象，着法服持钵，于坑中止住。（《六度集经》）

不用介词引介的静态存在处所在《世说新语》中也以后置居多，部分前置。例如：

（56）a 晋明帝数岁，坐元帝膝上。（《世说新语·夙惠》）

　　　b 高坐道人于丞相坐，恒偃卧其侧。　（《世说新语·简傲》）

c 诸葛亮之次渭滨，关中震动。（《世说新语·方正》）

d 周镇罢临川郡还都，未及上住，泊青溪渚。（《世说新语·德行》）

（57）a 司马太傅斋中夜坐，于时天月明净，都无纤翳，太傅叹为佳。（《世说新语·言语》）

b 山公大儿着短帢，车中倚。（《世说新语·方正》）

4. 表动作终到处

介引动作终到处的介词主要有"至、著、於"，表示终点的介词结构只能后置。例如：

（58）a 来至中路见鬼食处，人骸骨发狼籍满地。（《旧杂譬喻经》）

b 陇西辛道度者，游学至雍州城四五里，比见一大宅。（《搜神记·卷十六》）

（59）a 不称旨，将挞之，方自陈说，玄怒，使人曳着泥中。（《世说新语·文学》）

b 跳着他方刹土？（《六度集经》）

（60）a 凡此诸海，皆有石窦流於地下，西通谷水，东连阳渠。（《洛阳伽蓝记·城内》）

b 亦谓人死精魂归於蒿里。（《搜神记·卷十六》）

语义制约介词结构分布的句法位置。一些以前置为常的介词"就、在"等，表示终到处也只能一律后置。例如：

（61）a 因共相调，遂入就福船寝。（《搜神记·卷十九》）

b 毕，又降就下坐。陶又自要起同坐。（《世说新语·假谲》）

c 诸天咸喜，皆下在佛金床右面，王及民众，在床左面。（《佛般泥洹经》）

d 儒童心喜，踊在虚空，去地七仞，自空来下，以发布地，

令佛蹈之。（《六度集经》）

《世说新语》中无介词介引的终到性处所成分也都后置。例如：

（62）a 当送客过浙江，客出，亭吏驱公移牛屋下。（《世说新语·雅量》）

b 既至石头，悉掷水中。（《世说新语·任诞》）

c 军人溃散，逃走山泽，皆多饥死，遗独以焦饭得活。（《世说新语·德行》）

d 武帝尝降王武子家，武子供馔，并用琉璃器。（《世说新语·汰侈》）

以上初步讨论了处所成分的语义分布位置，通过统计中古时期 7 部文献中不同语义的后置介词结构的分布频率，结果与上文的分析结论基本一致。语序分布的详细情况如表 3-6、表 3-7、表 3-8 所示。

表 3-6　　　　　　　　　佛经语料①处所介词结构语序分布

	起点		发生处所		存在处所		终点	
	VP 前	VP 后	VP 前	VP 后	VP 前	VP 后	VP 前	VP 后
於		2	99	91	15	28		31
从	133							
自	16	1						
在			17		4	27		8
著						18		12
至								41
总计	149	3	116	91	19	73	0	92

表 3-7　　　　　　　　　非佛经语料②处所介词结构语序分布

	起点		发生处所		存在处所		终点	
	VP 前	VP 后	VP 前	VP 后	VP 前	VP 后	VP 前	VP 后
於	14	13	95	320	3	66		47

---

① 佛经语料 4 部：《旧杂譬喻经》《六度集经》《佛般泥洹经》《佛说大般泥洹经》。

② 非佛经语料 3 部：《搜神记》《世说新语》《洛阳伽蓝记》。

续表

	起点		发生处所		存在处所		终点	
	VP 前	VP 后	VP 前	VP 后	VP 前	VP 后	VP 前	VP 后
从	113							
自	25	9						
在			123	9	16	16		7
著						20		11
至								53
总计	152	22	218	329	19	102	0	118

表 3-8　　　　《世说新语》中无介词介引的处所成分语序分布

	起点		发生处所		存在处所		终点	
	VP 前	VP 后	VP 前	VP 后	VP 前	VP 后	VP 前	VP 后
《世说新语》	8	2	45	8	7	49	0	25

由以上三个统计表可知，①表示起点的介词结构基本前置，仅有少量的后置残存形式；②表示终点的介词结构只能后置；③表示静态存在或滞留的处所既可前置，也可后置，以后置占优势；④中古是表示动作发生处所成分的语序锐进时期，在佛经中前置已成为优势语序，非佛经中前置也较为常见。

处所介词结构在句法结构中的语义表达格局初步形成，大致形成了以动词为核心的基本语义表达框架：

　　起始处 + 发生处 + 存在处 + **动词** + 存在处 + 终到处

这种语序格局的形成从根本上受制于人类思维规律和认知过程。戴浩一（1988［1985］：10）指出："两个句法单位的相对次序决定于它们所表示的概念领域里的状态的时间顺序。"亦即"时间顺序原则"（The principle of temporal sequence）。句法结构上表层句法成分的语序排列正是概念领域里不同时间顺序的反映。不同的语义与动作行为之间时间亲疏关系是不一样的，起始处与动作本无先后关系，但起点总是需要在动作开始之前确认的，事物的起始处总是先出现，具有优先权，总是前置。动作的终到处是动作结束后才到达的位置，所以总是后置于动词。动作发生的处所位于动词之前，戴浩一（1988：15）指出这种语序也是符合时间顺序原则的，因为处所状态先于动作状态，例如"他在厨房里做饭。""在厨房里"的状态先于"做饭"的状态。当然，时间顺序原则也有例外，戴浩一认为表示存在的处所既可前置也可后置，动词多为状态动词（"住、坐、睡、居、藏"等），表示持续的状态，介词词组与这些动词之间的时间顺序是模糊的，内在的规约机制有待进一步研究。

（二）"於+对象"结构后置的语义限制

"於"介引的对象是动词的论元性成分，"於"字结构一般后置。这一时期，新兴对象介词构成的介词结构大多前置，由于新生介词替代了"於"字的部分功能，使得某些对象成分也逐渐前置。例如：

　　（63）a 皆当以衣被布地，求哀於诸沙门。（《中本起经》）
　　　　　b 出城逢贼，女向贼求哀。（《旧杂譬喻经》）
　　（64）a 谏於其君而不受，则怒。（《孟子·公孙丑下》）
　　　　　b 忽有一狐，当门向之嗥叫。（《搜神记·卷三》）
　　（65）a 舜往于田，号泣于旻天。（《孟子·万章上》）
　　　　　b 始入户，刁下床对之大泣，说伯仁昨危急之状。（《世说新语·方正》）

上例中新生介词"向、对、就"等前置于"求取"或"言告"义动词，介引动作行为关涉的对象，分化了"于"字的部分功能。

但这一时期"於+对象"结构后置仍然比较常见，介引对象时可后置于形容词或动词。例如：

　　（66）a 檐宇精净，美於景林，众僧房前，高林对牖。（《洛阳伽蓝记·城东》）
　　　　　b 柰林实重七斤，蒲萄实伟于枣。（《洛阳伽蓝记·城西》）
　　（67）a 乐令善於清言，而不长於手笔。（《世说新语·文学》）
　　　　　b 陶公性检厉，勤於事。（《世说新语·政事》）
　　（68）a 宣武欲求救於耽。（《世说新语·任诞》）
　　　　　b 京兆许超梦盗羊入狱，问於元慎。（《洛阳伽蓝记·城东》）

例（66）后置于形容词主要表示比较，比较的对象从上古到中古一直后置。例（67）表示性状关涉的对象或影响的方面。例（68）后置于"求取""言告"义动词，表示求取或言告的对象。该时期"於+对象"后置多属仿古用法。

"於+对象"结构一般后置于"给予"义动词，表示给予的对象。例如：

（69）a 君乃复委罪於树木。（《世说新语·术解》）

　　　b 璋复遣别驾从事蜀郡张肃送叟兵三百人并杂御物于曹公。（《三国志·蜀书》）

　　　c 猎士竞索，觊鹦鹉群，以网收之，尽获其众，贡於太官。（《六度集经》）

"於+对象"后置反映出动词与对象介词结构之间的关系紧密，"於"字介引的对象是动词的论元性成分。Redouane 和 Waltraud（1997：221—248）认为介词词组的论元（argument）或非论元（non-argument）的地位影响其分布位置。① 吴福祥（2012：350）转引 Redouane 和 Waltraud

---

① Redouane（2013：577—594）、Waltraud Paul（2014：73—91）认为论元性质的介词结构一般后置，而附加语（adjunct）性质的介词结构可以出现在三个位置上，即句首、动词前或动词后。转引自 Waltraud Paul（2014：85—87）如下：

（1）王其侑于小乙羌五人。（Heji 26922）
（2）其侑在父庚。（W 1374）
（3）其登罍自小乙。（Heji 27349）

以上介词"于、在、自"引出动词的论元，后置于"给予"义动词，表示动作行为的接受者，即祭祀的对象。附加语（adjunct）性质的介词结构可以出现在动词前或动词后。例如：

（1）王于七月入于商。（Heji 7780r.）
　　乎多犬网鹿于麓。（Heji 10976r.）
（2）王在十二月在襄卜。（Heji 24237）

乞令吴以多马亚省在南。（Heji 564r.）

（1997）的观点，"在汉语演变过程中，介词词组的分布一直受到同一种限制的支配，即是否具有论元地位：论元介词词组一律出现在动词后，只有在焦点化的情况下才出现在动词前；至于非论元介词词组，它们在早期文献甲骨文中可以出现在动词前或动词后；不过在后期文献中，非论元介词词组出现在动词前的趋势随时代而有异。"由此可见，古汉语中论元性的介词结构一般出现在动词之后，如接受者、终点等语义角色。在某些情况下，前置是一种有标记的语序，起话题化或焦点化的作用。附加语或非论元性的介词结构则可出现在动词前后两个位置，倾向于位于动词前。介词"於"介引"给予"的对象要受到动词的直接管辖，与动词的关系比较紧密，属于动词的论元性成分，一般后置于动词。从另一个角度来看，动作的接受者相当于事物或信息转移流通的终点，后置于动词也具有句法上的像似性。

第三节　小结

相较于前期，东汉至魏晋南北朝的后置介词结构有较大的发展变化。语序急剧变化，新的介词不断产生，新老介词竞争替换频繁出现。主要表现为：

第一，后置介词发展变化较大。沿用的介词"於、以、自"逐渐衰落，"在""用"发展成为常用介词。新生介词"著""至""向""就"等多以前置为主；"向""就"表处所终到或运行方向时可后置。东汉时期，"诸""乎"后置用法逐渐消失，其语义由前置介词承担。

第二，同功能介词共存竞争。介词"於"和"在"、"以"和"用"、"自"和"从"等都表现出竞争趋势。魏晋南北朝时期新生了大量典型方式介词，如"持""依""案（按）"等。此外，"据、缘、将、捉"等也偶有方式介词用法。新生方式介词构成的介词结构大都前置，新生介词分化了传统介词"以"的功能；新生对象介词"对、向、就"等分化了传统介词"於"的功能。介词兴替使传统的后置介词使用频率急剧下降，功能渐趋衰退，介词"於"和"以"的使用大幅减少，介词"自"渐趋消失。"於"介引与事的功能开始衰落，介引施事的功能消失。

第三，介词结构语序急剧变化。①东汉时期介词结构的语序变化明显，表现出较强的不平衡性：不同语体的后置介词结构前移速度很不平衡，口语性较强的佛经语料中后置介词结构前移较快，介词结构以前置占优势，而在非佛经语料《论衡》中前移较慢，显现出书面语的保守性，延续了前期的一些后置用法；不同语义的后置介词结构前移进程也不平衡，表示方式的介词结构前移速度比表处所的介词结构快，方式介词结构已经前置；同一介词不同功能的介词结构前移也不平衡，"於+处所"结构前移速度比"於+对象"结构快。②魏晋南北朝时期，介词结构的语序剧烈变化。后置介词结构前移的速度较快，无论是在佛经语料中还是在非佛经类文献中，处所介词结构的前移都明显加快，"於+处所"结构逐渐倾向于前置；表示方式或对象的"以"字结构前移基本完成；表示对象的"於"字结构前移的速度显得相对滞后。

第四，后置介词结构语序变化的动因复杂。主要有两个方面的影响因素：①句法的扩张促使后置介词结构前移。介词结构一般后置于单音节动词，动词多不带宾语或补语。魏晋南北朝时期，谓语结构渐趋复杂化，非单音节的动词增多，动词后的补语发展迅速，这些因素都推动了介词结构的前移。②语义的制约，根据语义来配置句法成分的分布位置，以顺应语言表达的时间顺序像似性。这一时期，就处所介词结构而言，处所介词结构在动词前后的语序排列呈现出语义上的对立性，大致遵循位置意义规则①。表示起点的介词结构基本前置；表示动作的发生处所趋向于前置；表示静态存在或滞留的处所可前后置；表示终点的介词结构一律后置，无一例外。方式介词结构作为动作行为伴随特征位于动词之前，也是一种句法临摹性的表现。这种语序的配位符合语言表达的时间顺序原则。部分后置的对象介词结构具有论元性质。

---

① Timothy Light（1979：167）提出"位置意义规则"，即名词或副词（或介词短语）的意义直接取决于其相对于句中主要动词的前后位置关系。（Word order and word changge in Mandarin Chinese，Journal of Chinese Linguistics，Vol. 7，No. 2）

第四章　唐宋至元明清的后置介词结构

唐宋时期，汉语介词结构语序演变已基本完成，传统后置介词"于、以"使用频率降低，"于""以"继续语法化，发展为构词附缀；后置介词用法基本消失。元明清时期，沿用的介词功能明显衰退，虚化加剧。产生了许多新的介词，新旧介词更替继续发展。这一时期的后置介词结构发展演变情况大致分为两个阶段：唐宋时期和元明清时期。

第一节　唐宋时期后置的介词

唐宋时期，处所介词结构根据语义的不同分布于动词前后的规律已经形成，传统后置介词衰落较快，新生介词发展迅速，新旧更迭继续推进。这一时期调查的语料主要有：唐代的《六祖坛经》《入唐求法巡礼行记》《寒山诗校注》《王梵志诗校注》；五代时期的《敦煌变文集》《祖堂集》《近代汉语语法资料汇编》（唐五代卷）；宋代的《近代汉语语法资料汇编》（宋代卷），简称"宋代卷"和《朱子语类辑略》。

一　时处介词

唐宋时期的后置时处介词有"在""於""向""就""到""往""自""至""著"等。其中，"在"在后置类时处介词中占优势；上古产生的"於"后置于动词，以"附缀"为主；"向""就""到"后置用法成熟，表义明确化；该时期，"往"新生出后置介词用法；"自""至"于动词后，发展为构词语素；"著"附于动词后，语法化为动态助词。

（一）於

介词"於"在功能上继续延续前期的用法，主要引进动作行为的处所。例如：

（1）a 老母孤遗，移来南海，艰辛贫乏，于市卖柴。（《六祖坛经》）

b 于船四方建棹，结缆橹枕。（《入唐求法巡礼行记·卷一》）

（2）a 阿耨池边澡浴来，先於树下隐潜藏。（《敦煌变文集·董永变文》）

b 自此北行一日，于密州管东岸有大珠山。（《入唐求法巡礼行记·卷一》）

（3）a 复两日，有一童子，于碓坊过，唱诵其偈。（《六祖坛经》）

b 后因一日辞次，罗山於师身上脱下纳衣。（《祖堂集·龙光和尚》）

（4）a 却命阿难入於王舍城。（《祖堂集·第一祖大迦叶尊者》）

b 我来於此庙中，忽觉山石摇动，鸟兽惊忙。（《敦煌变文集·庐山远公话》）

（5）a 师乃遁于前山，被其纵火焚草木，师隐身挨入石中得免。（《六祖坛经》）

b 神光闻是语已，则取利刀自断左臂，置於师前。（《祖堂集·第二十八祖菩提达摩和尚》）

（6）a 忽於一日，皇帝意欲求仙。（《敦煌变文集·叶净能诗》）

b 于时两宗盛化，人皆称南能北秀。（《六祖坛经》）

"於"字结构前置分别表示动作行为发生的处所（例（1））、静态存在的处所（例（2））、经由或起点（例（3））、动作行为发生的时间（例（6））。后置表示位移的终点（例（4））、或存在与滞留的处所（例（5））。

处所介词"於"的使用频率继续下降，纵向比较《世说新语》（南朝）与《祖堂集》（五代）中处所介词"於"的使用频次可见一斑。《世说新语》（约6万字）出现165次，《祖堂集》（约25万字）中"於"字介引处所仅251次；然而《祖堂集》中其他几个常用的处所介词"从$_{(221)}$、在$_{(171)}$、向$_{(146)}$"则发展很快，使用频率较高，"於"字使用频次仅占处所介词总频次的32%。由此可见处所介词"於"的使用频次下降较快。

（二）在

介词"在"的使用频率迅速增长，《敦煌变文集》中介引处所的"在"字出现324次，《祖堂集》出现171次。功能趋于多样化，前置时可以表示处所、时间，后置时能够表示处所、时间、对象及原因等。正如何乐士（2007：121）所言，"相对于《世说新语》而言，《敦煌变文集》中的介词'在'无论是在数量上还是用法上都呈现出上升和发展的态势，大有取代介词'於'的趋势，不可不予重视。"例如：

（7）a 汝在仰山住持及说法，莫诳惑他人否？（《祖堂集·仰山和尚》）

　　　b 弟子在秀大师处，学道九年，不得契悟。 （《六祖坛经》）

（8）a 只有绳床边立，大众亦在一畔立。 （《祖堂集·云居和尚》）

　　　b 阿婆报客，但道新妇，病卧在床，不胜医药。（《敦煌变文集·韩朋赋》）

（9）a 郑王依语，即觅船等，送在水中。（《敦煌变文集·伍子胥变文》）

　　　b 西王母头戴七盆花，驾云母之车，来在殿上。（《敦煌变文集·前汉刘家太子传》）

（10）a 在夜甚人斫营？（《敦煌变文集·汉将王陵变》）

　　　b 汝母在生之日，都无一片善心，终朝杀害生灵，每日欺凌三宝，自作自受。（《敦煌变文集·目连缘起》）

"在"字结构前置分别表示动作行为发生的处所（例（7））、时间

（例（10））；后置表示动作行为的终点（例（9）），表示存在或滞留的处所（例（8）），既可前置也可后置。

宋代，介词"在"的用法与前期相当，"在"的使用频率进一步增加，《宋代卷》检得216例，《朱子语类辑略》163例，介引处所的"在"字后置用例多于前置。另外，介词"在"和"於"互换使用现象比较常见。例如：

（11）伯淳尝与子厚在兴国寺曾讲论终日，而曰："不知旧日曾有甚人于此处讲此事。"（《宋代卷·乙卯入国奏请》）

（12）a 未遇潜龙，此夜宿于庄舍。（《宋代卷·刘知远诸宫调》）

b 当夜只宿在牛七翁庄。（《宋代卷·刘知远诸宫调》）

（13）a 江南遂依稟指挥，不敢于淮南屯驻人马，所以奉承大国之命，不敢有违。（《宋代卷·三朝北盟会编》）

b 这里将人马老小，尽底移去襄阳府不动，只在那驻扎。（《宋代卷·王俊首岳侯状》）

上例这种"在""於"互换使用的现象不仅说明二者用法相似，也是介词"在"对介词"於"替换过程中出现的过渡现象。

（三）自

唐宋时期，介词"自"后置介引时间、处所起点的用例（例（14）），大都前置（例（15））。例如：

（14）a 只如和尚言，动与不动是何境界？出自何经？（《祖堂集·岑和尚》）

b 于此普贤堂内诵《法花经》，忽然大风起自院里，吹却其火，不烧彼堂。（《入唐求法巡礼行记·卷一》）

（15）a 襄阳高氏子，年十三，自玉泉来参礼。（《六祖坛经》）

b 自今日后，愿王常胜，愿王常尊。（《敦煌变文集·太子成道变文》）

例（14）中的"自"字结构后置属于上古汉语的遗留用法，一般后置于起始义动词，如动词"出、发、始、起"等。

介词"自"的功能域变窄。在《世说新语》中"自"介引处所 15 次，介引起始时间 12 次，到了唐宋时期介词"自"基本用以介引时间，如《敦煌变文集》中介引时间起点有 21 次，而介引处所仅 2 次。伴随着介词"自"使用的衰落，"自"字大多出现在复合介词（如"自从""一自"）中，或固定结构中，如"自古、自今"等。

介词"自"和"从"同义复合形成复合介词"自从"，"自从"一词早在汉代已经出现。例如①：

（16）a 自从穷蝉以至帝舜，皆微为庶人。（《史记·五帝本纪》）

b 使一人立於墙东，令之出声，使圣人听之墙西，能知其黑白、短长、乡里、姓字所自从出乎？（《论衡·实知篇》）

早期复合介词"自从"只是零星出现。唐宋时期"自从"一词使用较多（仅在《敦煌变文集》中就出现 14 次）。例如：

（17）a 自从一见曹溪后，了知生死不相干。（《祖堂集·一宿觉和尚》）

b 自从到此天台境，经今早已几冬春。（《寒山诗·自从》）

c 自从一别音书绝，忆君愁肠气欲绝。（《敦煌变文集·伍子胥变文》）

介引时间起点的还有复合介词"一自"，意义和用法相当于"自从"。例如：

---

① 引自王鸿滨《介词"自/从"历时考》，《上海师范大学学报》（哲学社会科学版）2007年第 1 期。

（18）a 师兄一自鹅山成道后，迄至如今。（《祖堂集·岩头和尚》）

b 一自遁寒山，养命餐山里。（《寒山诗·一自》）

c 一自儿子去后，家内恣情，朝朝宰杀，日日烹胞，无念子心，岂知善恶。（《敦煌变文集·目连缘起》）

时间介词"自"在长期使用过程中，形成了许多固定组合，如"自古、自昔、自此、自是，自……至、自……后/以后/之后、自……以来"等。例如：

（19）a 自古，佛佛惟传本体，师师密付本心。（《六祖坛经》）

b 自古至今，茶贱酒贵。（《敦煌变文集·茶酒论》）

c 自兹已后，门人更不取闭。（《祖堂集·第三十一祖道信和尚》）

d 自九月中旬已来，寒风渐起，山野无青草，涧泉有冻气。（《入唐求法巡礼行记·卷二》）

以上事实说明，介词"自"处于进一步虚化过程中，语法化程度不断加深，功能已经耗损，位置趋于固定。

（四）著（着）

处所介词"著"的使用频次已经明显减少，主要用于静态动词或动态动词之后，引出主体存在的处所（例（20））或动作行为达到的终点（例（21）），分别相当于介词"在"和"到"。例如：

（20）a 埋著蓬蒿下，晓月何冥冥。（《寒山诗·竟日》）

b 大德龟毛拂子、兔角柱杖藏著何处？（《祖堂集·三平和尚》）

c 昔者汉家兴盛，与我突厥和亲，单于殊常之义，坐著我众蕃之上。（《敦煌变文集·李陵变文》）

（21）a 身不骑马，手不弯弓，口衔艾火，送著上风。（《敦煌变文·燕子赋》）

　　　　　b 即捉剑斩昭王，作其百段，掷著江中，鱼鳖食之，还同我父。（《敦煌变文集·伍子胥变文》）

　　这一时期"V+著+N$_L$"用例减少，而"V+在+N$_L$"用例增多。在《敦煌变文集》中，前者有 49 例，后者有 212 例，后者大有取代前者之势，出现"著""在"竞争互换的现象。例如：

　　（22）a 脱下翻（幡）旗，埋著地中，莫令贼见。（《敦煌变文集·李陵变文》）

　　　　　b 为主人煞我，埋在舍东园里枯井中。（《敦煌变文集·搜神记》）

　　（23）a 在于郭欢地边杀兄，抛着丛林之中。（《敦煌变文集·搜神记》）

　　　　　b 遂搅典尺，抛在一边，渐近前来。（《敦煌变文集·庐山远公话》）

　　（24）a 此小儿三度到我树下偷桃，我捉得，系著织机脚下，放之而去之，今已长成。（《敦煌变文集·前汉刘家太子传》）

　　　　　b 唯有三寸素书，系在朋头下。（《敦煌变文集·韩朋赋》）

　　处所介词"著"的使用频率锐减，至宋代已经少见。蒋绍愚（1994：168—170）、吴福祥（1996：186）认为这种情形的产生跟"著"字的进一步虚化有关。吴福祥指出："大约在中唐前后，'著'在动词后开始由表示空间概念的介词进一步虚化成表达时间概念的动态助词，表示持续。"我们赞同这种关于后置介词"著"的去向的分析意见。晚唐五代，"着"作为动态助词的用法已经比较常见。例如：

　　（25）a 为未得方便，却还分付与阿婆藏着。（《敦煌变文集·搜神记》）

　　　　　b 收毡盖著死女子尸，钉之内四角，血从毡下交流。（《敦煌变文集·叶净能诗》）

c见一黑狗身，从宅里出来，便捉目连袈裟。咸（衔）著即作人语。（《敦煌变文集·大目乾连冥间救母变文》）

宋代时期，动词后的"著"表示动作或性状持续的功能逐渐发展成熟，《朱子语类辑略》就有34例。"V+著+N_L"格式里介引处所的"著"字也逐渐让位于"在"。"著（着）"发展成为表达持续义的助词。例如：

（26）a公常常缩著一只手，是如何？（《朱子语类辑略·卷七》）

b如见陈厮杀，擂著鼓，只是向前去，有死无二，莫更回头始得。（《朱子语类辑略·卷七》）

c圣贤说话，许多道理平铺在那里，且要阔著心胸平去看，通透后，自能应变。（《朱子语类辑略·卷六》）

"著"字语法化的大致历程：著$_{动}$→著$_{介}$→著（着）$_{助}$。由此可见，汉语中有些实词虚化为功能词以后，语法化的历程并未停止，而是继续向前发展。这说明语法化是一个渐进性的连续统。

（五）至/到

"至"与"到"都属于"到达"语义场的成员，语义相近，语法功能上稍有差异。王凤阳（1993：725）认为"'到'和'至'是同一词的变体，'至'一般说来是个不及物动词，它只表达走完全程，到达目的地，不侧重所到的具体地点。"同时指出"'到'多用为及物的动词，常常要求带上所要去的具体地点作宾语。'至'如需要表示所到达的地点、处所时，多用介词补出；'到'的抵达的意强，多要求地点、处所宾语。"事实上，二者之间的差异似乎也不完全如此，"至"字后来引进处所宾语时也不需要介词补出，"到"字后有时也可不带宾语。例如：

（27）a不经三十餘日，便至黄梅，礼拜五祖。（《六祖坛经》）

b须待本国表章到，令发赴者。（《入唐求法巡礼行记·卷一》）

"至"与"到"多用于运行义动词之后,如"去、行、趋、入、走、来、往"等,表示动作行为到达的处所。例如:

(28) a 便去至牛头山幽楼寺。(《祖堂集·牛头和尚》)

　　　b 弟子亦知师意,不敢行至堂前,令人不觉。(《六祖坛经》)

　　　c 先日所遣射手壬生开山、大唐人六人趋至舫前。(《入唐求法巡礼行记·卷一》)

(29) a 侬家暂下山,入到城隍里。(《寒山诗·侬家》)

　　　b 难陀走到佛前头,礼拜如来双泪流。(《敦煌变文·难陀出家缘起》)

　　　c 爰圆仁是前入唐澄和尚之弟子,为寻天台遗迹,来到此间。(《入唐求法巡礼行记·卷一》)

"至""到"也可用于非运行义动词之后,如"烧、减、捉、赚、积"等,并不表达实际所达之处,这正说明"至""到"的词义已经虚化。例如:

(30) a 琉璃殿东有普贤回风之堂。昔有火起,尽烧彼寺。烧至法花院。(《入唐求法巡礼行记·卷一》)

　　　b 后有余王,不行正法,其寿遂减至十千岁。(《祖堂集·第七释迦牟尼佛》)

例(30)中非运行义动词后的"至"已经虚化,介引处所或数量的范围。

唐代,介词"到"发展非常迅速,它的补语功能进一步发展。这一时期非位移动词与"到"的组合较多,"到"的语义急剧虚化,形成了表示趋向或结果义的动补结构。例如:

(31) a 分明出敕千金诏,赚到朝门却杀臣。(《敦煌变文集·捉季布传文》)

b 诸州县准敕，牒诸坊诸乡收僧尼衣服，将到州县，尽焚烧。（《入唐求法巡礼行记·卷四》）

（32）a 子胥祭祀讫，回兵行至阿姊家，捉到两个外甥子安子永。（《敦煌变文集·伍子胥变文》）

b 纵使黄金积到天半，乱采堕（垛）似丘山，新妇宁有恋心，可以守贫取死。（《敦煌变文集·秋胡变文》）

上例中介词"到"后置于非位移动词，分别介引处所补语（例（31））、结果补语（例（32）a）、程度补语（例（32）b）。

与前代相比，唐代时期，表示位移终点时"到"有替代"至"的趋势。魏晋南北朝时期，位移类动词（如"送""来"）多与"至"组合表示动作位移的终点（例（33）a/（34）a）；唐以降，位移类动词以与"到"搭配表示位移终点的用法较为常见（例（33）b/（34）b）。例如：

（33）a 丞相还台，及行，未尝不送至车后。（《世说新语·德行》）

b 每度七八乘，金装车载送到城中，进纳内库。（《入唐求法巡礼行记·卷四》）

（34）a 尔朱那（弗）律归等领胡骑一千皆白服，来至郭下，索太原王尸丧。（《洛阳伽蓝记·城内》）

b 十一月三日，大使来到庄上，相看安〔存〕。（《入唐求法巡礼行记·卷四》）

唐代，"至"和"到"激烈竞争，"到"大有替代"至"字之势。在部分文献中，二者的地位已经出现逆转，从一些重要文献的使用频次可见一斑。

表 4-1 "至""到"使用频次比较

文献名称	V+至	V+到	至	到	二者总频次比例
《世说新语》	13	2	203	28	7.3∶1
《入唐求法巡礼行记》	13	69	113	559	1∶5

续表

文献名称	V+至	V+到	至	到	二者总频次比例
《六祖坛经》	13	1	46	13	3.5∶1
《敦煌变文集》	120	60	517	428	1.2∶1
《祖堂集》	12	19	241	396	1∶1.6
《朱子语类辑略》	3	31	241	248	1∶1
《张协状元》	8	16	31	101	1∶3.3

表 4-1 显示出：①相对于南北朝时期，唐朝"到"的使用频率增长很快，《入唐求法巡礼行记》中出现反转，"到"字的使用超过了"至"。有些文献中二者的频次相当，处于并存竞争中；②晚唐以后，"至"字逐渐衰减，"到"字兴盛，宋代以后介词"到"逐渐取代了"至"。

宋代，"至"字发展成为词内成分，多用于习惯组合，有的已经发展成为复合词语，如"至於""至如"等。《朱子语类辑略》中检得复合词语"至於"48 次，"以至"17 次，"及至"14 次，"至如"5 次。例如：

(35) a 至於弥猴，形状类人，便最灵於他物，只不会说话而已。（《朱子语类辑略·卷一》）

　　　　b 至如君举，胸中有一部《周礼》，都撑肠拄肚，顿著不得。（《朱子语类辑略·卷七》）

例 (35) "至於""至如"用于小句或句子之首，引出话题，已经发展成为复合词，介词"至"进一步虚化成为词内成分。

（六）向

唐宋时期，"向"为表时间、处所的高频介词；引介处所、方向或对象等。

A. 引出动作行为发生或存在的处所，相当于介词"在"或"於"。例如：

(36) a 天明，祖唤卢供奉来，向南廊壁间绘画图相，忽见其偈。（《六祖坛经》）

　　　　b 师向地上划作一字，问："此是何字?"（《祖堂集·慧忠国师》）

　　（37）师在西边立，却向东边立。（《祖堂集·仰山和尚》）

　　（38）a 莫向室中为久住，休於林内发狂言。（《敦煌变文集·维摩诘经讲经文》）

　　　　b 白庄於东岭之上安居，远公向西坡上止宿。（《敦煌变文集·庐山远公话》）

　　例（37）介词"在"与"向"形成对举，例（38）"向"与"於"对举，仅《敦煌变文集》中就有18例"向""於"互文对举，功能相近，都表示动作行为发生或存在的处所。

　　B. 引进动作行为的方向。例如：

　　（39）a 惠明今后向甚处去。（《六祖坛经》）

　　　　b（三月）十七日，平明发，向西南行。（《入唐求法巡礼行记·卷二》）

　　　　c 师举手抛向后，僧无对。（《祖堂集·归宗和尚》）

　　C. 引进动作行为的终点。例如：

　　（40）a 移向东岱居，配守北邙宅。（《寒山诗·少年》）

　　　　b 大使相送三四里许，归向本镇。（《入唐求法巡礼行记·卷一》）

　　　　c 目连诸处寻觅阿孃不见，悲泣雨泪，来向佛前，绕佛三匝，却住一面，合掌胡跪。（《敦煌变文集·大目乾连冥间救母变文》）

　　D. 引进动作行为的经由或起点。例如：

　　（41）a 若未得入，即向这里入。（《祖堂集·陈和尚》）

　　　　b 夜中梦见伺命鬼来取，将信向阎罗王前过，即判付司依

法处分。(《敦煌变文集·搜神记》)

（42）a 只知沤向水中出，岂知水不从沤生。(《祖堂集·落浦
和尚》)

b 既言不识，疏抄从甚处得来。道安答曰："向远公上足
弟子云庆和尚处得来。"(《敦煌变文集·庐山远公话》)

介引动作行为发生的处所或方向是介词"向"在这一时期的主要功
能。《敦煌变文集》中介引动作行为的处所有 113 例，介引动作行为的方
向有 106 例，介引动作对象有 46 例。而在《世说新语》中介引动作行为
的方向有 8 例，介引动作对象有 8 例，极少表示动作行为发生的处所。

宋代，介词"向"的使用频次逐渐减少，《宋代卷》（约 26 万字）检
得介词"向" 155 例，《朱子语类辑略》（约 16 万字）仅检得介词"向"
23 例。在用法上也产生了一些变化，主要用于介引动作的方向或对象。
随着介词"在"使用的增多，"向"介引动作行为发生的处所比较少见
了。例如：

（43）a 敬要回头看，义要向前看。(《朱子语类辑略·卷二》)

b 药师向西退身，斡离不返顾三宝奴等，番语少顷，催使
人回。(《宋代卷·三朝北盟会编》)

（44）a 欲过这边，欲舍彼不得；欲倒向那边，又畏朋友之议。
(《朱子语类辑略·卷八》)

b 人且理会合当理会底事，其理会底事，其理会未得底，
且推向一边。(《朱子语类辑略·卷一》)

上例中介词"向"介引动作行为的方向，大多前置，部分后置。

（七）往

"往"已经发展成为介词，主要介引动作行为的方向，既可前置（例
（45）），也可后置（例（46））。例如：

（45）a 逐（遂）袖内取出合（盒）子，已（以）龙仙膏往顶门
便涂。(《敦煌变文集·韩擒虎话本》)

b 上界帝释知委，化一老人，便往下界来至，方便与舜，犹如不打相似。(《敦煌变文集·舜子变》)

(46) a 五月十一日从苏州松江口发往日本国。(《入唐求法巡礼行记·卷四》)

b 道安既收得涅槃经疏抄，便将往东都福光寺内开启讲筵。(《敦煌变文集·庐山远公话》)

同一时期，"望"也发展为表示方向的介词，与介词"向、往"功能近似。例如：

(47) a 斋后，望西北行卅里到蓬莱县管内望仙乡王庭村寺宿。(《入唐求法巡礼行记·卷二》)

b 向西行五里，到淄州淄川县界张赵村，入赵家餐。(《入唐求法巡礼行记·卷二》)

介引方向的"往"与"望"最主要的区别在于介词"往"可位于动词前后，而"望"仅用于动词前。

(八) 就

介词"就"在这一时期渐趋增多，主要介引动作行为的处所或对象。介引动作行为的终点时，一律后置，用例较少。例如：

(48) a 合村送就旷野，回来只见空床。(《王梵志诗·出门拋头戾跨》)①

b 风吹遍树紫，日照满池丹。若为交暂折，擎就掌中看。(《游仙窟》)

介引动作行为的起点 (例 (49))、所在 (例 (50)) 或对象 (例 (51))，大都前置。例如：

---

① 例 (48) 引自马贝加《近代汉语介词》，中华书局 2002 年版，第 62 页。

（49）a 况乃就佛上剥金，打碎铜铁佛，称其斤两。（《入唐求法巡礼行记·卷四》）

b 就高座上拽下决了，趁出寺门，不得为众宣扬，莫言不道。（《敦煌变文集·庐山远公话》）

（50）a 阿孃就此盆中，始得一顿饱饭吃。（《敦煌变文集·大目乾连冥间救母变文》）

b 所在迫侠，就后山上起小屋，请和尚去上头安下。（《祖堂集·药山和尚》）

（51）a 就主人乞菜、酱、酢、盐，总不得。（《入唐求法巡礼行记·卷二》）

b 及见后母，就舜买米。（《敦煌变文集·孝子传》）

元明以后，后置表示处所的"就"字结构逐渐减少，趋于消失。

二　方式介词

唐宋时期方式介词大量产生，发展较快。据何洪峰（2012：141—157）研究统计，这一时期约有 27 个方式介词，大致包括以下几种情况：A. 沿用的前期介词"以、用、依、随、缘"等；B. 基本消失的介词"持、捉"；C. 发展成为常用的介词"将、按、据、凭、从"等，还产生了"把、著（着）、就、逐、仗"等常用的方式介词；D. 萌生的介词"循、照"等。对于这些前置的方式介词，在此不作讨论，仅关注可后置的介词"以"，以及和"以"发展演变密切相关的介词"将、把、用"等。

（一）沿用的介词

"以"和"用"仍然是常用的方式介词，在继承发展的过程中也产生了一些变化。这一时期，介词"以、用"还是主要介引动作行为的工具或方式。例如：

（52）a 祖以杖击碓三下而去。（《六祖坛经》）

b 其上座便近前，以手提之，衣钵不动，便委得自力薄。

(《祖堂集·第三十二祖弘忍和尚》)

(53) a 户柱阶砌皆用碧石构作。 (《入唐求法巡礼行记·卷二》)

b 当用大智慧,打破五蕴烦恼尘劳。(《六祖坛经》)

与前期相比,最显著的变化是:介词"以"的使用频率大幅下降。南北朝时期,方式介词"以"在《世说新语》中出现 126 次,而在容量相当的晚唐文献《入唐求法巡礼行记》中仅出现 28 次,使用频次锐减,这与方式介词的大量产生密切相关,新生介词分化了传统介词"以"的功能,"以"字不再占据绝对优势。

唐代文献中常见介词"以、用"跟介词"将、把"对举使用,这正是新生介词分化传统介词"以"的明证。例如:

(54) a 佛以圣心观弟子,人将肉眼见牟尼。(《敦煌变文集·长兴四年中兴殿应圣节讲经文》)

b 肠空即以铁丸充,唱渴还将铁计(汁)灌。(《敦煌变文集·大目乾连冥间救母变文》)

c 若有人问汝义,问有将无对,问无将有对,问凡以圣对,问圣以凡对。(《六祖坛经》)

(55) a 或用醍醐浇浸,或将甘露调和。(《敦煌变文集·妙法莲华经讲经文》)

b 智者用钱多造福,愚人将金买田宅。(《敦煌变文集·大目乾连冥间救母变文》)

c 甘露饭将金碗捧,醍醐饮用玉盂成。(《敦煌变文集·妙法莲华经讲经文》)

(二) 新生的介词

1. 将

"将"由"握持"义动词虚化为方式介词,介引工具或方式,相当于"以、用",入唐以后,"将"字使用增多。例如:

（56）a 既因他得悟，何以却将拳打他？（《祖堂集·临济和尚》）

b 白鹤衔苦桃，千里作一息。欲往蓬莱山，将此充粮食。（《寒山诗·白鹤》）

c 每以身厌青闼之器，不将心听白猿之啼。（《入唐求法巡礼行记·卷三》）

"将"字虚化为对象介词，引进处置的对象，相当于"把"。例如：

（57）a 将他儒行篇，唤作贼盗律。（《寒山诗·三五》）

b 其僧在后，将零凌香子散葱韭之上，令无臭气。（《入唐求法巡礼行记·卷三》）

2. 把

唐代以前，"把"字一直用作动词，表示"握持"义。中晚唐时期，已有介词用法。例如：

（58）a 有人把椿树，唤作白栴檀。（《寒山诗·有人》）

b 师把杖抛下，撮手而去。（《祖堂集·香严和尚》）

（59）a 不把花钿粉饰身，解持佛戒断贪嗔。（《敦煌变文集·妙法莲华经讲经文》）

b 众人不测，遂把物撑之。（《祖堂集·药山和尚》）

（60）a 祇把练魔求志理，不将谄曲顺人情。（《敦煌变文集·维摩诘经讲经文》）

b 莫把娇姿染污我，休将天女恼人来。（《敦煌变文集·维摩诘经讲经文》）

例（58）引进处置的对象，构成"把"字句。例（59）引进动作的工具，相当于"用"。例（60）"把"与"将"互文对举，表示方式，相当于"以"或"用"。晚唐五代以后，介词"把"开始广泛使用，主要用于表达处置义。

晚唐五代时期，新生介词"将、把"处于上升发展期，而老牌介词"以"则呈现出下降萎缩趋势。一些主要文献中介词"将、把、以、用"的使用频次反映出了这种变化。

表 4-2　　　　　介词"将、把、以、用"使用频率及主要用法比较

文献名称	将①		把		以		用
	表方式	表处置	表方式	表处置	表方式	表处置	表方式
《寒山诗》	5	6	0	2	0	4	0
《入唐求法巡礼行记》	2	3	0	0	28	12	4
《六祖坛经》	2	3	0	0	27	0	2
《敦煌变文集》	64	97	21	27	119	11	20
《祖堂集》	38	44	9	10	154	10	5
《朱子语类辑略》	54	71	14	24	181	76	15
《张协状元》	1	7	7	41	6	0	0

表 4-2 显示：①入唐以后，新兴方式介词"将""把"与传统方式介词"以""用"形成并存竞争的局面；②唐五代时期，介词"将"的使用频率占优势，超过了介词"把"，唐代早期主要使用介词"将"；③"将""把"表示处置（介引受事）的用法占优势，表工具或方式的用法处于劣势，介词"以"以表方式为主；④南宋晚期，《张协状元》中介词"把"的使用频率超过了"将"，四个介词形成了大致的分工，"把、将"表处置，"以、用"表工具或方式。

三　对象介词

传统对象介词"於、以"持续减少，功能削弱，逐渐被其他对象介词所分化或替代，新生后置介词"似"和"与"。

（一）於

"於"字继续沿用前期的用法，引进与动作行为相关的对象，使用频率持续降低。例如：

---

① 表 4-2 中介词"将"与"把"的使用频次统计数据引自吴福祥（1996：237—238）。

（61）a 大使赠土物于李相公，彼相公不受，还却之。（《入唐求法巡礼行记·卷一》）

b 更无餘物奉於君，唯取百金相殡报。（《敦煌变文集·伍子胥变文》）

（62）a 迷人念佛，求生于彼，悟人自净其心。（《六祖坛经》）

b 先主为曹操所败，请救於吴。　（《朱子语类辑略·卷八》）

（63）a 是时太子，语於车匿，付属再三。（《敦煌变文集·八相变》）

b 便令美人勿说於人。（《敦煌变文集·叶净能诗》）

（64）a 若不作此修，剃发出家，于道何益。（《六祖坛经》）

b 人气力怯弱，於学有妨否？（《朱子语类辑略·卷二》）

介词"於"位于"给予""请求""言说"义等动词前后，引出动作行为关涉的对象，介词"於"相当于现代汉语的"给""向""对"。

对象介词"於"的使用频次继续减少。仅就它与"给予""请求""言说"三类动词的搭配来看，"於"已经逐渐被其他词语所取代。

"给予"义动词大多用于双宾语句中，而唐宋时期"於"字式的双宾语句式已经成为上古汉语的遗留形式。正如贝罗贝（1986：210）所说："从唐起，上古汉语的基本结构继续维持：动+间+直、动+直+于+间、以+直+动+间。但其中最后两种自此之后只用于文言文。只有第一种在白话中亦可以运用。"这一时期，双宾形式"动+与+间+直"和"动+直+与+间"得到广泛使用，"於／于"字双宾语句仅存于文言之中了。例如：

（65）a 今日若能得上界，施与如来国内财。（《敦煌变文集·欢喜国王缘》）

b 自是天理付与自家双耳，不曾教自家听非礼。（《朱子语类辑略·卷五》）

c 差一神人，送此符本一卷与净能，令净能志心勤而学。（《敦煌变文集·叶净能诗》）

引出"请求"或"言说"的对象也倾向于选择其他介词，如"向""就""对"等。例如：

　　（66）a 师初住时，就村公乞牛栏为僧堂。（《祖堂集·药山和尚》）

　　　　　b 大使宅公客不绝。向大使请闲静处过冬。（《入唐求法巡礼行记·卷四》）

　　（67）a 死尸弃如尘，此时向谁说。（《寒山诗·上人》）

　　　　　b 对圣上言论禅门法教，圣颜大悦。（《祖堂集·章敬和尚》）

　　"於"介引对象的功能渐趋减弱。介引施事的"於"字表达式魏晋南北朝时期几乎消失，唐宋时期"被"字句成为主要被动表达式。"於"介引比较对象的用例也逐渐减少，比较介词"比""如""似"分化了"於"字的差比功能。例如：

　　（68）a 月比日大故缓，比天为退十三度有奇。（《朱子语类辑略·卷一》）

　　　　　b 日是阳，如何反行得迟如月？（《朱子语类辑略·卷一》）

　　　　　c 须是自去看，看来看去，则自然一日深似一日，一日分晓似一日，一日简易似一日。（《朱子语类辑略·卷五》）

　　《朱子语类辑略》中"比"字式的比较句有 9 例，比较介词"比"大约产生于六朝时期，它的出现具有重要意义，介词将比较的对象前移了，近似于现代汉语的比较句结构。

　　"於"字另一种常见用法是引进动词的直接宾语，动宾之间本可不用"於"字，但却出现了"於"字。这种用法先秦时期已经出现，六朝佛经广泛使用，唐宋禅宗文献中这种用法尤为盛行。袁宾（1990：233）指出："'于'在唐宋禅宗文献里可以置于动词之后，无实在意义，其后多跟宾语和补语。"这正是介词"於"进一步虚化的表现。例如：

（69）a 若然者，他后不得辜负於吾。（《祖堂集·黄蘗和尚》）

b 若复生子，当给於汝。（《祖堂集·第三祖商那和修尊者》）

c 遣於车匿，却返王城。（《敦煌变文集·八相变》）

d 此所以举化佛之教，巨有福报尚不如持於此经。（《敦煌变文集·金刚般若波罗蜜经讲经文》）

例（69）动词"辜负於、给於、遣於、持於"中的"於"字无实际意义，本可以不用，动词可以直接支配后面的宾语。

（70）a 所以众生不离於佛，色不离众生。（《敦煌变文集·庐山远公话》）

b 是故生障碍，不了於自心。不能了自心，云何知正道？（《祖堂集·江西马祖》）

c 进曰："龟喻何物？毛喻何物？"师曰："龟喻於道，毛喻於我。"（《祖堂集·牛头和尚》）

例（70）中同一动词带不带"於"字形成了对比，"於"字的有无并不影响意义。有的学者认为这种用法的"於"字已经不再是介词，刘瑞明（1988：24）认为"於"是助词，已没有词汇意义，也无语法意义，只起垫足音节的作用。魏培泉（1993：770）将这种位于动名之间而无实际作用的"於"字称作"垫音词"。实际上，"於"字的这种用法正是唐宋时期骈俪文风的特有表现，为了形成字数相等，结构对称的句式，而加上了"於"字。例如：

（71）a 如众星攒於夜月，似群岳蔟於须弥。（《敦煌变文集·维摩诘经讲经文》）

b 同渴士欲饮於琼将（浆），比旱苗待沾於春雨。（《敦煌变文集·维摩诘经讲经文》）

c 玉阶许坐於师僧，金殿高悬於［穴登］像。（《敦煌变文集·长兴四年中兴殿应圣节讲经文》）

例（71）中"於"字用于成偶的骈句之中，结构对称，字数相等，便于说唱。

（二）以

"以"字介引受事已经成为文言遗留用法，这一时期介引受事的主要介词是"将"和"把"。唐宋 7 部文献中"将"字介引受事 231 次，"把"字 104 次，"以"字 113 次，其中"以"字有 76 次出自《朱子语类辑略》。三者介引受事表示处置的用法统计详见上文（见表 4-2）。"以"仅保留了一部分介引受事的用例。例如：

（72）a 不惜身命，常以己身一切万物，给施众生。（《敦煌变文集·太子成道经》）

b 后以女妻之，乃陆棠也。（《朱子语类辑略·卷八》）

c 王道夫乞朝廷以一监书赐象山，此正犯其所忌。（《朱子语类辑略·卷六》）

（73）a 赐之以七宝百珍，赏之以绫罗锦彩。（《敦煌变文集·欢喜国王缘》）

b 虞侯拊劳之，授以旗鼓，设为疑兵。（《宋代卷·三朝北盟会编》）

c 古人小学教之以事，便自养得他心，不知不觉自好了。（《朱子语类辑略·卷一》）

上例（72）、例（73）"以"字位于双宾动词前后，引出直接宾语，这种用法渐趋消失。上古时期比较盛行，这一时期已经被新兴介词"将"和"把"所取代。

（三）其他介词

1. 似

介词"似"大致产生于唐代。张相（1953：303）指出："似，犹与也；向也。用于动词之后，特於动作影响及他处时用之。如：'今朝别有承恩处，鹦鹉飞来说似人。（宫中）'"在所调查的语料中也检得多例"似"字介引对象。例如：

(74) a 委曲话似人即得，据本分作摩生？（《祖堂集·保福和尚》）

　　b 侍者举似国师，国师便打侍者。（《祖堂集·丹霞和尚》）

　　c 神迷鬼惑生心买，待将逞似洛阳人。（《敦煌变文集·捉季布传文》）

例（74）介词"似"后置于"言说"义和"给予、交付"义动词，引出动作行为的接受者，相当于"向、与"。江蓝生（1988：40）将能与介词"似"组合的动词分为三类：A."给予、交付"义动词，如"送、寄、委、分、把"等；B."言说"义动词，如"举、说、话"等；C."指点、展示"义动词，如"指、呈、见"等。"似"字出现在这些动词后面，多用于引出动作的对象。其中部分用例中"似"已经失去了介词用法，正如江蓝生（1988：42）所说："'V似'的'似'多数可释作介词'与''向'，也有一部分已虚化为词缀。"例如：

(75) a 师良久，进曰："如何举似於人?"（《祖堂集·翠岩和尚》）

　　b 与摩则终不错举似於人。（《祖堂集·招庆和尚》）

(76) a 说似与君君不会，烂红如火雪中开。（苏轼《邵伯梵行寺山茶》）①

　　b 愁人莫向愁人说。说与愁人展转愁。（《宋代卷·张协状元》）

例（75）动词"举似"后由介词"於"引出动作的对象，"似"已经失去了介引功能，例（76）"与"字引出言说的对象，"似"也不具有引介作用，已经出现了前附的倾向性，进一步虚化成了词内成分。"V似"成为固定格式，形成一种习惯表达，如"举似"仅在《祖堂集》中就出现了119次。

---

① 引自张相《诗词曲语辞汇释》，中华书局1953年版，第304页。

2. 与

西汉时期，"与"字后置于"授予"义动词，形成"V+与+N（接受者）"结构，"与"还具有一定的动词性，唐宋时期仍然保留了"给予"动词用法。例如：

（77）a 开元寺僧贞顺私以破釜卖与商人，现有十斤。（《入唐求法巡礼行记·卷一》）

　　　b 号令三军，怨寡人者，任居上殿，摽寡人首，送与西霸楚王。（《敦煌变文集·汉将王陵变》）

　　　c 是圣人不以天下为已私，分与亲贤共理，但其制则不过大，此所以为得。（《朱子语类辑略·卷五》）

例（77）的"与"字仍然后置于"授予"义动词，"与"字似乎还有"给予"动词源义。再如：

（78）a 昨日后岸归去押衙之判官寄王教言，赠与于官人酒鱼等。（《入唐求法巡礼行记·卷二》）

　　　b 家财分作於三亭，二分留与於慈母，内之一分，用充慈父之衣粮。（《敦煌变文集·目连变文》）

例（78）中［（赠与）+于］、［（留与）+於］的"与"应看作动词，而不是介词，因为其后已经有介引对象的介词"於"存在。

当然，这一时期后置的"与"字也产生了一些介词用法，最显著的变化是动词 V 有了一定的扩大化，非"授予"义动词也可进入这个结构，"与"字不再具有实际的"给予"意义。例如：

（79）a 且作私书，系箭头上，射与韩朋。（《敦煌变文集·韩朋赋》）

　　　b 但某有一交言语，说与夫人，从你不从？（《敦煌变文集·太子成道经》）

宋代以后，"与"字后置于非"授予"义动词变得比较常见。例如：

（80）a 荆公曾作《许氏世谱》，写与欧公看。（《朱子语类辑略·卷八》）

b 我门道有耳朵，你更唱与我听。（《宋代卷·张协状元》）

c 如何不便说与曾子，直待他事事都晓得方说与他？（《朱子语类辑略·卷六》）

d 当时高祖岂不知此二人，乃肯放与项羽，两日不追邪？（《宋代卷·乙卯入国奏请》）

3. 及

介词"及"继续沿用以前的用法，主要用于"言说"义动词之后，引出言说的对象。例如：

（81）a 向惟见周茂叔语及此，然不及先生之有条理也。（《朱子语类辑略·卷一》）

b 经略州县事，前此书中并不曾言及。（《宋代卷·三朝北盟会编》）

c 次论及犒军金银，可许银三五百万两。（《宋代卷·三朝北盟会编》）

"及"字还可引出动作行为影响的对象。例如：

（82）a 从今拱手阿罗汉，免使家门祸及之。（《宋代卷·大唐三藏取经诗话》）

b 汝到日，说舆汝国妃嫛离不，勿与南朝交關，戮及齐民。（《宋代卷·三朝北盟会编》）

随着介词"及"不断虚化，后置的"及"字已经表现出向前依附的倾向，形成固定组合。例如：

　　（83）a 打空说及某人，乡里皆推其有所见。（《朱子语类辑略·卷七》）

　　　　　b 是日又于堂中说及，故限三日足办。（《宋代卷·三朝北盟会编》）

　　（84）a 直为平生罪业重，殃及慈母入泉门。（《敦煌变文集·大目乾连冥间救母变文》）

　　　　　b 灯便打云："祖祢不了，殃及儿孙。"（《宋代卷·虚堂和尚语录》）

　　（85）a 理正不了，累及家丁。（《祖堂集·齐云和尚》）

　　　　　b 莫为此女人损著符（府）君性命，累及天曹！（《敦煌变文集·叶净能诗》）

　　有些组合先秦以降一直沿用，如"言及、语及"等，经过长期的沿用，已经发生词汇化，"及"字虚化为构词语素。除了上例的"说及、殃及、累及"以外，还有"言及、示及、祸及；追及、趁及"等。

　　小结。唐宋时期，后置的处所介词有9个，其中7个沿用的介词"於、在、自、著、至、向、就"，2个新兴的介词"到"和"往"。在使用频次上，介词"於、著、自、至"下降较快，而介词"在、向、就"大幅度上升，已发展为最常用的介词。

　　功能变化，虚化加剧。介词"在"表现出明显的替代"於"字之势。介词"自"功能域变窄，由表示空时域的起点发展为多表示时间的起始，且多用于复合介词或固定组合中。介词"著"介引存在或到达处所的功能渐趋消失，进一步虚化为表达时间概念的动态助词。同义介词"至"与"到"并存竞争，晚唐以后，介词"至"逐渐被"到"所替代，"至"大多虚化成了构词语素。介词"向"在唐代主要表示动作行为发生的处所或方向，逐渐发展为表示动作的方向。

　　方式介词发展演变的主要特点是：①传统介词"以"使用频率大幅下降；②新生介词"将、把"发展较快；③沿用介词使用频繁。新兴介词"将"和"把"分担了"以"介引方式或对象的功能，常用介词"依、据、凭"等分化了"以"字介引方式的功能。

　　后置的对象介词主要是"於、以"，偶见后置介词"似、与、及"。

"於"字介引对象的功能逐渐萎缩，多被常用介词"向、就、对"等所取代。"以"介引受事表示处置的功能已经衰退，已被新兴处置介词"将"和"把"所替代。

第二节 唐宋时期后置介词结构的语序

唐宋时期，后置介词结构的语序演变已经基本完成。根据介词结构的不同语义配置句法分布位置的规律得到进一步加强，介词结构的语序分布更加遵循事件发生过程的先后顺序。

一 处所介词结构

（一）起点或经由
表示起点或经由的介词结构大都前置，后置已成为上古文言用法的孑遗。

1. 於

（1）a 张令遂於笼中取绢廿疋上尊师。（《敦煌变文集·叶净能诗》）

b 乳母口承（承）母一能保（抱）到水之傍，乃於水中抛出四釜黄金。（《敦煌变文集·祇园因由记》）

（2）a 有常州无锡悬（县）令张令将妻及男女於华岳神前过。（《敦煌变文集·叶净能诗》）

b 遂引所赍礼物金器等，自西而东，于国主面前过，却引出第二重门外，面北立。（《宋代卷·三朝北盟会编》）

"於"介引动作行为的起点（例（1））或经由（例（2）），用例较少，属于上古用法的遗留。

2. 自

（3）a 大德自何方而来，生大我慢。（《六祖坛经》）

　　b 古人只去心上理会，至去治天下，皆自心中流出。(《朱子语类辑略·卷一》)

　　c 若虏船自杨林河口出，即齐向射之，必争与死，无令一船得出岸。(《宋代卷·三朝北盟会编》)

"自"引进动作行为的"起点"都前置，有少量上古遗留的后置用例，基本用于起始义动词"起、发、始、来"等之后。例如：

　　(4) a 第二船便以今月十四日发自海州东海县。(《入唐求法巡礼行记·卷一》)

　　b 忽然大风起自院里，吹却其火，不烧彼堂。(《入唐求法巡礼行记·卷一》)

3. 向/在/就

　　(5) a 怒从心上起，恶向胆边生。(《宋代卷·张协状元》)

　　b 恶缘须向意中除，善事莫临苦上忆。(《敦煌变文集·维摩诘经讲经文》)

　　(6) a 在冢中发出棺木里得金钗无数，并金铤、绢两疋。(《敦煌变文集·搜神记》)

　　b 盟津河在昆仑山腹壁出，其山举高三阡三百六十万里，纵虽卿一生如去，犹不能至。(《敦煌变文集·前汉刘家太子传》)

　　(7) 殿前有二砌桥，相公就东桥登，将军就西桥登。(《入唐求法巡礼行记·卷一》)

　　始自东汉，介词"从"一直是介引起点或经由最常用的介词。唐宋时期，仍以"从"为主频介词，如《祖堂集》中"从"介引"起点、经由"有 152 见，而"於、自、向"等介引起点的用例总计仅有 20 见。不同的介词标记相同的语义［+起点］，"起点"是事件过程的发端，所以表示［+起点］的介词结构都前置。

(二) 终点

表示［+终点］的介词结构一律后置，先秦以降一概如此。

1. 至/到

（8）a 是时远公来至市内，执标而自卖身。（《敦煌变文集·庐山远公话》）

b 惠能退至后院，有一行者，差惠能破柴踏碓。（《六祖坛经》）

c 昔日冯丞相，行至后花园，人那容膝庵中，敢恁地打坐三五日，我不坐得一日一夜？（《宋代卷·张协状元》）

（9）a 来到濮阳公馆下，且述天心宣敕文。（《敦煌变文集·捉季布传文》）

b 便将太子入到龙城，敕下宫人，严持侍养。（《敦煌变文集·太子成道变文》）

c 便差巡官送到寺，且在库西亭安置。（《入唐求法巡礼行记·卷三》）

d 我此踏碓，八个余月，未曾行到堂前，望上人引至偈前礼拜。（《六祖坛经》）

唐代，"到"已经虚化成介引处所终点的介词，与沿用的终点介词"至"并存竞争，后来发展为介引［+终点］的主要介词。表示［+终点］的"至/到"字介词结构只能后置。

2. 於

（10）a 上界帝释，密降银钱五百文，入於井中。（《敦煌变文集·舜子编》）

b 暮际，骑马人来于北岸。（《入唐求法巡礼行记·卷二》）

c 遂令人拽某等下马，群刀引于万户马前。（《宋代卷·三朝北盟会编》）

d 父名范清，族品降於真骨一等，乡谈得难。（《祖堂集·嵩严山圣住寺故两朝国师》）

先秦时期，"於"是介引终点最主要的介词，这一时期已成为上古用法的遗留形式，全部后置。

3. 在/向/就/著

（11）a 迎菩萨入在其中，四天王擎（辇）。（《敦煌变文集·太子成道变文》）

b 从这里去南岳七百里，迁长老在石头，你去那里出家。（《祖堂集·丹霞和尚》）

c 若以他这心力移在道理上，那里得来！（《朱子语类辑略·卷五》）

d 如母胎中之子，被浮云之障日，荏苒之间，便堕在胎生之中。（《敦煌变文集·庐山远公话》）

（12）a 总抛宫殿娇奢事，入向菴园听法来。（《敦煌变文集·维摩诘经讲经文》）

b 雪峰打二十棒，推向屎坑里著。（《祖堂集·雪峰和尚》）

c 日本国灵仙三藏昔住此院三年，其后移向七佛教诫院亡过。（《入唐求法巡礼行记·卷三》）

（13）a 张被酒，初不顾，孟因退就西间。（《酉阳杂俎·孟不疑》）①

b 剑横其上，作法书符一道，抛著盆中。（《敦煌变文集·叶净能诗》）

介引终点是介词"在、向、就、著"的次要功能，用例较少，这种用法的介词结构均后置。

（三）动作发生处所

表示动作发生处所的介词结构以前置为常，仅有部分后置。

1. 於

表示动作发生处所的介词结构基本前置，《世说新语》中前置比例约

---

① 引自马贝加《近代汉语介词》，中华书局 2003 年版，第 62 页。

为50%，唐宋时期前置比例达75%。例如：

（14）a 乃私於北塔栽植果木，麻衣草履，灰心尘面，志存於道。（《祖堂集·大光和尚》）

b 五百众僧于廊下吃饭。（《入唐求法巡礼行记·卷一》）

c 老母孤遗，移来南海，艰辛贫乏，于市卖柴。（《六祖坛经》）

d 某等于岸上伺候人马闲，见一人作燕人装束，向某等说话。（《宋代卷·三朝北盟会编》）

唐宋时期，也还有部分表示动作发生处所的"於"字结构后置。例如：

（15）a 值舜籴（粜）於市，舜识之，便粜与之。（《敦煌变文集·舜子编》）

b 八月十二日，战于狗泊之地，生擒契丹都统伪驸马萧规。（《宋代卷·三朝北盟会编》）

c 〔五月〕一日，遣买过海粮于村勾当王训之家，兼问留住此村之事。（《入唐求法巡礼行记·卷二》）

2. 在

（16）a 知道我佛世尊，在庵园说法，欲彰利济之心。（《敦煌变文集·维摩诘经讲经文》）

b 更与师到佛殿，见雀儿在佛头上放粪。（《祖堂集·东寺和尚》）

c 须要在江上看兵势，盖上遣我来，当进不当退。（《宋代卷·三朝北盟会编》）

d 且如今学者考理，一如在浅水上撑船相似，但觉辛苦，不能乡前。（《宋代卷·朱子语类》）

"在+处所"表示动作发生的处所基本前置，仅有少量后置。例如：

（17）a 堂梁一百所，游颺在云中。（《敦煌变文集·燕子赋》）

b 今日迎车在门前，因大风，我渐出来看风。（《敦煌变文集·搜神记》）

c 江国春风吹不起，鹧鸪啼在深花里。（《宋代卷·碧岩录》）

3. 向/就

（18）a 车马侍从，尽著白衣，得有一百馀人，向蜀王殿上作乐，曲终便去。（《敦煌变文集·叶净能诗》）

b 猴行者即将金镮杖向盘石上敲三下，乃见一个孩儿，面带青色，爪似鹰鹞，开口露牙，从池中出。（《宋代卷·大唐三藏取经诗话》）

c 向深山岩崖人迹不到处，拾得一物，扬在无事甲中多年矣。（《宋代卷·虚堂和尚语录》）

（19）a 师接得棒子，则便抱倒大愚，乃就其背，殴之数拳。（《祖堂集·临济和尚》）

b 十日引见三宝奴，就殿上进呈书。（《宋代卷·三朝北盟会编》）

c 者僧当时纔见掩门，便就地上画一圆相，各自散去，管取药山开门不得。（《宋代卷·虚堂和尚语录》）

"向"介引动作发生的处所只能前置，用法近似于"於"和"在"，唐代这种用法比较常见。"就"介引所在也基本前置，用例较少。

综上可见，"於、在"介引动作发生的处所既有前置也有后置，但以前置占优势，"向、就"介引动作发生的处所基本前置。

（四）静态存在处所

表示存在处所的介词结构既可前置，也可后置，前置略多于后置。例如：

1. 於/在

（20）a 阿耨池边澡浴来，先於树下隐潜藏。（《敦煌变文集·董永变文》）

　　　　b 则於城西北角留一马迹，令知腾空西北而去。（《祖堂集·第七释迦牟尼佛》）

　　　　c 又如贾岛学作诗，只思推敲两字，在驴上坐，把手作推敲势。（《宋代卷·朱子语类》）

例（20）中"於/在+处所"前置于静态动词，表示人或事物存在的处所。表示存在的介词结构先秦时期一般后置，中古时期开始前置，唐宋时期前置逐渐增多。

"於/在"字结构也可前置于动词"有"，表示存在。例如：

（21）a 忽於道场之内有大恶风，吹树倒地。（《敦煌变文集·祇园因由记》）

　　　　b 於彼殿角，有一铜镜铃被风摇响。（《祖堂集·第十七祖僧伽难提尊者》）

　　　　c 于院后有三大岩峰，险峻直秀，三锋并起，名曰香山。（《入唐求法巡礼行记·卷三》）

表示存在的介词结构也可后置，继续沿用先秦时期的这种用法。例如：

（22）a 并画地户天门，遂即卧於芦中。（《敦煌变文集·伍子胥变文》）

　　　　b 以女真军马千余骑伏于山谷闲，出鞑靼军之后。（《宋代卷·三朝北盟会编》）

　　　　c 故人无来往，埋在古冢间。（《寒山诗·昔日》）

　　　　d 我有一宝琴，寄在旷野中。（《祖堂集·疏山和尚》）

2. 向/著

"向+处所"表示存在，基本前置。"著"字结构后置表示存在，用例较少，渐趋消失。例如：

　　　（23）a 遂即抛船而走，遂向芦中藏身。（《敦煌变文集·伍子胥变文》）

　　　　　　b 行者知来趁，遂放衣钵，入林，向涧石上坐。（《祖堂集·仰山和尚》）

　　　　　　c 师在西边立，却向东边立。（《祖堂集·仰山和尚》）

　　　（24）a 舜得母钱，佯忘安著米囊中而去。（《敦煌变文集·舜子变》）

　　　　　　b 雪峰养得一条蛇，寄著南山意若何？（《祖堂集·雪峰和尚》）

综上所述，表示人或事物静态存在或滞留处所的介词结构语序相对灵活，大多数既可前置也可后置。

（五）方向

表示方向的介词结构位置相对自由，可出现在动词前后，前置多于后置。

1. 向

　　　（25）a 子胥语已向前行，女子号兆发哭声。（《敦煌变文集·伍子胥变文》）

　　　　　　b 药师向西退身，斡离不返顾三宝奴等，番语少顷，催使人回。（《宋代卷·三朝北盟会编》）

　　　　　　c 未入院中，向西北望见中台，伏地礼拜。（《入唐求法巡礼行记·卷二》）

　　　（26）a 尽向空中散妙花，一时总到菴园会。（《敦煌变文集·维摩诘经讲经文》）

　　　　　　b 只向云中抛宝玩，五天皆悉现神通。（《敦煌变文集·欢喜国王缘》）

c 有僧问："师百年后向什摩处去？"（《祖堂集·幽栖和尚》）

上例中表方向的"向"字结构前置于自移动词（行、退、去）与他移动词（望、散、抛），介词"向"的宾语是方位词（例（25））或名词性词语（例（26）），描述动作行为的方向。

表示方向的"向"字结构也可后置，"向"的宾语可以是方位词（例（27））或表处所的名词性词语（例（28））。例如：

（27）a 禹力不到处，河声流向西。（《宋代卷·虚堂和尚语录》）

b 首至地，则尾举向上；胡举向上，则尾寔至地，故曰："狼跋其胡，载寔其尾。"（《朱子语类辑略·卷八》）

（28）a 净能遂取笔书一道黑符，吹向空中。（《敦煌变文集·叶净能诗》）

b 遥见去百步，即变为三个白鹤，两个飞向池边树头而坐。（《敦煌变文集·搜神记》）

c 次录事一人、军将一人出于庭中，对使君言谢，走向本处立。（《入唐求法巡礼行记·卷二》）

2. 往

介词"往"介引方向，既可以前置，也可以后置。例如：

（29）a 来日遣被朱综（宗）白马，即往西门巡行。（《敦煌变文集·八相变》）

b 我待辞你往并州太原去。（《宋代卷·刘知远诸宫调》）

（30）a 若要卖贱奴之时，但将往东都卖得。（《敦煌变文集·庐山远公话》）

b 今欲进发往江东，幸愿存情相指示。（《敦煌变文集·伍子胥变文》）

上例介词"往"所带宾语多是表示处所的名词性词语，如"西门、并州太原、东都、江东"，鲜有方位词，这不同于介词"向"。

为了进一步说明处所介词结构的语序分布规律，本书统计了唐宋时期的 4 部文献[①]中几个主要的后置处所介词的语序分布情况。

表 4-3　　　　　　　　　　　　处所介词结构语序分布

介词	起点		发生处所		存在处所		方向		终点	
	VP 前	VP 后	VP 前	VP 后	VP 前	VP 后	VP 前	VP 后	VP 前	VP 后
於	10	6	359	119	33	47				48
在			148	11	54	39				7
向	4		83		14		190	12		7
就	2		14							
自	40	10								
至										52
到										112
总计	56	16	604	130	101	86	190	12		226

统计数据显示：①整体而言，处所介词结构前置比例（约 70%）高于后置（30%）。②相较于南北朝时期，唐宋时期"於+处所"结构已经基本前移（约 65%）；"在+处所"结构仍以前置占优势；介词"向、就、自"也基本前置，仅有少量后置。③介词结构的语序排列受到语义的限制，句法分布位置表现出明显的语义对立性：A. 表示起点的介词结构只能前置，后置属于文言用法的孑遗；B. 表示终点的介词结构只能后置，没有例外；C. 表示动作发生处所的介词结构基本前置（约 82%）；D. 表示方向的介词结构以前置为常；E. 表示存在处所的介词结构相对自由，前后置比例相当。

---

① 静、筠二禅师编纂，孙昌武等点校：《祖堂集》，中华书局 2007 年 10 月第 1 版；大正新修大藏经第 48 册，2008，法海集：《六祖大师法宝坛经》；[日] 小野胜年校注：《入唐求法巡礼行记校注》，花山文艺出版社 1992 年 9 月第 1 版；刘坚、蒋绍愚主编：《宋代卷·三朝北盟汇编》，商务印书馆 2007 年第 2 版。

二　方式介词结构

方式范畴在东汉时期已经以前置占优势，"以"字结构、"用"字结构在魏晋南北朝时期已经完成了向前漂移的过程，后置已成为文言的遗留用法。唐宋时期方式介词结构的语序与前期基本相同。例如：

（31）a 唯愿大王有恩，以礼葬之，可不得利后人。（《敦煌变文集·韩朋赋》）

　　b 晨时以粥充饥，仲时更餐一顿。（《祖堂集·腾腾和尚》）

　　c 但以强弩袭其后，追射之。（《宋代卷·三朝北盟会编》）

（32）a 裹之以席，推落海里，随波流却。（《入唐求法巡礼行记·卷一》）

　　b 臣事君以忠，何可伪也？（《宋代卷·三朝北盟会编》）

上例中"以"字结构绝大多数都已前置，"以席""以忠"后置只是上古文言语法的遗留。

介词"用"介引工具或方式时都前置，无后置用例。例如：

（33）a 有一大士名赞夜多，而用油涂足。（《祖堂集·第十九祖鸠摩罗多尊者》）

　　b 二人终是不休，至天晓，用绳索绑定，欲要入官。（《宋代卷·刘知远诸宫调》）

　　c 某曾见大东莱之兄，他於《六经三传》皆通，亲手点注，并用小圈点注。（《朱子语类辑略·卷二》）

三　对象介词结构

对象介词结构已基本前置，如"向"字结构、"对"字结构、"就"

字结构等，但"於+对象"结构还有一些后置用例。

（一）於+对象

"於+对象"结构仍有一些后置用例，如《入唐求法巡礼行记》中前置4例，后置20例，《六祖坛经》中前置11例，后置14例，仅就这两部文献而言，后置比例约为69%，可见"於+对象"结构的语序发展较慢，比较保守。例如：

（34）a 师平生行密行，常制造莆鞋，暗遗於人。（《祖堂集·陈和尚》）

　　　　b 水晶念珠一串施于海龙，剃刀一柄施于主舶之神，以祈平归本国。（《入唐求法巡礼行记·卷一》）

（35）a 净居太子时在虚空中，说偈告於玉子。（《祖堂集·第七释迦牟尼佛》）

　　　　b 时有阿私仙来，白於大王，我有微妙法，世间所希有，若能修行者，吾当为汝说。（《敦煌变文集·妙法莲华经讲经文》）

（36）a 一则忌郭药师下常胜军勇于战阵。（《宋代卷·三朝北盟会编》）

　　　　b 勤於佛法，悟取真如。（《敦煌变文集·维摩诘经讲经文》）

"於"字结构前置时，主要表示对某对象施行或有无某种动作行为。例如：

（37）a 若不作此修，剃发出家，于道何益。（《六祖坛经》）

　　　　b 此是好事，和尚为什么却嫌？师云："於汝则好，於我则嫌。"（《祖堂集·江西马祖》）

（38）a 某甲东道西道也得，只是於人无利益。（《祖堂集·福先招庆和尚》）

　　　　b 僧尼本是国家百姓，若令还俗，各自营生，于国有利。（《入唐求法巡礼行记·卷四》）

例（37）、例（38）中"於"字结构前置，句中动词的动作性比较弱，介词"於"相当于"对"或"对于"。

（二） 以+对象

"以"介引受事对象，大都前置。"以"表示处置的用法已经衰落。由上文（见表4-2）的数据统计可知，介引受事的功能逐渐由介词"将、把"担纲。这一时期，仅存部分表示处置的用例。例如：

（39）a 鸿鹤好心，却被讥刺；乃兴一诗，以呈二子。（《敦煌变文集·燕子赋》）

b 十九日，为宛廿四日天台大师忌日设斋，以绢四疋、绫三疋送于寺家。（《入唐求法巡礼行记·卷一》）

c 寤且惊怪，以梦中事语诸道俗。（《入唐求法巡礼行记·卷二》）

介引受事的"以"字结构也还有少量后置用例，属于上古用法的保留形式。例如：

（40）a 赐以金龙贮，扃哉损羽衣。（《寒山诗·鹦鹉》）

b 尧帝闻之，妻以二女，大者娥皇，小者女英。（《敦煌变文集·舜子编》）

c 禅师授以《金刚》《法华》《维摩》《涅盘》等经，一览无遗。（《祖堂集·汾州和尚》）

例（40）的"以"字结构后置于双宾动词，介词"以"引入直接宾语，动词后省略了已知的间接宾语"之"，使得"以"字与动词紧邻。先秦时期"V之·以O"结构极为常见，但到了中古时期代词"之"已经衰落，"之"的衰落引发了句法结构的变化，朱冠明（2015）对此有过详细讨论①。实际上，"之"字的脱落拉近了动词与介词之间的距离，使得有些"动介"紧邻结合更加紧密，更容易发生词汇化，如"加以""给

---

① 朱冠明：《"之"的衰落及其对句法的影响》，《语言科学》2015年第3期。

以""予以""致以"等词语的词汇化过程大概经历过代词"之"脱落的阶段。

小结。介词结构的语序演变基本完成。处所介词结构的语序分布受到语义条件的限制：表示起点或经由的介词结构前置，表示终点的介词结构一律后置，表示动作发生的处所或方向的介词结构基本前置，表示存在处所的介词结构既可前置也可后置。表示方式或对象的"以"字结构基本前置，很少后置。表示对象的"於"字结构还有部分后置用例。

第三节　介词进一步虚化的表现

唐宋时期，后置介词进一步虚化，虚化的表现形式较多，主要讨论两种形式：介词"於"的强化和虚化为构词语素。

一　"於"的强化形式

传统的多功能介词"于"在语法化的过程中意义越来越抽象虚灵，功能逐渐衰减。为了使其语义表达更加明确精细，就需要另一介词来补偿由于语法化造成的磨损。Lehmann（2002：20）指出："如果一个成分经过语法化被削弱了，那么，有两种保存语法力量的选择：第一是更新（renovation），指用新的单位取代更虚化的单位起同样的语法作用；第二是强化（reinforcement），即补偿并校正其衰减（decay）。"刘丹青（2001：73）也指出："强化也是抵消语法化损耗的有用机制，在已有的虚词虚语素上再加上同类或相关的虚化要素，使原有虚化单位的句法语义作用得到加强。"传统的多功能介词"于/於"在语法化的过程中逐渐被多个后起的同功能的介词所更新。同时，"于"字也在以被强化的形式不断地使用着。唐宋时期，出现的多个介词连用的形式"向於、在於、著於、从於、自於"等，就是介词"於"进一步虚化的明证。

"於"字前加上介词"向、在、著"等补偿"於"字表示动作所在的功能，以介词"从、自"补偿其介引动作所自的功能，以"到"补偿其表示终点的功能。

（一）动作所在

1. 向於

"向"在唐宋时期已经成为介引动作所在的高频介词，如《敦煌变文集》中表示动作所在 113 例，《祖堂集》中有 90 例，可见介词"向"在这一时期使用相当活跃，处于强势地位。介词"就"也常用以介引动作所在，相当于"于、在"。传统介词"於"正处于衰弱期，介词"向、就"的介入，补偿并校正了"於"字意义和功能上的衰减。

　　（1）a 向於波斯匿王官内托生，此是布施因缘，得生於国王之家。（《敦煌变文集·醜女因缘》）

　　　　b 夫主去后，便捻香炉，向於灵山，礼拜发愿。（《敦煌变文集·醜女因缘》）

　　　　c 不求佛教，恋著色身，合向於此镬汤煎煮。（《敦煌变文集·难陀出家缘起》）

　　　　d 向於某人家看华夷图，因指某水云："此水将有入淮之势。"（《朱子语类辑略·卷三》）

　　（2）从江口北行十五里许，既到镇家，镇军等申云："更可还向于掘港庭。"（《入唐求法巡礼行记·卷一》）

2. 就於

　　（3）a 七日已满，就於城南广博之地，遂建道场。（《敦煌变文集·祇园因由记》）

　　　　b 次诣江西洪州开元寺，就於西堂智藏大师处，顶谒为师，决疑释滞。（《祖堂集·雪岳陈田寺元寂禅师》）

例（1）中介词"向"与"於"同义连文，介引动作行为发生的处所，相当于介词"在"。例（2）中"向於"引进位移的终点，相当于"到"。例（3）中"就"和"於"连文，引进动作行为发生的处所。

3. 在於

介词"在"逐渐取代了传统介词"於"，替代过程中出现了强化形式，介词"在"加在"于"上形成复合介词"在于"。例如：

（4）a 其净能在於侧近店上宿，忽闻哭声甚切。（《敦煌变文集·叶净能诗》）

b 尔时迦叶在於窟中问："是何人敲我此户？"（《祖堂集·第一祖大迦叶尊者》）

c 此衣在於王宫塔供养。（《祖堂集·第二十五祖婆舍斯多尊者》）

d 时有库司典座僧，在于众前读申岁内种〔种〕用途帐，令众闻知。（《入唐求法巡礼行记·卷一》）

（5）a 忽见一人劣瘦，置其药碗，在於头边。（《敦煌变文集·太子成道经》）

b 不觉蜘蛛在於其上，团团结就，百匝千遭，蝴蝶被裹在於其中，万计无由出得。（《敦煌变文集·庐山远公话》）

复合介词"在於"位于动词前后，分别用于介引动作发生的处所（例（4）），或者存在的处所（例（5））。介词"在"的处所意义比"於"字更加具体明确，"在"的介入不仅起到了强调宾语的作用，也强化了"於"字的表意功能。

另外，复音介词"在於"也具有协调韵律的作用。例如：

（6）a 摘果在於高山，取水长於远井。（《敦煌变文集·妙法莲华经讲经文》）

b 卓然立在於佛前，侧耳专听於敕命。（《敦煌变文集·维摩诘经讲经文》）

c 伏以法眼馨珠，微妙乃明於佛日；心灯祖印，传来别在於人间。（《祖堂集·后疏山和尚》）

例（6）前后句中"在於"和"X 於"对照使用，功能相同，意义相似，使用"在於"使得上下句字数相等，结构对称，起到了协调韵律的作用。

先秦时期，"在"和"於"已经连用，但"在"字多被视为动词，"於"用作介词。例如：

(7) a 不度於善，而皆在於凶德，是以去之。（《左传·文公十八年》）

b 在於王所者，长幼卑尊皆薛居州也，王谁与为不善？在王所者，长幼卑尊皆非薛居州也，王谁与为善？ （《孟子·滕文公下》）

例（7）中"在"是动词，介词"於"引出处所或方面，形成［V·［P·NP］］结构，二者不在同一结构层次上。例（5）中的"蝴蝶被裹在於其中"与此结构不同，结构为［裹·在於·其中］，由［V·［P·NP］］＞［［V·P］·NP］，发生了跨层组合的重新分析，"在于"逐渐发展成为一个复合介词。

4. 著於

先秦时期，介词"於"后置可以介引主体存在或滞留的处所。例如：

(8) a 夏，四月，齐陈恒执其君，置于舒州。（《春秋·哀公十四年》）

b 昔汤系於夏台，伊尹不离其侧；文王囚於石室，太公不弃其国。（《吴越春秋·勾践入臣外传》）

魏晋南北朝时期，介词"著"常后置于静态动词，表示存在处所。中古时期"於"和"在"是介引存在处所的主要介词。例如：

(9) a 文若亦小，坐着膝前。（《世说新语·德行》）

b 可索西郭外独母家白雄狗，系著船前。 （《搜神记·卷三》）

(10) a 布在方册，千载不忘。（《搜神记·卷七》）

b 顾长康画谢幼舆在岩石里。（《世说新语·巧艺》）

唐宋时期，"於"字介引存在处所的功能逐渐减弱，"在"和"著"常用于介引存在或滞留的处所。例如：

（11）a 唯有三寸素书，系在朋头下。（《敦煌变文集·韩朋赋》）

b 此小儿三度到我树下偷桃，我捉得，系著织机脚下，放之而去之，今已长成。（《敦煌变文集·前汉刘家太子传》）

c 采集一处，系着于船角之上。（《入唐求法巡礼行记·卷二》）

例（11）b 和例（11）c 对比明显，"于"字已经失去了介引功能，删除"于"字不影响意义表达（例（11）b），而例（11）c 中介词"著"的加入强化了"於"字表示存在处所的功能。

（12）a 依旧抄撮要。即写於厅壁。（《唐会要》）

b 寻南岳大师颜影，写着于扬州龙兴寺，敕安置法花道场琉璃殿南廊壁上。（《入唐求法巡礼行记·卷一》）

例（12）a 单用"於"引出存在处所，例（12）b"着"加在"于"上，补偿了"于"字语法化带来的功能损耗。

（二）动作所自

1. 从於

先秦时期，多功能介词"於"字介引处所起点的用例比较常见。例如：

（13）a 商人阅其祸败之衅，必始於火，是以日知其有天道也。（《左传·襄公九年》）

b 出於其类，拔乎其萃。（《孟子·公孙丑上》）

随着介词的不断更新，新兴介词逐渐分化了"於"的不同功能，使得语义表达趋于精细化，"於"字主要介引动作行为发生的处所，介引所自的功能渐趋弱化并消失。东汉开始，介词"从"成为标记起点的主要介词。"从於"中的介词"从"强化了"於"字本已弱化的介引所自的功能。例如：

(14) a 其宰相三人，当时於阵面上生擒，只向马前，按军令而寸斩。(《敦煌变文集·张义潮变文》)

　　　b 到癸丑年之岁七月十五日夜，从於六欲界天上，降下於磨（摩）耶夫人藏中，讬胎左腋但入右。(《敦煌变文集·太子成道变文》)

另外，唐宋时期，表示动作所在的"於"字结构也位于动词之前，为了不至于造成歧解，介词"从"的介入更加明示了前置成分是处所的起点，例（14）a"於阵面上"表示动作所在，例（14）b 表示动作所自。

2. 自於

"自"是一个老牌介词，主要介引处所的起点。唐宋时期，还保留了少量的后置用例。例如：

(15) a 我来自东，零雨其蒙。(《诗经·东山》)

　　　b 一乘良玉叮咛，来自於双林。　(《祖堂集·后疏山和尚》)

(16) a 加以起自布衣，入升皇极，公卿之内，非亲则友，位虽差等，情皆旧人。(《隋书·卷三十八》)

　　　b 心台榭，安排起自於天机；御道林峦，行烈（列）全因於宸智。(《敦煌变文集·长兴四年中兴殿应圣节讲经文》)

(17) a 且数世之后，王室浸微，始自藩屏，化为仇敌。(《贞观政要·封建》)

　　　b 王迹所基，始自于此，何至戡黎升陑之捷而已焉。(《陈书·卷二》)

(18) a 发自敦煌，至于西海，凡为三道，各有襟带。(《隋书·卷六十七》)

b 若长人，则是诚敬之心发自於中，推诚而敬之，所以谓内也。(《朱子语类·卷五十九》)

以上四例中介词"自"是对传统介词"於"介引处所起点这一功能的弥补，语义更加具体明确。实际上，介词"自"本身也在不断虚化，有的已经前附于动词，成为词内成分，词汇化为双音动词，如"来自、起自、始自、发自"等。

（三）动作所到

先秦时期，介词"于"可介引动作的终点。例如：

（19）a 享毕，夜出，文芈送于军。(《左传·僖公二年》)

b 三年，以听伊尹之训已也，复归于亳。(《孟子·万章上》)

唐代，"到"字加在"於"前强化了"於"字表示终点的功能。例如：

（20）a 遂即腾身天上，到於父前，借问襄襄。(《敦煌变文集·目连变文》)

b 阿姊见成亲，心里喜欢非常，到於宫中，拜贺父母。(《敦煌变文集·丑女因缘》)

c 年至二十，到於京师，受具足戒，净行圆备，精勤更励，为缁流之龟镜，作法侣之楷模。(《祖堂集·溟州窟山故通晓大师》)

"到於"出现在佛经或韵文中，汉译佛经多用四言，"於"字也起到凑足四字格的作用，如例（20）借助"於"字形成"四字格"，具有协调韵律的作用。当然"到於"也并非仅限于韵文中，元明时期，"到於"在一般文献中也广为使用。

综上所述，唐宋时期，出现"向於、在於、著於、到於"；"从於、自於"等多个介词连用的现象。为了避免单独使用"於"字表意不够具体明确，而加入介词"向、在、著、从、自"等，起到具体强化的作用。"於"字强化形式的存在正是其进一步虚化的现实写照，也是其多种功能逐步被多个介词取代的表征。

二　成为构词语素

介词是构成其他新词项的重要材料。Hagège（2010：97）指出："介词不单是动词或名词语法化的产品（products），同时介词也是新的历时过程的起源（sources）。从历时的角度来看，介词也是构成其他新单位的材料。"在汉语中，某些后置介词进一步语法化，就会与邻近的词素发展成一个新的词汇项。唐宋时期的一些双音介词"自从、一自、洎乎、及至、至于、迄至"等都是由原生介词派生出来的次生介词①。双音动词"归于、属于、难于、甘于"等词语中的"于"已进一步虚化成了词内成分。

（一）构成次生介词

唐宋时期，许多原生的单音介词成为派生其他次生介词的材料。何洪峰（2014：42）指出："次生介词双音化主要有两种形式：组合同义介语素；组合非介语素与介语素。"

1. 同义介语素复合

1）自从

汉魏时期，已见"自""从"连用，形成"自从"复音介词，举例详见第四章第一节。唐宋时期继续沿用，用例较多，主要表示事件性的时间起点。例如：

（21）a 自从到此天台境，经今早已几冬春。　（《寒山诗·自从》）

　　　b 自从挥剑事高皇，大战曾经数十场，小阵彭原都无数，

───────────

① 原生介词是由实词性成分虚化而成的介词，处在语法化斜坡（cline）的起始环节；次生介词，是第二次生成的介词，由介词与介词或介词与其他实词生成，均为复音形式。（详见何洪峰《汉语次生介词》，《语言研究》2014 年第 4 期。）

遍体浑身刀剑疮。（《敦煌变文集·汉将王陵变》）

（22）a 自从出家后，渐得养生趣。（《寒山诗·自从》）

　　　　b 自从一见桃花后，直至如今更不疑。（《祖堂集·玄沙和尚》）

　　例（21）中"自从"介引动词性结构，例（22）是"自从……后"时间结构。单音介词"自"和"从"既可介引时间域，也可介引空间域，连用后的"自从"语义域变窄，基本介引时间。由此可见，复合介词的形成并非简单地同义连文，意义也经历了重新融合，语义表达更加专一精细。

　　2）洎于/洎乎①

　　"洎"在先秦时期用作动词，表示"至，到"之意。例如：

　　（23）吾及亲仕，三釜而心乐；后仕，三千钟不洎，吾心悲。（《庄子·寓言》）

　　唐代，"洎"字已有介词用法。例如：

　　（24）徒劳说三史，浪自看五经。洎老检黄籍，依前注白丁。（《寒山诗·徒劳》）

　　这一时期，还产生了复音介词"洎于、洎乎"，主要引进动作行为发生的时间点，表示"等到……（时候）。"例如：

　　（25）a 洎于长庆五年，投入朝使，告其宿志，许以同行。（《祖堂集·双峰和尚》）

　　　　　b 洎乎大中十二年，私发誓愿，拟游上国。（《祖堂集·五冠山瑞云寺和尚》）

---

① 唐宋时期，介词"乎"已经消失，还有少量残存在次生介词中。

3）及至/及乎

介词"及"出现较早，甲骨卜辞中已有用例。先秦时期，介词"及"主要介引谓词性成分位于句首，表示动作行为或某一事件发生的时间，例如：

(26) a 及战，射共王中目。(《左传·成公十六年》)

　　　b 及灵王崩，儋括欲立王子佞夫。 (《左传·襄公三十年》)

"及至"先秦时期已有介词用法，"及乎"唐代已见介词用例。例如：

(27) 及至葬，四方来观之。(《孟子·滕文公上》)

(28) a 未降孩儿慈母怕，及乎生了似屠羊。(《敦煌变文集·父母恩重经讲经文》)

　　　b 及乎动用，全是凡情。(《祖堂集·归宗和尚》)

唐宋以来，继续沿用，"及至"沿用至今，"及乎"已经消失。例如：

(29) a 及至到来，潭又不见。(《祖堂集·德山和尚》)

　　　b 及至先主得荆州，权遂遣吕蒙擒关羽。(《朱子语类辑略·卷八》)

4）至于

"至于"先秦时期已经产生，唐宋时期沿用。例如：

(30) a 为袁谭所逼。来至元城。乃注周易。(《唐会要》)

　　　b 是月来至於岱宗。祇祓斋宫。涤濯静室。(《唐会要》)

由例（30）可见，"至於"的用法与"至"相同。"至于"主要介引动作或事件发生的时间。例如：

（31）a 至于第二夜，忽然头痛如裂。（《祖堂集·第二十九祖师慧可禅师》）

　　　b 至於明旦，具以梦状告白其父。（《敦煌变文集·前汉刘家太子传》）

介词"至于"进一步虚化，逐渐发展成为引进话题的介词，没有具体实在的意义。"至于"一词已经高度融合，位于句首仅起引入另一话题的作用。例如：

（32）a 至於经论，无不博通。（《祖堂集·山谷和尚》）

　　　b 至於讲诵者，也是都背得，然后从师受学。（《朱子语类辑略·卷二》）

　　　c 程门诸子在当时亲见二程，至於释氏，却多看不破，是不可晓。（《朱子语类辑略·卷四》）

5）迄至/迄于/迄乎

复合介词"迄至""迄于""迄乎"主要引进动作行为有关的时段。例如：

（33）a 何年饮著声闻酒，迄至如今醉未醒。（《祖堂集·鸟窠》）

　　　b 其后制令所造历。还依傅仁均平朔法。迄于麟德元年。（《唐会要》）

　　　c 迄乎魏晋之年。方伯岳牧。临州按郡。或十年不易。或一纪仍留。（《唐会要》）

2. 非介语素与介语素复合：一自

"一自"产生于唐代，多见于韵文或唐诗中。例如：

（34）a 一自离君后，啼多双脸穿。（《全唐诗·杂曲歌辞》）

　　　b 一自箫声飞去后，洞宫深掩碧瑶坛。（《全唐诗·玉

真观》）

（35）a 一自汉王登九五，黎庶昭苏万姓忻。（《敦煌变文集·捉季布传文》）

b 一自娘娘崩背，思量无事报恩，遂乃投佛出家，获得神通罗汉。（《敦煌变文集·目连缘起》）

上例中"一自"都用于动词性结构或主谓结构之前，表示短时间内另一事件紧接着发生。副词"一"不仅使语气得到加强，更有协调韵律的作用。也有少量出现在非韵文中，例如：

（36）某而今一自与诸公们说不辨，只觉得都无意思，所愿诸公宽著意思且看正当道理，教他活动、有长进处，方有所益。（《朱子语类辑略·卷七》）

跟"一自"意义及用法相同的还有介词"一从"，一般用在动词性结构前，表示事件时间的起点，相当于"自从"。例如：

（37）a 一从骂破高皇阵，潜山伏草受艰辛。（《敦煌变文集·捉季布传文》）

b 一从归汉别连北，万里长怀霸岸西。（《敦煌变文集·王昭君变文》）

（二）形成附着性语素

有些后置介词进一步语法化，就可能发展成为后附性语素。传统介词"于"和"以"使用频率不断下降，功能逐渐衰退，从而发展成为构词虚语素。

1. X 于

随着后置介词"于"的进一步语法化，逐渐虚化成了附着性的构词语素，如"归于、属于、处于"；"甘于、乐于、难于"等。介词"于"发生了非范畴化，失去了典型的介引功能，从而发展成为动词或形容词后缀。关于"X 于"的词汇化在第二章第四节第二部分已有部分讨论，再略举几例进一步说明。

A. 归于

　　（38）a 即将镇军两人归于江口。　（《入唐求法巡礼行记·卷一》）

　　　　　　b 范太史《唐鑑》议论大率皆归於得人。（《朱子语类辑略·卷五》）

　　　　　　c 大而万事万物，细而百骸九窍，一齐都归於无。（《朱子语类辑略·卷七》）

　　例（38）a 介词"于"引入处所宾语"江口"，表示位移的终点，还具有介词典型的介引功能。例（38）b "於"的宾语是谓词性成分，"於"字失去了介引作用，已经附缀化，复合而成双音动词"归于"。

B. 属于

　　（39）a 不属于毛？不罹于里？（《诗经·小弁》）

　　　　　　b 应知所有珍财，尽属於汝，由汝受用。（《六祖坛经》）

　　　　　　c 缘行解自辩清浊业性，属於密意，所以不知他。（《祖堂集·仰山和尚》）

　　先秦已见"属""于"连用，如例（39）a 的"属"，连也，用作动词，"于"介词，引出对象。唐代，"属于"已经词汇化，如例（39）b，表示"归某一方面或为某方所有"。

C. 处于

　　（40）a 冬，十二月，天王处于姑莸，辟儋翩之乱也。（《左传·定公六年》）

　　　　　　b 平等心量，处於生死，其心自在。（《祖堂集·百丈和尚》）

　　　　　　c 故当忠孝仁义之际，皆处于不得已，直欲和这些秉彝都消杀得尽，然后以为至道也。（《宋代卷·乙卯入国奏请》）

先秦时期，"［处［于 NP］］" 还是一个动补结构，如例（40）a。"处"是动词，居也，介词"于"引出所处之地"姑莸"。例（40）b "於"字之后都是谓词性成分，"於"字失去了介引功能，已经前附于词根"处"，动词"处于"表示"在某种境况或状态"。

"于"字也可后置于形容词，引出性状关涉的方面或范围。"于"字介引的宾语一般是谓词性结构。例如：

（41）a 今日气象，官无大小，皆难於有为。（《朱子语类辑略·卷四》）

　　　　b 出言易於返（反）掌，收气难於拔山，岂有先言而不扶（符）於后语！（《敦煌变文集·降魔变文》）

（42）a 不知如何理会个得恁少，看他自是甘於无知了。（《朱子语类辑略·卷二》）

　　　　b 此言虽若未是太过，然即此可见其无志，甘於自暴自弃，过孰大焉！（《朱子语类辑略·卷六》）

（43）a 自有一等人乐於作诗，不知移以讲学，多少有益！（《朱子语类辑略·卷五》）

　　　　b 学者乐於简易，甘於诡僻，和之者亦众，然终不可与入尧舜之道。（《朱子语类辑略·卷七》）

上例中"难於、甘於、乐於"都带谓词性宾语，"於"字容易发生非范畴化，失去介引功能，虚化为构词虚语素。以上这些"X 于"式的双音动词"归于、属于、合于"；形容词"甘于、乐于、难于"等一直还保留在现代汉语中。

2. X 以

唐宋时期，介词"以"经常与别的词组成固定结构用作修饰成分或连接成分。例如在《敦煌变文集》中出现的"以"字双音节词就有"所以" 101 次、"何以" 38 次、"以为" 32 次、"是以" 17 次、"可以" 12 次、"加以" 5 次、"难以" 2 次。这些词语已经实现了词汇化，"以"字已虚化为词内成分，关于这些词的词汇化过程参见第二章第四节第一部分的分析，再以"加以"词汇化为例，简要说明"以"字并入的具体过程。

唐朝时期，"加以"早已成词，"以"已经虚化为构词语素。例如：

（44）加以括囊群教，许为众经之要目。（《敦煌变文集·降魔变文》）

（45）今诸船从此过海，不随节下往密州界之议，加以信风连日不变，所以第一船只随"从此过海"之说，解缆拟发。（《入唐求法巡礼行记·卷一》）

上例"加以"都已成词，例（44）中"加以"用作动词，例（45）用作连词，连接分句，"加以"的用法与现代汉语基本相似。

先秦时期，出现"加之以"结构，"加"是动词，表示"在原来基础上增加"之义，"之"是动词的宾语，指代前文已经出现过的主体，"以"是介词，引出增添的对象。例如：

（46）a 是四国者，专足畏也，又加之以楚，敢不畏君王哉。（《左传·昭公十二年》）

　　　b 千乘之国，摄乎大国之间，加之以师旅，因之以饥馑。（《论语·先进》）

　　　c 虽珠玉满体，文绣充棺，黄金充椁，加之以丹矸，重之以曾青，犀象以为树，琅玕、龙兹、华觐以为实，人犹莫之扣也。（《荀子·正论》）

上例中"加之以"结构并未凝固，如例（46）c中"加之以"还与词组"重之以"对举使用，介词"以"一般介引名词性宾语。

这种结构与表示施予义的双及物构式比较相似，都可以形成"V+O_1+以+O_2"构式，V是"给予"义的三价动词，O_1是与事，O_2是受事。例如：

（47）a 臣不佞，陷君於大难，君不忍加之以鈇锁，赐之以死。（《公羊传·昭公二十五年》）

　　　b 勾践国忧，而寡人给之以粟，恩往义来，其德昭昭，亦

何忧乎？（《吴越春秋·勾践阴谋外传》）

      c君不如予之以骄智伯。且君何释以天下图智氏，而独以吾国为智氏质乎？（《韩非子·说林》）

两汉时期，"加之以"结构有了很大的发展，介词"以"的宾语开始扩大化，出现谓词性的宾语。例如：

    （48）a其直也足以帅之，其周也足以盖之，其不絜也足以行之，而加之以不仁，奉之以不义，蔑不克矣。（《国语·楚语下》）

      b使臣得进辩如伍子胥，加之以幽囚，重申不复见，是臣说之行也，臣何忧乎？（《战国策·范雎至秦》）

晋代，还出现了"以"字省略的现象，动词"加"直接带宾语。例如：

    （49）a百姓有罪应加捶挞者，方向之涕泣而不加罪，大小莫敢犯焉。（《晋书·卷八十八》）

      b於是使使者封子文为中都侯，次弟子绪为长水校尉，皆加印绶。（《搜神记·卷五》）

例（48）介词"以"的宾语"不仁""幽囚"都是谓词性结构，例（49）本由介词"以"介引的宾语，现在直接加在动词"加"后，介词可有可无。这正说明，介词"以"已经发生了非范畴化，逐渐失去介引功能。

另外，两汉时期，"加之以"中的"之"字开始脱落了。龚千炎（1961）认为，"在东西两汉的四百年间，'加之以'有了新的发展，'之'脱落了。"①例如：

---

① 龚千炎：《龚千炎语言学论集》，京华出版社2000年版，第8页，原文载于《中国语文》1961年第2期。

（50）a 夏，遂还太山，修五年之礼如前，而加以禅祠石间。（《史记·封禅书》）

　　　　b 惟君登位，于今十年，灾害并臻，民被饥饿，加以疾疫溺死，关门牡开，失国守备，盗贼党辈。（《汉书·翟方进传》）

这一时期，虽然"加之以"和"加以"仍然并存，但"加以"渐趋增多，在《史记》中"加之以"有 3 例，"加以"有 6 例。六朝以后，"加以"的用例越来越多，许多用例中"加"和"以"之间无法补出宾语"之"，"加以"已经词汇化。例如：

（51）a 连年战伐，而介胄生虮虱，加以旱蝗，饥馑并臻，国无囷仓，行无裹粮。（《三国志·魏书》）

　　　　b 或有人慕其高义，投刺在门，元慎称疾高卧。加以意思深长，善于解梦。（《洛阳伽蓝记·城东》）

例（51）a"加以"用作动词，例（51）b"加以"用作连词。随着"之"字的脱落与介词"以"的非范畴化，"加以"逐渐完成了词汇化的过程。

同样处于双及物构式中的"给+之（与事）+以+O（受事）"结构，如例（47），"给以""予以"也大致发生了类似的词汇化过程。魏晋以后，"给以"逐渐成词。直到现当代，"给以"常以双音节动词作宾语，用作形式动词。例如：

（52）a 后王夫人先世汉人，常私以虏情告恭，又给以粮饷。（《后汉书·耿弇列传》）

　　　　b 汉氏使将相陪陵，又给以东园秘器，笃终之义，恩意深厚，古人岂异我哉！（《旧唐书·太宗纪下》）

（53）a 职工生病的时候，应当给以帮助。[《现代汉语词典》（第 6 版）]

　　　　b 对于劳动竞赛中优胜的单位或个人，应当给以适当的奖励。[《现代汉语词典》（第 6 版）]

小结。从以上介词进一步虚化的事实可以看出，汉语介词语法化的走向可以大致概括为：实词性词语>原生介词>构词语素。何洪峰（2014：44）概括出原生介词的两个发展走向：“一是继续语法化，成为后附性语素；二是衍生出次生介词。”我们认为，汉语后置介词的发展走向也同样符合这一规律。

第四节　元明清时期后置的介词

元明清时期后置介词进一步虚化，功能退化，语义弱化，语序基本固定。语料考察范围包括13部典籍：《近代汉语语法资料汇编（元明卷）》（简称“元明卷”）；元代4部典籍：《新校元刊杂剧三十种》（简称“元刊”）《元曲选》《大元圣政国朝典章·刑部》（简称“元典章”）《元朝秘史》；明代5部典籍：《朴通事》《老乞大》《三国演义》《水浒传》《金瓶梅词话》；清代3部典籍：《红楼梦》《儒林外史》《儿女英雄传》。

一　时处介词

“在”成为最常用的后置介词，介词“到”“往”使用频率较高，“向”的使用频次减少，复音介词“在于、到于”较为常见。介词结构的分布位置更加受制于语义条件。

（一）在

“在”成为介引处所最重要的介词。在过去较长的历史时期，“於”字在使用频次上一直占居首位。从元代开始，介词“在”成为这一时期使用频率最高的介词，而介词“於”的使用频次锐减，这是“於”“在”历史发展过程中的重要转折。

相较于前期，介词“在”的功能未发生太大变化，主要介引动作行为发生的处所及时间。例如：

（1）a 你谁根底学文书来？我在汉儿学堂里学文书来。（《老乞大》）

　　b 当院里两条大狗，因抢着一个血淋淋的东西，在那里打

架。(《儿女英雄传》, 第 11 回)

　　　　c 贾母等于早饭后过来, 就在会芳园游顽。(《红楼梦》, 第 5 回)

　　　　d 子婴受降于轵道, 霸王自刎在乌江。 (《元刊·霍光鬼谏》)

　　　　e 初五日聚会, 约在初八日送驾。(《正统临戎录》)

　　(2) a 我不曾看来, 在那里走来? (《朴通事》)

　　　　b 赃物正在你箱子里搜出来, 如何赖得过! (《水浒传》, 第 29 回)

　　　　c 方才在咱门前过去, 因见娇杏那丫头买线, 所以他只当女婿移住于此。(《红楼梦》, 第 2 回)

　　例 (1) 中 "在" 引进动作行为发生的处所及时间, 这种用法较为常见, 基本前置, 少量后置 (例 (1) d)。例 (2) 引进动作行为的起点或经由, 都前置, 用例较少。

　　(3) a 衣裳、帽子、靴子都放在这楼里头, 分付这管混堂的看着。(《朴通事》)

　　　　b 老太太的饭在这里放, 添了东西来。 (《红楼梦》, 第 35 回)

　　　　c 这般摆队行到鼓楼前面, 朝东放着土牛, 芒儿立在牛背后。(《朴通事》)

　　(4) a 回到北京住了几时, 盘缠使尽, 以此来在这里寻些盘缠。(《水浒传》, 第 5 回)

　　　　b 大家歇了没多时, 早见随缘儿跑在头里来, 说道: "快了!" (《儿女英雄传》, 第 23 回)

　　　　c 这西门庆故意把袖子在桌上一拂, 将那双箸拂落在地下来。(《金瓶梅词话》, 第 4 回)

　　例 (3) 介词 "在" 引进存在或滞留的处所, 强调状态持续的处所, 动词多是非位移动词, 前后置皆可, 以后置占优势。例 (4) "在" 引出动作的终点，都后置。"在+处所"后置时，动词一般是单音节动词（$V_单$）。以《金瓶梅词话》中的"V+在+处所"为例，$V_单$有93例（不计重复），约占92%，$V_双$仅有8例，如"搬移、扒伏、藏放、停泊"等，这种$V_双$的两个成分大都能单独与"在"组合。

元明时期，"在"和"于"连用较多，在《元曲选》中有114见，《金瓶梅词话》21见，《元明卷》14见，其中有的"在"用作动词，介词"于"引出动作的处所或时间。有的"在"和"于"已经凝固成复音介词"在于"，主要介引与动作行为有关的处所、时间，功能相当于"在"，这种用法在这一时期比较常见。例如：

> （5）a 老师父不知，小生前夜在于寺中操琴，有一女子前来窃听。（《元曲选·张生煮海》）
>
> b 虽落水中，幸得不死，浮没芦港，得岸上来，在于堤边号泣连声。（《金瓶梅词话》，第47回）
>
> c 将宋江、卢俊义等一百单八个好汉在於堂下草里一齐处斩。（《水浒传》，第70回）
>
> d 总兵官朱谦，万全都司都指挥董斌，在于御前答应，管理赏赐。（《正统临戎录》）
>
> （6）a 哥哥，有孙福在于门首。（《元曲选·铁拐李》）
>
> b 于是走出外边来，站立在于花下。（《金瓶梅词话》，第49回）
>
> （7）a 老爹烦恼，奶奶没了，在于甚时候？（《金瓶梅词话》，第62回）
>
> b 鲁编修道："悬弧之庆在于何日？"（《儒林外史》，第10回）

例（5）中介词"在于"介引动作行为发生的处所，前置。例（6）"在于"引出主体存在的处所，后置。例（7）"在于"介引动作行为发生的时间。

关于复音介词"在于"的形成，香坂顺一（1992：300）在考察《水浒传》虚词时指出："单音节的'在'为何要复合成'在于'，其中原因还不太清楚，不过这样可以使'在'失去动词性，并转到较为稳定的介词上，还是可以肯定的。"这似乎并没有说明介词"在于"产生的原因，我们认为"在于"的产生与传统介词"于"进一步虚化存在内在的关联，介词"在"的加入补充并校正了"于"字功能的衰减，起到了强化作用，详见前文第四章第三节第一部分的分析。

另外，"在于"有时还可用作动词，带对象宾语，表示事物的关键所在，相当于"取决于、决定于"的意义，这种用法一直延续到现代汉语。例如：

（8）a 娘说留丫头不留丫头不在于小的，小的管他怎的？（《金瓶梅词话》，第 46 回）

b 战与不战，皆在于我，非在贼也。（《三国演义》，第 58 回）

（二）於

元明清时期，介词"於"大致延续了前期的用法，主要介引动作行为有关的处所、时间等。介引对象的功能已经衰退，用例较少，几近消失。

"於+处所"结构的分布位置仍然受制于其所表示的语义内容。表示动作的起点（例（9））、动作行为发生的处所（例（10）），大都前置，表示存在的处所亦可前置（例（11））。例如：

（9）a 某与邻人等辨验得贼人踪迹约贼几人，於本家那边跳墙入来家内，於东屋那边剜窟，一个入来屋内，偷盗前项布匹，却跳墙出去。（《朴通事》）

b 鲁智深，李逵等十四个头领，引着步兵，于山上冲击下来，杀得贼兵雨零星散，乱窜逃生。（《水浒传》，第 107 回）

（10）a 小生又于廊下拾得梧桐叶儿，叶上有诗一首，亦是浑家所作。（《元曲选·梧桐叶》）

b 云收雨散，各整衣裙，于灯下照镜理容。（《金瓶梅词话》，第 68 回）

（11）a 有个篮儿，于内别无一物，则有一纸书。（《元刊·陈季卿悟道竹叶舟》）

b 忙忽惕军复翻回于忽亦勒答儿落马处立了。（《元朝秘史·卷七》）

"於+处所"后置主要表示静态存在或滞留的处所（例（12））及动作的终点（例（13））。例如：

（12）a 昔日四皓隐于商山，巢由遁于颍水，此乃达道之仙。（《元刊·陈季卿悟道竹叶舟》）

b 不敢开看，再拜受，藏于袖中。（《水浒传》，第41回）

c 只见晴雯独卧于炕上，脸面烧的飞红，又摸了一摸，只觉烫手。（《红楼梦》，第52回）

（13）a 遇有身死不明之人，官司初复检讫，不行埋瘗，将尸移於棚树栈阁，以致风日曝吹，蛣蜣咕嘬。（《元典章·刑部》）

b 妇人走于西角门首，暗暗使丫鬟绣春，黑影里走到西门庆根前。（《金瓶梅词话》，第13回）

c 莺儿便赌气将花柳皆掷于河中，自回房去。（《红楼梦》，第59回）

（三）到/到于

"到"已经发展成为使用频率仅次于"在"的第二常用介词。主要用于引进动作行为到达的处所或有关的时间，这种用法的"到"字结构大都后置。例如：

（14）a 他走到金水河裹，和将一块青泥来，大仙鼻凹裹放了，变做青母蝎。（《朴通事》）

b 行了数日，来到徐州地方，天色晚来，投在孤村里面。（《金瓶梅词话》，第100回）

c 早是卧破月昏黄，直睡到日出扶桑。（《元刊·泰华山陈抟高卧》）

"到"字结构前置，表示动作行为有关的时间。例如：

（15）a 到晚，师傅前撒签背念书。（《老乞大》）

　　　b 到明儿，我在正面楼上，你在旁边楼上，你也不用到我这边来立规矩，可好不好？（《红楼梦》，第 29 回）

元明时期，表示"到达"义的动词"到"之后常见介词"于"引出动作所到之处。例如：

（16）a 于皇庆元年六月十二日，到于东流县。（《元典章·刑部》）

　　　b 往东行，到于涿州，有官吏人等进羊酒等物来见。（《元明卷·正统临戎录》）

　　　c 这西门庆到于房中，脱去貂裘，和粉头围炉共坐。（《金瓶梅词话》，第 77 回）

"到"和"于"经常连用，表示动作所达之处。"到于"在《元曲选》中出现 39 次，《金瓶梅词话》中 53 次，《元明卷》中 23 次。香坂顺一（1992：307）指出："'到'的后面一般都跟处所名词（有时是时间名词），这些词的前面可以用'于'，这样'到'与'于'很容易复合。"这大概只是一种推测，二者之所以常常连用，还是与介词"于"的语义过度虚化密切相关，"于"字已无意义，"到"和"于"经常连用就容易凝固成词，"到于"现代汉语中已经消失。例如：

（17）a 各门大使传宣，引柴进到于殿下。（《水浒传》，第116 回）

　　　b 仍差铭伴送李贵到于大同，放进入城。（《元明卷·正统临戎录》）

例（17）中"到于"用于连谓结构中，成为"次述谓"（secondary predicate）时，便容易虚化成介词，形成复音介词"到于"，引进动作行为的终点，功能同"到"。例如：

（18）a 我若有书呈到于相公跟前，便成就了这门亲事。（《元曲选·荐福碑》）

　　　　b 一席话，说的没法，众人只得一齐走到于公祠一个和尚家坐着。（《儒林外史》，第 18 回）

（19）a 适值伍子胥逃难到于江边。（《元曲选·伍员吹箫》）

　　　　b 只见花荣从船上飞奔到于墓前，见了吴用，各吃一惊。（《水浒传》，第 120 回）

（20）a 载此货物，到于市店上发卖，没人相疑。（《金瓶梅词话》，第 47 回）

　　　　b 李师师慌忙迎接圣驾，到于卧房内坐定。（《水浒传》，第 120 回）

例（18）"到于"后置于单音节动词，例（19）后置于双音节动词，都表示动作行为的终点。例（20）"到于"介引的处所前置，位于连动结构 V_1 位置，动词 V_2 是语义表达的重心，"到于"引出动作行为发生的有关处所。

介词"到于"还可介引动作行为的时间。例如：

（21）a 到于正月二十一日，五更时分，相火烧身，变出风来，声若牛吼一般。（《金瓶梅词话》，第 79 回）

　　　　b 到于晚夕，妇人先在后边月娘前，假托心中不自在，得了个金蝉脱壳，归到前边。（《金瓶梅词话》，第 83 回）

元明清时期，介词"到"已经取代了传统介词"至"，在口语色彩较强的语料中"至"字使用较少，如《老乞大》《朴通事》中基本未见其介引处所或时间的用例。这一时期的"至"字大多已成为复合词的词内成分。例如：

（22）a 投至我勘问出强贼，早忧愁的寸肠粉碎，闷恹恹废寝废

食。(《元刊·张鼎智勘魔合罗》)

　　　　b 及至生产下来，端正如法，不过两岁，即便身亡。(《金瓶梅词话》，第 59 回)

　　　　c 至如他釜有蛛丝甑有尘，这的是我命运。(《元曲选·秋胡戏妻》)

　　　　d 至于玉格，今年才十七岁，这事也还不忙。(《儿女英雄传》，第 2 回)

　　(23) a 乃是两家争买一婢，各不相让，以至殴伤人命。(《红楼梦》，第 4 回)

　　　　b 一路上逢山开路，遇水叠桥，甚至打店看车，都是你二位的事。(《儿女英雄传》，第 11 回)

　　例(22)中复音介词"投至、及至""至如、至于"分别引出动作行为有关的时间和话语中的另一话题。例(23)中"以至、甚至"位于前后话语之间，用作连词，起到连接作用。

　　(四)　往/向

A. 往

　　唐代，介词"往"使用较少，《敦煌变文集》中仅出现 10 次。元明时期，介词"往"的使用频率较高，《金瓶梅词话》中就有 954 例，已经成为表示动作行为方向的常用介词。

　　这一时期，"往+NP+V"主要表示动作行为的方向，基本前置。"往"有"向、到"之义，宾语 NP 一般是处所名词或方位词。例如：

　　(24) a 今岁从四月里，往武当山去了。(《金瓶梅词话》，第 61 回)

　　　　b 我也往金刚山禅院、松广等处降香去。(《朴通事》)

　　(25) a 你则这二十五日起去，寅时往东迎喜神去，大吉利。(《老乞大》)

　　　　b 忽见一个喜鹊飞了来，落在房檐上，对着他撅着尾巴"喳喳喳"的叫了三声，就往东南飞了去了。(《儿女英雄传》，第 40 回)

　　上例中"往+NP"后常出现趋向动词"去"配合使用。由此可知，

"往"的源义"去"已经弱化，仅起介引动作方向的作用。

介词"往"还可以介引动作行为的经由，有"从、打"之义，也都前置。这种用法不常见，10 部文献仅检得 15 例。例如：

（26）a 小生前者往县衙门首经过，见衙门里面绷扒吊拷，追征十数余人。（《元曲选·来生债》）

　　　b 打开这吊窗，若有人来，便往这窗子里出去。（《元曲选·黄粱梦》）

　　　c 正往潘金莲角门首所过，只见金莲正出来看见。（《金瓶梅词话》，第 43 回）

介词"往"还可后置于单音节动词"走、送、逃、差、押、发、迁、流、退、推、拖、抬、带、躲"等，引进动作行为的方向或终点。例如：

（27）a 曹操藏匿庆童于府中，董承只道逃往他方去了，也不追寻。（《三国演义》，第 23 回）

　　　b 只见迎面忽有一带水池，只有七八尺宽，石头砌岸，里边碧浏清水流往那边去了。（《红楼梦》，第 41 回）

（28）a 喜僧委是不知怎生碾着，避怕本使问着，走往阜城县周家藏闪，在后却行还家。（《元典章·刑部》）

　　　b 先差玳安送往乔大户家去，后叫王经送云离守家去。（《金瓶梅词话》，第 77 回）

例（27）介词"往"引出逃亡和水流的方向。例（28）"往"引出位移的目标或终点。"V+往+处所"结构并不常见，在《元明卷》中仅有 6 例，《金瓶梅词话》仅有 8 例，《儿女英雄传》仅有 3 例。

B. 向

这一时期，介词"向"最显著的变化是使用频次减少，主要介引动作行为的方向（例（29））或发生的处所（例（30））。例如：

（29）a 衙门处处向南开，有理无钱休入来。（《朴通事》）

　　　b 忽然把眼向楼窗下看，只见武松凶神般从桥下直奔酒楼前来。(《金瓶梅词话》，第 9 回)

　　　c 安老爷同了公子带了戴勤、随缘儿，便向二十八棵红柳树进发。(《儿女英雄传》，第 14 回)

　　(30) a 正每日向茅庐中松窗下，卧看兵书。(《元刊·诸葛亮博望烧屯》)

　　　b 这徐先生向灯下打开青囊，取出万年历通书来观看。(《金瓶梅词话》，第 62 回)

　　　c 那妇人向厨中烧起火来，便去溪边陶了米，将来做饭。(《水浒传》，第 42 回)

　　介词"向"还可介引经由（例（31））或来源（例（32）），这种用法相对较少。例如：

　　(31) a 向蓬莱顶上过，访故人蓝采和，引着俺旧交游弟兄八个，看海山高银阙嵯峨。(《元刊·陈季卿悟道竹叶舟》)

　　　b 霸王的军马都聚在东门上看高祖降，因此上汉高祖向西门出去了。(《皇明诏令》)

　　(32) a 西门庆便向袖中取出一锭十两银子来，递与王婆。(《金瓶梅词话》，第 4 回)

　　　b 张清把左手虚提长枪，右手便向锦囊中摸出石子。(《水浒传》，第 69 回)

　　介词"向"后置于自移动词或他移动词，引出动作行为的方向或终点。例如：

　　(33) a 早是那窄窄狭狭沟沟堑堑路崎岖，知奔向何方所？(《元曲选·货郎旦》)

　　　b 母思忆之，痛切号哭，遂即把他孩儿抛向水中。(《金瓶梅词话》，第 59 回)

　　　c 说着，掷向他怀中便走。(《红楼梦》，第 18 回)

　　介词"向"后置于自移动词"奔、走、飞、去、跑、移、绕"以及他移动词"抛、掷、转"等,这种表示方向的后置用例并不常见,一般前置。如《元明卷》中 24 例表示方向的"向"字结构仅有 1 例后置。

　　C. "向""往"比较

　　表示方向的介词"向"和"往"用法比较相似。例如:

　　　　(34) a 调大谎往上趱,抱粗腿向前跳,倒能够禄重官高。(《元曲选·诤范叔》)

　　　　　　　b 往东看,雕漆床、螺钿床,金碧交辉;向西瞧,羊皮灯、掠彩灯,锦绣夺眼。(《金瓶梅词话》,第 15 回)

　　上例中"向"和"往"对举使用,都表示方向。

　　表示方向时既可前置也可后置(往/向+NP+V 或 V+往/向+NP),但以前置占优势,少量后置。例如:

　　　　(35) a 征艳向南飞,雁归人未归。(《金瓶梅词话》,第 75 回)

　　　　　　　b 猛见半空里有许多黄袍神将,飞向北去,把那黑气冲灭。(《水浒传》,第 95 回)

　　　　(36) a 兀的不是奸夫淫妇? 你往那里走? (《元曲选·燕青博鱼》)

　　　　　　　b 俺先引兵,且拿了玉田县的蛮子,却从背后抄将过来,平峪县的蛮子,走往那里去? (《水浒传》,第 84 回)

　　由上例可见,表示动作方向的"向/往"字结构既可前置也可后置,这似乎与崔希亮(2006)的解释不太一致①。他从认知语义学的角度分析了表示方向的"往/向"字结构前置与后置的差异。例如:

――――――――――

　　① 崔希亮认为"往/向+NP"前置,可以表示位移的目标或终点,也可以是位移的方向;"往/向+NP"后置只能表示位移的终点,不能是位移的方向。(崔希亮:《汉语介词结构与位移事件》,《中国语言学报》2006 年第 12 期,第 36—37 页。)这种说法并不确切,实际上"往/向+NP"前置主要表示位移的方向,而"往/向+NP"后置除了表示位移的终点外,也可以表示位移的方向。

　　a 那列火车向北京开去。

　　b 那列火车开向北京。

　　崔希亮（2006：36—37）认为："二者的区别在于：例 a 是过程取景，观察者的注意力集中在位移事件的中间段，火车行驶的目标（方向）是北京，但北京不一定是位移的终点；例 b 是目标取景，观察者的注意力集中在位移事件的终点北京，北京是位移主体趋近的目标终点。"这是一种解释的方法。

　　实际上，"向北京"后置除了表示位移事件的终点以外，也可兼表方向。这不仅与表达意图有关，也和介词宾语所表达的空间范域大小等方面因素相涉。例 b "向"的宾语由精确的地点名词"北京"改为模糊的方位名词"北方"，"那列火车开向北方"，"向"字结构也就仅表方向了。

　　表示方向的"向"和"往"尽管在意义和功能上非常相似，但二者逐渐出现了分化，特别是明清时期，介词"往"逐渐占据了优势地位，"向"字使用频次减少，主要用于介引动作行为的对象。例如：

　　（37）a 贾母向湘云道："吃了茶歇一歇，瞧瞧你嫂子们去。"（《红楼梦》，第 31 回）

　　　　　b 因向公子说："这话可得问客人你老了。"（《儿女英雄传》，第 3 回）

　　　　　c 因去年九月上县来交钱粮，一时短少，央中人向严乡绅借二十两银子。（《儒林外史》，第 5 回）

（五）自

　　介词"自"基本用于介引时间的起点，介引空间上的起点已成为极少数现象，这是介词"自"功能演变的表现。例如：

　　（38）a 孩儿自拜别之后，想念之心无日有忘。（《朴通事》）

　　　　　b 我自革职以来，这两年遍游各省，也曾遇见两个异样孩子。（《红楼梦》，第 2 回）

　　（39）a 一自郦生烹杀后，汉家游说更无人。（《元曲选·气

英布》）

　　　　　b 自从你爹下世，日逐只有出去的，没有进来的。（《金瓶梅词话》，第 96 回）

　　介词"自"引进动作行为的时间起点，都前置。介词的宾语一般是名词性或动词性结构，以动词性结构居多，表示动作行为从什么事件开始。用于表达时间的固定结构较多，例如"自……之后/以后、自……以来"等。介词"自从"仅用以介引时间起点，使用更加频繁，如《金瓶梅词话》中出现 115 次，《元曲选》中出现 279 次。

　　引进空间上的起点已经成为介词"自"文言用法的遗留，用例极少。例如：

　　（40）a 特至江南，又见一缕五色天子之气，起自睦州。（《水浒传》，第 116 回）

　　　　　b 曾子承上文说，人若有不顺理的言语出自於我，加于他人，他人也把那不顺理的言语加到於我。（《元明卷·鲁齐遗书》）

　　"自"已经虚化成了构词语素，失去了介引功能。例（40）中"出自於我"，结构上已经发生了重新分析：［出［自·［於·我］］］＞［［出自］·［於·我］］，"自"成为词内成分，"於"字介引出处。

　　小结。元明清时期，介词"在"成为使用频率最高的介词，而介词"於"的使用频次锐减，这是"於""在"历史发展过程中的重要转折。介词"到"成为这一时期的次常用介词，已经取代了传统介词"至"，"至"字仅保留在书面语色彩较强的语体中。介词"往"使用频率较高，介词"向"的使用频次明显减少。表 4-4 的频次统计大致反映了这一时期后置时处介词的使用情况。

表 4-4　　　　　元明清时期可后置的时处介词使用频次统计

	在	於	到	至	往	向	自
《元刊杂剧三十种》	184	30	136	7	9	89	40
《老乞大》《朴通事》	58	18	78	0	25	5	2

续表

	在	於	到	至	往	向	自
《金瓶梅词话》①	3505	160	1692	66	954	223	148
《水浒传》	3543	452	2056	279	136	235	270
《儿女英雄传》	2023	42	887	4	286	160	117
《红楼梦》（前50回）	1005	103	276	145	313	100	69
总计	10318	805	5125	501	1723	812	646

介词"在、於"主要介引动作行为发生的处所、起点或经由、存在或滞留的处所以及终点。介词"到、至"主要介引动作行为到达的处所或时间。介词"往、向"主要介引动作行为的方向、经由或终点。介词"自"基本介引时间的起点。介词结构的语序分布更加严格地受制于语义条件。

二　方式介词

方式介词"以"不仅使用频率大幅下降，而且功能也全面萎缩。上古时期"以"字具有多功能性，杨树达（1984：261）在《高等国文法》中整理出介词"以""表工具、原因、时间"等11种用法，赵大明（2007）详细讨论了《左传》中介词"以"的5种基本功能：引进动作行为的工具、方式、依据、对象、原因、时间以及组成固定格式。随着新兴介词的不断产生，"以"的部分功能即为其他介词所分化替代，介词的分工趋向精细化，有些功能已经渐趋衰退甚至消失。具体表现为：介词"以"介引受事、原因的功能萎缩；介引时间的功能消退；介引工具或方式的功能也逐渐减弱。

（一）介引受事的功能已经萎缩

（41）a尽以其宝赐左右而使行。（《左传·文公十六年》）

---

①　转引自曹炜《〈金瓶梅词话〉中的时间、处所、方向类介词初探》，《苏州大学学报》2003年第4期。

b 将库中众土户出纳的赏钱三十两，就赐与武松。(《金瓶梅词话》，第 1 回)

c 我把那死尸骸送出汴梁城，若是拖咱到官中，杀人的公事我招成。(《杀狗劝夫》)

(42) a 王以戎难告于齐。(《左传·僖公十六年》)

b 应伯爵无日不在他那边趋奉，把西门庆家中大小之事，尽告诉与他。(《金瓶梅词话》，第 80 回)

上古时期，介词"以"介引"给予"或"告知"对象比较常见，据赵大明 (2007) 统计，在《左传》中这种用法的"以"字出现了 216 次，占"以"字总用例的 10%。唐宋时期，这一功能已经出现下降萎缩的态势 (如表 4-2 所示)。明清时期，随着"把""将"等处置介词的广泛使用，逐渐替代了"以"字的这一功能。

介引受事的功能已经萎缩，仅存少量遗留用例。如《金瓶梅词话》中仅有 3 例，《水浒传》仅有 9 例，《儿女英雄传》仅有 3 例。例如：

(43) a 西门庆回至厅上，将伶官乐人赏以酒食，俱令散了。(《金瓶梅词话》，第 65 回)

b 罔极之深恩未报，而又徒留不肖肢体，遗父母以半生莫殚之愁。(《儿女英雄传》，第 4 回)

(二) 介引原因的功能也已萎缩

"为""因"是这一时期介引原因的主要介词。例如：

(44) a 且吾不以一眚掩大德。(《左传·僖公三十三年》)

b 宋江便问道："却大哥为何在楼下发怒?"(《水浒传》，第 37 回)

c 因何镇日纷纷乱，只为阴阳数不同。(《红楼梦》，第 22 回)

《左传》中"以"字介引原因比较常见，而明清时期比较少见，《金瓶梅词话》中仅有 5 例,《儿女英雄传》中仅有 4 例。

(三) 介引时间的功能基本消退

《金瓶梅词话》中仅有 3 例,《儿女英雄传》中仅有 2 例,且多有文言色彩。例如:

(45) a 谨以今月二十日,仗延官道,爰就孝居,建盟真炼度斋坛。(《金瓶梅词话》,第 66 回)

b 公生于明崇祯癸酉某年月日,以大清某年月日考终,合葬某处。(《儿女英雄传》,第 39 回)

(四) 介引方式的功能已经减弱

介词 "以" 介引方式的功能减弱,逐渐虚化成词内成分。虽然还保留有介引工具、方式的用法,但已经明显衰退,使用频次大幅减少。衰退的根本原因是这一时期白话文完全成熟,方式介词系统有了新的发展,方式介词出现了更新、替换等情况。

何洪峰 (2012:202—222) 详细讨论了这一时期 26 个方式介词的发展演变情况。曹炜 (2011:205—212) 分析了《金瓶梅词话》中 15 个表工具、手段、依据的介词。据其统计,"用" 和 "拿" 已经成为介引工具、方式的主要介词,使用频次已经超过了介词 "以",分别达到 236 次和 231 次。例如:

(46) a 家里叫了个贴身答应的小厮,名唤玳安,用包袱包了,一直送入王婆家来。(《金瓶梅词话》,第 3 回)

b 吴月娘见西门庆在院中留恋烟花,不想回家,一面使小厮玳安,拿马往院中接西门庆。(《金瓶梅词话》,第 12 回)

c 他见前后没人,便拿言语来调戏我。(《金瓶梅词话》,第 1 回)

介词 "用" 和 "拿" 成为明清时期最常用的方式介词,而方式介词 "以" 的使用频率则大大减少。

介词 "以" 经常与其他词语连用或搭配使用,形成一些固定结构。

这些业已形成的固定结构已经凝固成词，被高频地使用。这正符合郭锡良（1998：5）所概括的"以"字虚化的过程："先由动词虚化成介词，再由介词虚化成连词，或构成固定结构，再凝固成词，转化成构词语素。"在《金瓶梅词话》中介词"以"总计215次，由其形成的固定结构情况如表4-5所示。

表4-5　　　　　　"以"字固定结构出现频次及所占比例统计

	以……为	以为	所以	以此	以致	难以	可以	无以	足以	是以	何以	得以	合计
次数	19	14	33	28	7	8	9	4	4	3	12	2	143
比例	8.8%	6.5%	15.3%	13%	3.3%	3.7%	4.2%	1.9%	1.9%	1.4%	5.6%	0.9%	66.5%

表4-5中"以"字固定结构大多已经词汇化，关于某些词语的词汇化过程前文第二章第四节已有分析，"以"字已经虚化成构词语素，且虚化成构词语素的比例较高，约占介词"以"总频次的66.5%，相较于上古时期，增长幅度非常显著，赵大明（2007：282）统计《左传》的"以"字固定结构仅为32.2%。这也正反映出介词"以"的虚化去向，进一步虚化成构词语素。

三　对象介词

（一）於

"於"字介引动作行为关涉对象的功能已经衰落，已被其他介词所取代。《元刊杂剧30种》仅有13例对象介词用法，《金瓶梅词话》28例，《儿女英雄传》20例，《老乞大》《朴通事》中未见对象介词用例。这一时期仅遗留了少量的对象介词用法。例如：

（47）a 如是事体明白，就场认是致命痕伤者，令正犯人下画字，则於事体无害。（《元典章·刑部》）

b 哥哥才出军，风吹折认旗，於军不利。（《水浒传》，第59回）

c 这十三妹姑娘向来于我山寨有恩，怎的不曾听见说起他家有事？（《儿女英雄传》，第21回）

例（47）"於+对象"结构前置，表示对人或事物的某种情感或评价。

1. 介引与事的功能逐渐被"对、向"所替代

（48）a 我老实对你说，不是我自穿的，要那去别处转卖，寻些利钱的。（《老乞大》）

　　　　b 先生对唐僧道："咱两个冤仇不小可里！"（《朴通事》）

（49）a 那妇人向袖中取出三百文钱来，向王婆说道："干娘，奴和你买盏酒吃。"（《金瓶梅词话》，第 3 回）

　　　　b 霸王败向江东取救，因舍虞姬不得，又闻四四面皆楚歌。（《金瓶梅词话》，第 1 回）

（50）a 你老子使了我五千银子，把你准折卖给我的。（《红楼梦》，第 80 回）

　　　　b 刘姥姥也不敢轻亵巧姐，便打扫上房让给巧姐平儿住下。（《红楼梦》，第 119 回）

过去常用介词"於"介引言说、请求或给予的对象，现在多以"对""向"引进对象，替代了"於"字的这一功能，且对象介词结构已经前置。例（48）介词"对"介引言说对象，例（49）介词"向"引出求取对象。清代，主要以介词"给"介引给予的对象，如例（50）。

2. 介引比较对象的功能也已经衰落

介词"於"介引比较对象的用法已经少见，如《元曲选》中仅有 3 例，《金瓶梅词话》仅有 2 例。例如：

（51）a 列国纷纷，莫强于晋。（《元曲选·赵氏孤儿》）

　　　　b 虽然，妻之视妾，名分虽殊，而戚氏之祸，尤惨于虞姬。（《金瓶梅词话》，第 1 回）

与此同时，表示比较的介词"比"发展较快，如《元曲选》中有 64 例，《金瓶梅词话》中有 78 例。例如：

（52）a 也非是小生多议论，则我这一片济贫的心比他人心地真。

（《元曲选·来生债》）

　　　　b 谁知你比你五娘脚儿还小。（《金瓶梅词话》，第 23 回）

　　　　c 他比玳安倒大两岁，今年二十二岁，倒不与他妻室、一间房住。（《金瓶梅词话》，第 95 回）

　　"於"字的比较功能逐渐被介词"比"所取代。黄晓惠（1992：221）统计比较了不同时期比较句的使用频率，金元时期，古代差比句式"（X）W 于 Y"已经衰减，而"（X）W 如 Y"发展为强式，"（X）比 YW"出现频率不断增长。在"（X）W 于 Y"格式衰退过程中，发生过虚词更替，最终选择了"（X）比 YW"格式。清代以后，"（X）比 YW"格式的出现频率超过了"（X）W 于 Y"与"（X）W 如 Y"之和，传统的差比式"（X）W 于 Y"则完全衰落了。

（二）与/给

1. 与

　　介词"与"主要介引动作行为的受益对象（例（53））、协同对象（例（54））、关涉对象（例（55））以及接受对象（例（56））等。例如：

　　（53）a 且住，我与你选个好日头。（《老乞大》）

　　　　b 只是早望招安，愿与国家出力。（《水浒传》，第 81 回）

　　（54）a 此时太祖正在帖篾延客额儿地面围猎，知了这话，就围猎处与众人商量。（《元朝秘史·卷八》）

　　　　b 一面邀请到家中，让至楼上坐，房里唤出金莲来，与武松相见。（《金瓶梅词话》，第 1 回）

　　（55）a 差使与成吉思说："你可差四杰来救咱。"（《元朝秘史·卷六》）

　　　　b 铭啼哭了，进毡帐与爷爷磕头。（《元明卷·正统临戎录》）

　　（56）a 青盘中托出黄罗袱子，包着三卷天书，递与宋江。（《水浒传》，第 41 回）

　　　　b 孩儿，我上天远，入地近，也有几句遗留，听我说与你。（《元刊·霍光鬼谏》）

　　介词"与"引介受益者最为常见，相当于"给、替"，这为介词"给"的产生打下了语义基础。引介协同者是介词"与"最古老的用法，相当于"和、跟"，还可引进关涉者，这三种用法基本前置。"与"字引进动作行为的接受者，大都后置。

　　值得注意的是，介词"与"唐宋时期已经产生了后置用法，形成"V+与+对象"结构，引进接受对象，动词 V 已经不再仅限于"授予"义。这一时期"与+对象"主要后置于三种动词：A."给予"义动词；B."言说"义动词；C. 其他动词。

　　A. 后置于"卖、借、送、嫁、递、交付、布施"等动词，引进"给予"的对象，较常为见。例如：

　　（57）a 这珠儿讨时讨三两价钱，实要二两银子卖与你。（《朴通事》）

　　　　　b 大嫂，取些钱来，借与兄弟每。（《元刊·马丹阳三度任风子》）

　　　　　c 哥哥，你便不做买卖也罢，只在家里坐的，盘缠兄弟自差人送与你。（《金瓶梅词话》，第 2 回）

　　B. 后置于"说、告、报、道、告诉"等动词，引进言说的对象。例如：

　　（58）a 我烦恼呵，我则怨的天。我宛屈呵，待告与谁。（《元明卷·杀狗劝夫》）

　　　　　b 干取出书信，将上项事逐一说与曹操。（《三国演义》，第 45 回）

　　　　　c 于是走来潘金莲房里，告诉与金莲。（《金瓶梅词话》，第 25 回）

　　C. 后置于"做、吹、烧、指、推、打发"等动词，表示动作施为的方向。例如：

（59）a 你用心做与我，慢慢的把盏。（《朴通事》）

b 往常恐东风吹与外人知，怎想这里泄露天机？（《元刊·李太白贬夜郎》）

c 我到明日，我先烧与他一炷香。（《金瓶梅词话》，第77回）

正如吕叔湘（1958：69—70）所说："一件事情（一个动作）往往牵涉到多方面，所以一个动词除起词止词外，还可以有各种补词代表与此事有关的人或物。补词里最重要的一种是'受事补词'，简单些称为'受词'。含有'给与'或'告诉'等意义的动词，通常都需要有'受词'。一句之中又有止词又有受词的时候，可以有三种表现方式：或是受词用关系词来连系，或是止词用关系词来连系，或是两个都不用关系词。"连系受词的关系词，白话用"给"，文言用"于"或"与"。例如：

（60）a 天之将降大任于斯人也……（《孟子》）①

b 王之臣有托其妻子于其友而之楚游者。（《孟子》）

（61）a 降与圣旨，差人祭祀去呵，怎生。（《元明卷·曲阜加封孔子圣旨致祭碑》）

b 先惊觉与军师诸葛，后入宫庭托梦与哥哥。（《元刊·关张双赴西蜀梦》）

2. 给

"与+对象"后置的用法逐渐被"给"所取代。据洪波（2004：139）统计，从清初开始，"与"字的使用频率逐渐下降，而"给"字则逐渐上升，到20世纪中叶，"给"在北京话的口语中基本上取代了"与"字。"给"在"与"字的类化作用下，逐渐取代了"与"字的虚词用法。例如：

（62）a 姥姥别恼，我给你老人家赔个不是。（《红楼梦》，第

---

① 例（60）引自吕叔湘《中国文法要略》，商务印书馆1958年版，第70页。

40 回)

　　　　b 若不亏上天的慈悲，父母的荫庇，儿子险些儿不得与父母相见，作了不孝之人！（《儿女英雄传》，第 12 回)

　　　　c 老爹，你不喜女儿给我做老婆，你退了回去罢了。（《儒林外史》，第 54 回)

上例中"给"分别引出动作行为关涉者、协同者和受益者，"给"的这些虚词用法"与"字早已有之，而且是介词"与"的常见用法，"给"可能受到"与"的类化，产生了相应的虚词用法。

　　(63) a 方才我拿了药来交给袭人，晚上敷上管就好了。（《红楼梦》，第 34 回)

　　　　b 将中统钞定三十五两，交与仓官王文瑞。（《元典章·刑部》)

　　(64) a 临起身，又留下一个辞行的名帖，托了店家送给他。（《儿女英雄传》，第 39 回)

　　　　b 明日午时，丢在那火池里烧死，却把孝子张屠的喜孙儿，虚空里着扮做凡人，先送与他母亲。（《元刊·小张屠焚儿救母》)

　　(65) a 我可就如此长短的都说给他了。（《儿女英雄传》，第 19 回)

　　　　b 孙行者变做个焦虫儿，飞入柜中，把桃肉都吃了，只留下桃核，出来说与师傅。（《朴通事》)

上例"给+对象"后置于动词，动词 V 多为单音节的"给予""言说"义动词，"给"引出给予或言说的对象，和介词"与"用法相似。到清朝末，"给"字已基本完成了取代介词"与"的过程。如《儿女英雄传》中"与"字仅 21 次，"给"字则有 988 次。

（三）及

"及"后置于动词，引出动作行为所延及的对象或范围。例如：

　　(66) a 我再央及你，做馈我荷包如何？（《朴通事》)

　　b 到张郃寨中，问及军情，郃言："老将黄忠，甚是英雄，更有严颜相助，不可轻敌。"（《三国演义》，第 70 回）

　　c 先问他春风秋月，再谈及粉淡脂莹，然后谈到女儿如何好，又谈到女儿死，袭人忙掩住口。（《红楼梦》，第 36 回）

　　"及"字位于动词之后，介引动作行为关涉的对象，多用于"言说"义动词之后，例如"问、谈、言、说、道、议"等，表示言说的对象或范围，"及"已经倾向于前附，如"央及、谈及、言及""累及、祸及"等词语的使用频率较高。

　　"及"已基本虚化为词内成分。上古时期，"及"字最常见用法是介引时间的终点，表示"到……时候"。例如：

　　（67）a 国家间暇，及是时明其政刑，虽大国必畏之矣。（《孟子·公孙丑上》）

　　b 及战，射共王中目。（《左传·成公十六年》）

　　元明清时期，以复音介词"比及""及至"介引时间的终点更为常见。例如：

　　（68）a 咱们疾快行动着，比及到那里寻了店时，那两个到来了也。（《老乞大》）

　　b 比及哨马到高阳关上，金国斡离不的人马已抢进关来，杀死人马无数。（《金瓶梅词话》，第 100 回）

　　（69）a 及至到了房舍跟前，又找不着门，再找了半日，忽见一带竹篱。（《红楼梦》，第 41 回）

　　b 及至安老爷到来，投递了手本，河台看了，便觉他怠慢来迟。（《儿女英雄传》，第 2 回）

第五节　小结

唐宋至元明清时期沿用的后置介词 9 个：於、以、在、自、著、至、向、就、及，唐宋时期新生 4 个后置介词：到、往，似、与，清代新生 1 个后置介词"给"。介词"在、到、往、给"最常用，介词"於、以、向、自"次常用，介词"著、就、至、似、与、及"渐趋消失。

介词结构语序前移已基本完成，语序基本固定。唐宋时期，处所介词结构根据语义的不同分布在动词前后，基本遵循位置意义原则。时处介词介引动作的起点、发生的处所基本前置，介引存在的处所或方向前后置均可，介引动作的终点只能后置；表示工具或方式的"以"字结构前置，介词结构的语序分布更加符合时间顺序性原则。明清时期，介词结构的语序和现代汉语基本一致。

传统的后置介词功能衰退，语义范域萎缩变窄。"於"字介引施事、与事等功能中古时期已经萎缩，元明清时期"於"字介引对象的功能已经衰退。"以"字介引受事、因事的功能萎缩，介引时间的功能消退，介引工具或方式的功能减弱。"自"的语义范域变窄，由表示时空域起点变为主要表示时间起点。

后置介词进一步虚化，发生"更新"和"强化"。①更新。老牌多功能介词"於、以、自、至、与"大多被后起的功能近似介词所"更新"。介词"於"/r① 在、对、向、被、比等；以/r 用、拿、将、把等；自/r 从、自从；至/r 到；与/r 给。②强化。唐宋时期，随着介词"於"的进一步虚化，出现了许多强化现象，於→向、在、著、到、从、自，形成复音介词"向於、在於、著於、到於，从於、自於"等，介词"向、在、著、到、从、自"对"於"字介引所在、所到、所自的功能起到具体强化的作用。这些都反映出"於"字进一步虚化的事实。

后置介词的虚化走向有两个：一个是继续语法化，成为后附性语素。有些后置介词进一步语法化，就会发生介词并入（Incorporation）②，与邻近的词项发展成一个新的词汇项。传统介词"於"和"以"逐渐失去介引功能或功能悬空，"X 於""X 以"结构发生词汇化，如"归于、属于、

---

① X /rY＝"X is renovated by Y"，See Lehmann C.，*Thoughts on grammaticalization*，（Second edition）Seminar für Sprachwissenschaft der Universität Erfurt，2002，pp. 17-19.

② 并入（Incorporation）是指一个语义上独立的词进入另一个词的内部，二者合并成一个整体的过程。（详细解释参见 Baker，Mark C. 1988. Incorporation：a Theory of Grammatical Function Changing. Chicago：The University of Chicago Press.）

难于、甘于""加以、给以、难以"等都已复合成词。当 X 是单音动词或形容词，且不带宾语时，"於"和"以"倾向于前附，发展成为构词语素。另外，部分"X 自""X 及"等也发生了词汇化，形成了一些复合词，如"起自、始自、来自""殃及、累及、谈及、说及"等。另一个是衍生出次生介词，成为构词语素。部分单音介词继续虚化发展成为构成复合介词的材料，例如复合介词"自从、一自、及至、在于、到于、至于、迄于、迄至、投至"等都是由单音介词"自、在、到、于、至、及"等参与派生出来的次生介词。

第五章　现代汉语后置介词结构

现代汉语出现在"动+介+宾"结构中的后置介词主要有"在、到、给、向、往、自、于、以"等几个。除了继承上古时代的"于、以、自"以外，其他几个介词大致具有共同的语法意义，介词"在、到、给"主要介引动作行为的［+终点］，"向、往"主要介引动作行为的［+方向］。"于、以、自"后置属于历史层次在现代汉语中的遗留。

"动+介+宾"结构中后置介词的发展呈现出语法化的层级性，部分后置介词表现出附缀化的倾向，继续虚化发展成为构词语素。介词结构后置具有语义条件：表示动作行为的终点，只能后置；部分表示方向或存在，也可后置。根据动词和宾语的语义关系，概括地将"动+介+宾"结构描述为三种语义构式：终点构式、方向构式及其他构式。

第一节　终点构式

现代汉语终点表达式"V+X+处所词"具有构式特征，"终点"构式义的表达并不取决于X（介词）。江蓝生（1999）指出："'V+X+N_L'这个结构在长期使用中具有很强的凝固性，在这个结构中，前面的动词和后面的处所名词是主要成分，X（介词）成分是次要成分。由于结构的凝固性，人们只要听清动词后面有处所词，就会习惯地把这个处所词理解为处所补语，不仅X成分是'在'义还是'到'义不重要，甚至连有没有X成分作为中介也无关紧要。"这说明终点表达式"V+X+N_L"具有构式的整体性。

介引终点的介词主要是"到、在"，"到"是最主要的终点介词。典型的终点构式"V+到+NP"中动词V一般具有［+位移］义，NP为处所名词或带方位词的词组，表示位移到达的终点。例如：

（1）a 飞到北京
　　b 走到大槐树下
　　c 逃到国外

一　终点构式的扩展

终点构式可以进行隐喻扩展，"到达"义可以从"空间域"扩展至"时间域"，由"时间域"扩展到"量度域"。例如：

（2）a 走到九月九。
　　b 他一直睡到大天亮。
（3）a 夜饭少一口，活到九十九。
　　b 他的视力已经减退到零点一了。
（4）a 这人真是坏到极点了。
　　b 他怎么堕落到这种地步。

例（2）介词"到"引出时间延续的终点，例（3）"到"介引量度终点。量度和程度密切相关，程度的差别与量的大小有关，例（4）介词"到"引出事态变化所达到的程度。

终点构式"V+到+NP"中"到"有时可以换作"在"，表示动作所达之处。例如：

（5）a 烟缸掉在地上，"叭"地一声摔得粉碎。（王朔《许爷》）
　　b 噗咚一声的跳在西直门外的小河里去救一个自尽的大姑娘。（老舍《老张的哲学》）
　　c 有时候鞠得度数太大，就跌在地上，把小尖鼻子插在土里，半天也拔不起来。（老舍《贫血集》）

例（5）中动词"掉、跳、跌"等具有瞬时移位性，主要强调动作发生后的状态，若换为"到"则蕴含了到达终点前的位移过程。除此以外，

"V+在+NP"构式延续过去的用法，有时也可表示静态存在的处所。例如：

（6）a 他似醒似睡的躺在墙根。（老舍《四世同堂》）

b 祥子藏在那清静的城根，设法要到更清静更黑暗的地方去。（老舍《骆驼祥子》）

终点构式除了表达位移的终点以外，也可以进行隐喻扩展，表达对象终点，常用"给"引出物体转移的对象。朱德熙（1979：82）将"给予"描述为"与者主动地使受者所受的事物由与者转移到受者"。"给"引出的接受对象实际上就是物体转移的终点。例如：

借给我书。→借我书。

赠送给我笔记本。→赠送我笔记本。

上例中"给"引出物体转移的终点（接受对象），"给"可以读轻声，有时发生脱落，可见"给"字也已经虚化了。

由上述分析可知，终点构式"V+到/在/给+NP"可以表示处所终点、时间终点、量度终点以及对象终点。这四种功能并非同时产生，以"V+到+NP"结构为例，宾语NP语义角色衍生的顺序大致反映出"到"字历时虚化的轨迹。

先秦时期，"到"用作动词，可独立做谓语，有"到达、达到"之义，表示时间或处所的终点。例如：

（7）a 管仲相桓公，霸诸侯，一匡天下，民到于今受其赐。（《论语·宪问》）

b 遂散六国之从，使之西面事秦，功施到今。（《史记·李斯列传》）

（8）a 武臣到邯郸，自立为赵王。（《史记·陈涉世家》）

b 今君到楚而受象床，所未至之国，将何以待君？（《战国策·卷十》）

魏晋时期，常见"到"位于连动结构 V_2 位置上，具有虚化为介词的句法条件。唐代，"到"发展为成熟的介词，仍然主要介引时间或处所的终点。例如：

（9）a 到明日，批排茶饭屈吃次。（《祖堂集·道吾和尚》）

b 十一月三日，大使来到庄上，相看安〔存〕。（《入唐求法巡礼行记·卷四》）

c 分明出敕千金诏，赚到朝门却杀臣。（《敦煌变文集·捉季布传文》）

宋元时期，"到"字功能逐渐泛化，除了介引时间、处所终点以外，还可以表示数量、程度、结果等语义。例如：

（10）a 且如百里之国，周人欲增到五百里，须并四个百里国地，方做得一国。（《朱子语类·卷五十九》）

b 不知风俗如何坏到这里，可畏！（《朱子语类·卷十三》）

（11）a 遂将自己元买到赤色骗马一匹，……卖与山东济南府客人李五永远为主。（《老乞大》）

b 今为缺钱使用，情愿立约于某财主处，借到细丝官银五十两整。（《朴通事》）

例（10）a 介引量度的终点，例（10）b 介引程度变化的终点，例（11）表示动作的结果，"到"引出表示人或事物的受事宾语。

根据"到"所介引宾语的历时衍生顺序，结合语义抽象程度的高低，介引"终点"的"到"字语义虚化轨迹大致为：处所（到$_1$）→时间（到$_2$）→数量（到$_3$）→程度（到$_4$）→结果（到$_5$）。

例（11）表示动作结果的"到"性质较为特殊①，"到"已经失去了

---

① 陆宗达、俞敏将"到"视为动词词尾。（陆宗达、俞敏：《现代汉语语法》（上），群众书店1954年版，第111页。）李人鉴认为"到"是助词，粘附在他动词后共同组成合成动词。（李人鉴：《谈"到"字的词性和用法》，《文史哲》1958年第9期。）

介引功能。例（11）买到赤色骟马一匹→买赤色骟马一匹，买到。借到细丝官银五十两整→借细丝官银五十两整，借到。宾语直接受动词支配，形成动宾关系，"到"没有介引作用，语义指向动词，表示动作的结果，与"位移"已无关联，意义相当虚化，似可看作动词词尾。这种用法的"到₅"与介词用法（到₁至到₄）在发生学上的联系还需进一步研究。这种高度虚化的词尾"到"容易和单音动词 V 发生词汇化，形成"V 到"动词，《现代汉语词典》（第 5 版）中已收录"遇到、感到、看到"等 20 余个"到"字动词。

二　"在/到"的虚化层级

通过考察语料发现，现代汉语共时平面上的介词"在/到"等表现出渐进虚化的历程：介词→中间状态→虚化为虚语素。

过去学界对"V+在/到+NP"结构中"在/到"性质的认识主要有 3 种：介词（吴为善①、吴竟存），半实化的准动词（邢福义②），完全虚化的词缀（金昌吉、吴竟存③）。何洪峰（2010）在《论"V 在"结构语义及句法分析》一文中全面检讨了学界有关讨论"V 在"的各种观点，深入细致地分析了汉语中 10 种"V 在"结构形式中"在"的语义和性质。他分析了制约"在"字语义的 4 个因素："语体色彩，口语还是书面语关涉到'在'是否轻化或弱化；结构的整体性，时态助词'了'的出现关涉到结构的重新分析；动词 V 的音节数，关涉到动词对'在'的吸附性；NP 的音节数及表处所还是表时间的语义性质。"在此借鉴这种分析方法探讨"在/到"的虚化层级。

---

①　吴为善把"搁在、坐到"等看作是动介合成词，可见他将动词后的"在、到"等视为介词。（吴为善：《汉语韵律句法探索》，学林出版社 2006 年版，第 128 页。）

②　邢福义认为动词后的"在/到"以准动词身份跟前边动词组合成了动补结构。（邢福义：《V 为双音节的"V 在了 N"格式》，《语言文字运用》1997 年第 4 期。）

③　金昌吉认为已经复合成词的"在/到"彻底虚化成了词缀。（金昌吉：《汉语介词和介词短语》，南开大学出版社 1996 年版，第 70—71 页。）吴竟存、梁伯枢根据不同的结构区分出"在/到"不同的性质。（吴竟存、梁伯枢：《现代汉语句法结构与分析》，语文出版社 1992 年版，第 178—184 页。）

（一）介词

"在/到"在语音上一般不轻读，不可脱落；在语义上，具有后向介引性。例如：

（12）a 他的无可如何的笑纹又摆在他冻红了的脸上。（老舍《四世同堂》）→ [＊摆他冻红了的脸上]

b 她刚推开门，二强子已走到院中。（老舍《骆驼祥子》）→ [＊走院中]

（13）a 祁家的房子坐落在西城护国寺附近的"小羊圈"。（老舍《四世同堂》）→ [＊坐落西城护国寺附近的"小羊圈"]

b 它相信我是它的一个永远的伙伴，幻想中一同奔跑到春天的田野上。（张炜《你在高原》）→ [＊奔跑春天的田野上]

例句中 V 分别为单音节（例（12））和双音节动词（例（13）），"在/到"倾向于后附，不可轻音化或脱落。"在/到"具有后向介引作用，是介词"在₁/到₁"。

（二）具有前附倾向

"在/到"之后可有语音停顿，一般不可脱落。"在/到"具有前附的倾向。例如：

（14）a 有一阵怪异的凉风吹在脸上。（余秋雨《寂寞天柱山》）→ [吹在ˇ脸上] → [？吹脸上]

b 他们走在一条狭窄的街上。（曹禺《日出》）→ [走在ˇ一条狭窄的街上] → [＊走一条狭窄的街上]

c 那位冬天里的捕鱼人纵身跳到岸上。（余华《一个地主的死》）→ [跳到ˇ岸上] → [？跳岸上]

d 他一定去上北海，爬到小白塔上，去看西山的雪峰。（老舍《四世同堂》）→ [爬到ˇ小白塔上] → [？爬小白塔上]

（15）a 钱先生已被大家给安放在床上。（老舍《四世同堂》）→ [安放在ˇ床上] → [＊安放床上]

b 身子往后一挫，就蹲坐在船板上了。（茅盾《水藻

行》）→［蹲坐在˅船板上］→［? 蹲坐船板上］

　　c 风吹几片隔墙的秋叶飘落到天井里。（茅盾《虹》）→
［飘落到˅天井里］→［? 飘落天井里］

　　d 我追赶到门外问他，好象很久捉不到的鸟儿，捉到又飞
了！（萧红《他的上唇挂霜了》）→［追赶到˅门外］→［＊追赶
门外］

　　上例的"V+在/到+NP"结构中 V 分别是单音节（例（14））和双
音节动词（例（15）），"在/到"一般不能脱落，其后可有语音停顿，
具有了前附的倾向性，是进一步虚化了的介词"在$_2$/到$_2$"。

　　（16）a 她的声音像一股风一样吹在了他的脸上，他从那声音里
闻到了一股芳草的清香。（余华《世事如烟》）

　　b 后来，白树又走在了那条雨水哗哗流动的街道上。（余
华《夏季台风》）

　　c 他的壮健的臂膊把静横抱了，两步就跳到了岸上。（茅盾
《蚀》）

　　d 我们爬到了河边，从两个大人的裤裆里伸出了脑袋，像
两只乌龟一样东张西望。（余华《在细雨中呼喊》）

　　这种"V$_单$·在/到了+NP"结构口语中比较常见，动态助词"了"
出现在"V 在/到"之后，不出现在 V 之后。由于"了"的标界，句法结
构发生重新分析，使得结构与语义错位，"在/到"语义上具有后向性，
结构上具有前附倾向（何洪峰，2010：15—34）。从韵律节奏来看，"在/
到"已经前附了。

　　（17）a 但他没有进一步去知道这些声响已被安放在了三辆板车
上。（BCC 语料库①）

　　b 他转了几次圈，然后便叽叽嘎嘎地蹲坐在了他那衰老的、

──────────

① 北京语言大学 BCC 现代汉语语料库。

患有关节炎的腰上。(BCC 语料库)

    c 她的手轻轻一抖，信纸飘落到了地上。(同上)

    d 她的前夫正是在这一天这个时候从江西追赶到了京城。
(同上)

  对于"V_双+在/到+NP"结构中的"在/到"引出动作所在与所到，
语义上仍然是介词，但时态助词"了"仅出现在"V 在/到"之后，说明
"在/到"也有前附的倾向。这种用例并不常见，应该是受到"V_单·在/
到+NP"结构的类化作用。

（三）完全虚化

"在/到"口语中一般轻读，可以脱落。在功能上，失去了介引作用。
例如：

  （18）a 你把我搁在哪儿呀？(曹禺《日出》) → ［搁．de 哪
儿］ → ［搁哪儿］

    b 我就把那些狮子送给他们，反正摆在那里也没什么用！
(老舍《四世同堂》) → ［摆．de 那里］ → ［摆那里］

    c 小孩急忙把自己瘦小的身体贴在门上。 (曹禺《日
出》) → ［贴．de 门上］ → ［贴门上］

  （19）a 她把嘴上叼着的烟头扔到地上。(曹禺《日出》) →
［扔．de 地上］ → ［扔地上］

    b 似乎这幅画是最新才挂到壁上。(沈从文《一个女剧员
的生活》) → ［挂．de 壁上］ → ［挂壁上］

    c 再套到竹竿上在阳光里晒干。 (余华《许三观卖血
记》) → ［套．de 竹竿上］ → ［套竹竿上］

  例（18）、例（19）"V·在/到+NP"结构中 V 是单音节动词，口语
中"在/到"语音弱化或脱落。语义上，"V_单·de+NP"结构既可表状
态，也可表动作， "de"已失去介引功能。吴竞存、梁伯枢（1992：
180—181）在《现代汉语句法结构与分析》指出"V+P+N（限于"到"
"在""给"，"V"限于单音节动词），其中的 P 已不是介词，它紧附于 V

之后，与'N'没有直接结构关系。""在/到"已经失去了介引作用，虚化成为虚语素"在$_3$/到$_3$"。

综上所述，现代汉语中后置介词"在/到"并未终止语法化，还处在继续虚化的过程中。金昌吉（1996：70）指出："虚化不仅可以发生在实词中，虚词内部也有继续虚化的可能。某些介词在共时平面上存在一个虚化序列：介词（未虚化）→中间状态→彻底虚化为词缀。""在/到"的语法化过程表现出了渐进虚化的特征，大致构成了一个语法化层级：在$_1$/到$_1$>在$_2$/到$_2$>在$_3$/到$_3$。

第二节　方向构式

现代汉语中后置介词"向"和"往"在"V+向/往+NP"构式中主要表示方向，语义上表现出渐进虚化的特征。

一　V+向+NP

（一）"向"的语义功能

介词"向"自魏晋产生以来，其语义功能不断发生变化。魏晋南北朝时期，主要表示动作的方向，其次介引动作行为的对象，再次介引动作发生的处所、时间以及终点。唐宋时期，其主要功能域发生变化，主要表示动作发生的处所、时间，其次表示动作行为的方向，再次表示动作行为的对象。另外，还有少量用于表示经由、来源或终点。

介词"向"发展至现代汉语，语义范域变窄，表示动作行为发生处所或时间的用法已经消失，主要保留两种用法：介引动作的对象和方向。

一是介引动作的对象，宾语是指人的名词或代词，只能前置。"向+对象"结构常位于三种语义的动词之前：言说类动词；给予或求取类动词；身体部位类动词。例如：

A. 言说对象

（20）a老者立起来，绕着圈儿向大家说："劳诸位哥儿们的驾啦!"（老舍《骆驼祥子》）

　　　b 便仰起脸来向我道，"想来你也无法可想。"（鲁迅《孤独者》）

　　　c 潘月亭红光满面，向这桌客人介绍陈白露。　（曹禺《日出》）

介词"向"常用于"言说"义动词前，如"说、道、喊、问、介绍、报告、解释、说明"等，引出言说对象。

　　B. 给予或索取对象

　　（21）a 大家以为他是向刘四爷献殷勤，狗事巴结人。（老舍《骆驼祥子》）

　　　b 当女皇向十名高僧赠送爵位和紫袈裟时，朝臣们知道女皇将领导一个佛先道后的时代。（苏童《才人武照》）

　　　c 阿 Q 便向他要了两个饼。（鲁迅《阿 Q 正传》）

介词"向"位于"给予/索取"义动词前，如"献、提供、传授；要、借、请教"等，引出给予或求取对象。

　　C. 动作对象

　　（22）a 陈白露抬起头，向他笑了笑。（曹禺《日出》）

　　　b 一些职员站起来向顾八奶奶点头、鞠躬。　（曹禺《北京人》）

　　　c 他只看见了护城河，与那可爱的水；水好象就在马路上流动呢，向他招手呢。（老舍《四世同堂》）

介词"向"前置于动作动词，特别是身体、姿态、面部表情等动作类动词，如"笑、哭、挤眼、招手、点（头）、弯腰"等，引出动作所向。

　　以上三种用法的"向+对象"皆前置，在"向+对象+VP"结构中，V 既可以是单音动词，也可以是复音动词，复音动词较为常见。"向+对象+VP"结构一般不能转换成"VP+向+对象"结构。例如：

（23）向大家说→＊说向大家

　　　　向这桌客人介绍→＊介绍向这桌客人

（24）向他要→＊要向他

　　　　向十名高僧赠送爵位和紫袈裟→＊赠送爵位和紫袈裟向十名高僧

（25）向他笑→＊笑向他

　　　　向顾八奶奶点头、鞠躬→＊点头、鞠躬向顾八奶奶

　　二是与名词组合，表示动作的方向。既可前置（向+NP+VP），也可后置（V+向+NP），方向是在行动前就已定下的目标，故以前置为常。有时可以后置，跟终点一样是位移最终抵达的处所。吕叔湘（1996：506）在《现代汉语八百词》中指出："'向……'用在动词后，限于'走、奔、冲、飞、流、飘、滚、转、倒、驶、通、划、指、射、杀、刺、投、引、推、偏'等少数单音节动词。"通过检索现代汉语相关语料，发现"V+向+NP"结构中 V 大都是单音节的，语义上主要包括位移动词和非位移动词。

　　A. 位移动词

　　后置的"向+NP"表示向着说话者或离开说话者的位移方向。

　　（26）a 大良的祖母走向前，指着说，"魏大人恭喜之后，我把正屋也租给他了。"（鲁迅《孤独者》）

　　　　　　b 他们开始向小船射击，小船摇摇晃晃爬向岸边。（余华《一个地主的死》）

　　　　　　c 王大妈母女跑向这边来，仍喊："招弟！招弟！你这个死丫头！"（老舍《柳树井》）

　　　　　　d 抬起桌上铁刀，奔向萍，鲁妈用力拉着他的衣襟。（曹禺《雷雨》）

　　例（26）中动词"走、爬、跑、奔"等是典型的位移动词，介词"向"引出动作主体位移的方向，位移方向 NP 可以是方位词、处所词、指代词或指人名词等。

"向"还可以引出受动者位移的方向。例如：

(27) a 马哲将目光投向窗外，他觉得有点累了。(余华《河边的错误》)

b 他们四个人抓住他的四肢，把他提出来扔向白雪。(余华《四月三日事件》)

c 大家放声大笑，互相厮打在一起，把酒杯全摔在墙上地上抛向空中。(王朔《一点正经没有》)

B. 非位移动词

有些动词自身没有位移性语义特征，但它含有潜在的方向性。例如：

(28) a 大赤包把指向烟灯的手收回来。(老舍《四世同堂》)

b 眼睛看向别处，丁小鲁叹了口气。(王朔《顽主》)

c 她的身体斜向右侧，风则将她的黑裙子吹向了左侧。(余华《夏季台风》)

(二) 语序比较

现代汉语中表方向的介词结构有两种语序："V+向+NP"结构；"向+NP+VP"结构。例如：

飞向空中→ 向空中飞
冲向南门→ 向南门冲
跑向河边→ 向河边跑
逃向岸边→ 向岸边逃

这两种句法结构有时可以变换，有时不能变换，影响转换的因素较为复杂，柯润兰（2003）、崔希亮（2004）等学者曾对此做过讨论，能否变换主要与变量 VP 和 NP 有关。

首先，VP 的结构和语义制约结构的变换。例如：

A 组	B 组
向后方撤退→ ＊撤退向后方	向后方退→ 退向后方
向后移动了好几步→ ＊移动了好几步向后	向一边移→ 移向一边
向前涌进→ ＊涌进向前	向这里涌→ 涌向这里
向南面追击→ ＊追击向南面	向南边追→ 追向南边

以上 A、B 两组对比显示出，VP 音节的数目影响了结构的变换，双音节动词限制了"向+NP"后移，单音节光杆动词则显得相对自由，这似乎与韵律有关系。

其次，VP 的语义也制约结构变换。例如：

C 组

向石头上踢→ ＊踢向石头上

向墙上贴→ ＊贴向墙上

向树上挂→ ＊挂向树上

向黑板上写→ ＊写向黑板上

C 组与 B 组虽然都是单音节动词，但 B 组都是位移动词，而 C 组是非位移动词，所以 C 组变换受到限制。

另外，NP 的语义也影响结构的转换。"V+向+NP"结构中 NP 一般是表示处所的方位词、地点名词、专有名词及人称代词等，而一些表示状态的动词或形容词性宾语则难以前移。例如：

(29) a 所以当她明知自己在走向毁灭时，却丝毫没有胆怯之感。（余华《难逃劫数》）→ ［＊向毁灭走］

　　　　b 一边奔向自由一边提心吊胆等着身后那声枪响，那枪始终没响。（王朔《我是你爸爸》）→ ［＊向自由奔］

综上所述，表示方向的两种语序并不存在普遍的自由变换关系，受到变量 VP 音节数量、VP 和 NP 的语义以及表达者的主观意图等方面的条件限制。

（三）"V 向"的词汇化

在"V+向+NP"结构中，V 都是单音动词，动词对"向"具有吸附性，"V·向"形成一个自然音步，成为一个韵律单位，在读音上相当于一个词，但这些"V·向"组合在结构和语义上并未凝固成词，可称作"韵律词"[①]。例如：

> 游向｜岸边　　→　　*游｜向岸边　　→　　向岸边游
>
> 退向｜门后　　→　　*退｜向门后　　→　　向门后退
>
> 驶向｜李红家　→　　*驶｜向李红家　→　　向李红家驶（去）

上例韵律词"游向、退向、驶向"还没有发展成为词汇词，"向"具有介引功能，还可前移至动词前。

随着"V$_单$·向"韵律词高频使用，"向"字附着度增强，部分"V向"逐渐发展成词，"向"成为词内成分。"V 向"后可带动态助词"了"，"向"后带抽象宾语等特征都说明"向"对动词的依附性增强，"向"表示的方向性减弱，"V 向"的词汇化程度越来越高。

1. 后带动态助词"了"

吕叔湘在《现代汉语八百词》中指出："位于动词之后的'向'在语音上附属于动词，以至于表示完成态的'了'字不能加在动词之后，只能加在介词之后。因此也可以把动词加介词整个地当作一个复合动词。"例如：

> （30）a 金三爷把头转向了外，不忍再看。（老舍《四世同堂》）
>
> 　　　b 她指示我的祖母往西走，而她自己则走向了东面。（余华《在细雨中呼喊》）
>
> 　　　c 人们嗡嗡地议论成一片，刷的一下把视线投向了那五。（邓友梅《那五》）

---

① 冯胜利（1996：161—176）、张谊生（2014）等学者都讨论过"韵律词"。张谊生（2014：53）韵律词是指读音上已经相当于一个词，结构上还未完全凝固，语义上也未完全融合的词，如现代汉语中"站在、来到、高于"是韵律词而"好在、感到、勇于"就是词汇词。

　　　d 天亮以后，康伟业如久困深山的大鹏，展翅飞向了广阔无垠的高深莫测的蓝天。（池莉《来来往往》）

　　例（30）中"V 向·了 NP"结构，动态助词"了"的嵌入导致线性结构发生重新分析，隔离了"向"对 NP 的介引作用，"向"前附于单音动词 V，这种具有前附倾向的介词"向"是"向₁"。

　　2. 带抽象宾语

　　在古汉语中，表示方向的"向"介引的宾语一般都是意义具体的处所宾语，以"走向"为例可见一斑。例如：

　　（31）a 余虏走向落川，复相屯结。（《后汉书·段颎传》）

　　　　　b 两步并作一步，走向狱中看去。（《敦煌变文集·燕子赋》）

　　　　　c 今公们读书，尽不曾落得那窠槽，只是走向外去思量，所以都说差去。（《朱子语类·卷一百二十一》）

　　（32）从此以后，将会一天胜过一天，摆脱阴晦，走向光明。（《剪灯新话·富贵发迹司志》）

　　例（31）中"落川、狱中、外"都是处所或方位名词，明代出现了谓词性的宾语，如例（32）形容词性宾语"光明"。

　　现代汉语中，"向"的宾语逐渐泛化，其中谓词性宾语也比较常见，宾语的方向意味弱化，仅表示状态变化的趋势。例如：

　　（33）a 这个季度殉夫的人太多了，使整个社会空气趋向悲观。（王小波《红拂夜奔》）

　　　　　b 她们的表情由震惊转向愠怒，渐而是无可奈何的沉默。（苏童《我的帝王生涯》）

　　　　　c 所以当她明知自己在走向毁灭时，却丝毫没有胆怯之感。（余华《难逃劫数》）

　　例（33）中"悲观、愠怒、毁灭"是形容词或动词性的宾语，表示一种状态变化的趋势，并无明显的方向性，"向"对单音动词 V 的依附性更强，不能移到动词 V 之前，"向"已经虚化为构词语素，这是"向₂"。

下面的例子进一步说明了"向"字失去了介引功能，已经语法化为构词语素。例如：

（34）a 我倒倾向于证明自己不无辜。（王小波《黄金时代》）

b 但是否立案尚在考虑之中，我们倾向于庭外调解。（王朔《我是你爸爸》）

c 所以，这气候逐渐趋向于暖和。（北京口语语料库）

d 北京的建设，城市建设，生态平衡，绿化啊，这方面我觉得，逐渐趋向于比较适合于生活、工作和学习。（北京口语语料库）

现代汉语中，有些"V 向"结构已经发展成为复合词，《现代汉语词典》（第 5 版）中已经收录"趋向、倾向、走向、转向、投向、朝向、流向、偏向"等词语。随着"V 向"结构高频使用，词汇化程度不断增强，"V 向"式的复合词也将逐渐增多。

综上所述，"V 向"结构中"向"的语义表现出逐渐虚化的过程，在典型方向介词"向"的基础上虚化发展出具有前附倾向的介词"向₁"，进一步虚化成构词语素"向₂"，形成了一个语法化层级：向>向₁>向₂。

二　V+往+NP

吕叔湘（1996：480）在《现代汉语八百词》中指出："'往'表示动作的方向，跟处所词语组合，用在动词后。动词限于'开、通、迁、送、寄、运、派、飞、逃'等少数几个。"侯学超（1998：565）概括了出现在"往"前的四类动词：出行动词（飞、驶……）；运、销动词（发、销……）；转移动词（寄、送……）；支使动词（派、押……）。结合上文分析，通过考察语料，发现"V+往+NP"结构中 V 大都是单音节动词，语义上大多是位移动词或非位移动词。例如：

（35）a 火车在北京前门东车站停着，即将开往沈阳。（老舍《火车上的威风》）→［往沈阳开］

　　　b 在他们实在没有法子维持生活的时候，才把子弟们送往城里去拉洋车。（老舍《四世同堂》）→［往城里送］

　　　c 蜜渍后，留下一只，将另一只寄往南京。（王小波《2015》）→［往南京寄］

　　　d 第一场秋雨下过，我飞往南方。（王朔《浮出海面》）→［往南方飞］

"往+NP"后置于位移动词，"往"引出位移的方向或目的地，这是典型的介词用法"往₂"，唐代时期已经产生。"往+NP"一般可以移至动词前作状语，句子意义基本不变。

（36）a 中国足球志愿服务项目启动，专业教练将派往基层。→［往基层派］

　　　b 我始终神智清醒，看着人们惊慌地跑来，七手八脚地把我抬往急救室。→［往急救室抬］

　　　c 将工程用的沙石水泥一背篓一背篓地背往山上。→［往山上背］

　　　d 孩子被抱往诊所。→［往诊所抱］

例（36）中动词"派、抬、背、抱"等位移特征不明显，近似于非位移动词。

（一）语序比较

"往"介引动作的方向，以前置为常，形成"往+NP+VP"结构。例如：

（37）a 一群大雁往南飞，一会儿排成个"人"字，一会儿排成个"一"字。（《秋天到了》）

　　　b 那个人口中连连的吸气，往杯中倒酒。（老舍《四世同堂》）

c丁四被赵老的怒吼声震住，低头不语，往屋门口走。(老舍《龙须沟》)

例（37）中"往+NP"前置，宾语NP主要是表示方位、处所的词或短语，如"南、杯中、屋门口"等，表示动作的方向。

有时，"往+NP+VP"结构可以有条件的转换为"V+往+NP"结构。例如：

A 组	B 组
往北京飞→ 飞往北京	往墙上贴→ *贴往墙上
往上海逃→ 逃往上海	往脸上抹→ *抹往脸上
往学校送→ 送往学校	往床底下藏→ *藏往床底下
往全国各地运→ 运往全国各地	往野地里埋→ *埋往野地里

"往+NP"语序受动词V的语义条件限制。A组的动词V是位移动词，前后变换相对自由，B组V是非位移动词，本身不蕴含方向或终点，所以变换受到制约。另外，也跟"往"的源义有关，"往"的源义为"到某地去"，是位移动词，当虚化为方向介词后，造成位移义的缺失，这就需要位移动词来弥补。

"往+NP"语序受到动词V音节数目的影响。"往+NP+VP"中VP可以是复音节，而"V+往+NP"中的V仅为单音节动词。例如：

往东北转移→ *转移往东北
往后方撤退→ *撤退往后方
往城内迁移→ *迁移往城内

"往+NP"语序受到宾语NP语义的制约。"往"虚化以前是位移动词，表示"到某地去"之义，蕴含有方向、终点之义，源义决定了"往"虚化为介词后，兼表方向和终点。NP一般为地点名词，仅表示方向的方位词较少出现在"V+往+NP"结构中。例如：

A 组	B 组
往前走→ ＊走往前	送往学校→ 送到学校
往外逃→ ＊逃往外	迁往南京→ 迁到南京
往北飞→ ？飞往北	发往武汉→ 发到武汉

A 组的 NP 仅表方向，前置较为自由，后置时无法凸显明确的目标和终点，所以变换不太自由，同时也受到韵律的限制。B 组位移动词蕴含了方向和终点，随着位移动作的完成或实现，自然到达终点。

（二）"往"的虚实两重性

"往"在唐代已经产生了介词用法。储泽祥（2005：65—66）指出："现代汉语里的'V 往+O'，'往'是虚实两重性的：有时候是介词，有时候是动词性的成分。"并同时认为，"前边的 V 是'派、带、捎、押、领、抱、抬、背、摇'等位移不明显的动词时，'往'是动词性成分，表示位移。"这种观察细致而敏锐，这些动词自身并无明显的位移动作，但"V 往+O"结构整体上又具有位移性，似乎是"往"表达了位移意义，V 只是位移时的伴随特征，这说明"往"并未完全虚化，仍然还保留着动词的意味。

现代汉语"V+往+NP"中的"往"确实具有虚实两重性，但对非位移动词后"往"的性质的认识，我们有不同的看法。"往"虽然有源义的滞留，但也具有一定的介引功能，引出动作行为的目的或方向，如例（31）非位移动词用例中的"往+NP"可以前置，表示动作的方向，"往"字具有介引作用。这说明现代汉语中的"往"字虚化程度还不高，属中间状态的"往₁"。由此可见，现代汉语中存在两个虚化程度不一的后置"往"：往₁（动介词）和往₂（介词）。

另外，由于"V+往+NP"中的 V 大都是单音节的，所以"V·往"容易形成韵律词，"往"具有前附的倾向性。现代汉语中出现了一些"V 往了+NP"表达，在北大语料库 CCL 中检得多例。例如：

（38）a 蒋介石最终逃往了海岛一隅。

　　　b 一封交蒋介石亲自审阅的绝密电文便自拉萨发往了重庆曾家岩侍从室。

　　c 当天，车队前三批装完货物便星夜兼程地送往了北京。

　　d 将自己与萧红两人的一张合影、萧红的小说复写稿和一本《跋涉》按鲁迅信嘱挂号寄往了上海。

　　随着"V 往"使用频率的增高，"往"的附着性增强，"V 往"的词汇化程度也将逐渐增强。

　　综上所述，"向"和"往"虽然都属表方向的介词，但二者在语义或功能上也存在一些差异。"向/往+NP+VP"与"V+向/往+NP"可以进行有条件的转换，语序变换受到 V、NP 在语音、结构及语义等方面的限制。在"V+向/往+NP"结构中，"向"主要表示位移的方向，"往"主要表示方向兼终点。V 一般是单音节动词，"V 向/往"易于形成韵律词，"向/往"具有一定的前附倾向。共时层面的"向/往"语义虚化程度不一，表现出渐进虚化的特征。

第三节　其他构式

　　现代汉语"动+介+宾"结构，除了表达"终点"和"方向"语义以外，还有少量表达"起点"或"存在"的语义，这是从古代汉语继承发展下来的语义表达模式。

一　起点构式

　　东汉以后，介词"从"逐渐替代介词"自"，这个时间过程比较漫长。介词"从"成为介引起点的主要介词，表示起点的介词结构都前置。现代汉语中还仍遗留有介引起点的介词"自"和"于"，具有文言色彩。例如：

　　（39）a 白猫笑声未止，一只大仙鹤自天上掉下来，正砸在猫身上！（老舍《宝船》）

　　　　b 不知自何日始，北京一夜之间变成了个汽车城。（陈建功《皇城根》）

"自"字结构前置，表示处所、时间的起点，用例较少，常见介词"从"前置介引时间、处所的起点。

"V 自"结构中的"自"后附性较强，已经发生词汇化，虚化成了词内成分。例如：

（40）a 她来自田间，心直口快，待曾家的子女有如自己的骨肉。（曹禺《北京人》）

　　　b 豹形美玉大凡都出自京城王宫，恐怕是公子从宫中偷来的吧？（苏童《我的帝王生涯》）

　　　c 这句话要你发自内心，别人教的就不好了。（王小波《寻找无双》）

　　　d 曲园先生日记两册，手写本，起自清同治六年丁卯迄光绪二年丙子，首尾完整。（俞平伯《春在堂日记记概》）

（41）a 祸事之起，起于芝麻洲大马路二十一弄五十二号。（老舍《火车集》）

　　　b 这感慨其实源于小姐的绣楼和那气派的深宅大院。（余华《古典爱情》）

　　　c 一个古老的词汇，发源于中世纪的欧洲。（毕淑敏《预约死亡》）

　　　d 比较具体的记载，实起始于唐初，发展于两宋，来源则出于汉代燃灯祀太乙。（沈从文《灯节的灯》）

上例中"V+自/于+NP"中"自/于"引出时间、处所起点，V 一般是位移动词"来、出、发"等，或源起动词"源、起、始、摘、引、选、取、起源、来源、发源"等。随着"自/于"进一步语法化，语义虚化，功能弱化，逐渐失去独立性，倾向于前附，成为构词语素。唐宋时期，表示起始义的"来自、起自、始自、发自"等已经词汇化。现代汉语中继续沿用这些"自"字动词，且比较常见。例如：

（42）a 因为来自乡间，他敢挨近牲口们。（老舍《骆驼祥子》）

　　　b 既漫长又匆匆，不知来自于哪里，又不知归结于哪里。

（池莉《来来往往》）

（43）a 这句话要你<u>发自</u>内心，别人教的就不好了。（王小波《寻找无双》）

　　　b 我从他的忏悔中看不出任何一点虚伪，那种可信的真诚<u>发自于</u>他的心灵。（路远《白罂粟》）

（44）a 只要<u>出自</u>常二爷之口，就是七神丸也一样能治病的。（老舍《四世同堂》）

　　　b 他们有足够的时间追根寻源，其结果是发现一切传言都<u>出自于</u>我家。（余华《在细雨中呼喊》）

（45）a 种种<u>源自</u>财政厅的消息，在外面打了一个转，就丰富多了。（王跃文《国画》）

　　　b 欧洲到十七世纪才开始炼锌，其工艺也是<u>源自于</u>中国。（阴法鲁《中国古代文化史》）

从上例对比中可见，"自"已经前附成为词内成分，动词"来自、发自、出自、源自"等具有整体性，介词后一般不能再出现另一个介词短语。上例中的"于"又可省略，这也表明表示起始义的古老介词"于"已经高度虚化。

二　存在构式

现代汉语中介词"于"和"在"后置，形成"V＋于/在＋NP$_L$"构式，可以表示人或事物存在的处所。

介词"于"后置于静态动词，可表人或事物存在的处所，多用于书面语中，属于古汉语的遗留用法。例如：

（46）a 文明元年七月一颗不祥的彗星高挂<u>于西北天空</u>。（苏童《才人武照》）

　　　b 在梦里他是一棵树，容颜<u>藏于摇曳不定的茂密枝叶中</u>。（王朔《许爷》）

　　　c 白铁市的黄泥路面升起一片泥腥味的尘雾，<u>堆放于露天</u>

的铁器农具上响起细碎的雨声。（苏童《我的帝王生涯》）

对于"V+在+NP"存在构式，学者们过去讨论较多，如戴浩一（1975：154）认为该构式表示"动作参与者受动作影响后所居的处所"，朱德熙（1981：8）表示"人或事物所在的位置"，范继淹（1982：83）、张国宪（2010：483）等都曾讨论过，不再赘述。纵观过去的研究，对该构式的语义比较一致的看法是："V+在+NP"构式表示人或事物存在的处所，或动作结束后状态呈现的处所。例如：

（47）a 她闭着眼睛，躺在沙发上，恐惧、痛苦、紧张，使她精疲力竭。（曹禺《日出》）

　　　 b 东山感到露珠也许不会匆忙取走她的躯壳，也许会永久地寄存在他这里。（余华《难逃劫数》）

（48）a 七巧待要出去，又把背心贴在门上。　（张爱玲《金锁记》）

　　　 b 火车终于停靠在了桦树县站台上。　（陆天明《大雪无痕》）

上例中动词"躺、寄存"等是静态的状态动词，"在"引出人或物存在的处所，"贴、停靠"后的"在"字结构表示状态呈现的处所，也是动作结束后事物存在的位置。

第四节　"于"的语法化层级

一　介词"于"

"于"发展到现代汉语还保留了古汉语中的部分用法，表示动作行为发生的时间、处所及对象等。例如：

（49）a 曾于二十年前在华山脚下与阮进武高歌比剑。（余华

《鲜血梅花》）

　　　　b 于就寝之前，自己照了照镜子，摸了摸眉间的皱纹，觉得舒展开了。（老舍《老张的哲学》）

　　（50）a 鸣鸠多藏于深树间。（汪曾祺《天山行色》）

　　　　b 一个人像云朵一样升起来，像云朵一样行走于棕绳之上。（苏童《我的帝王生涯》）

　　（51）a 写几张字，画几幅花卉，然后贴在墙上，卖于过往路人。（余华《古典爱情》）

　　　　b 我看你勤学好问，有出息，才把我的爱女许配于你。（老舍《秦氏三兄弟》）

　　（52）a 一出戏的情节，往往决定于作者的思路与当时人民的愿望。（老舍《荷珠配》）

　　　　b 特别是在北伐成功，政府迁到南京以后，北平几乎房多于人了。（老舍《四世同堂》）

　　上例中"于"字继承古汉语用法，分别介引动作行为发生的时间、处所及对象，分别相当于现代汉语介词"在、给、被、比"等，这是介词"于₁"。

二　虚化为构词语素

（一）"V/A单+于"结构

　　（53）a 我只好放弃承包那个社队办的濒于倒闭的服装厂。（王朔《浮出海面》）

　　　　b 鉴于你对情杀有着古怪的如痴如醉，我尊重你所以也同意那是情杀。（余华《偶然事件》）

　　　　c 基于这种心理，所以我根本不打扮，经常不理发，不刮脸。（王小波《我的阴阳两界》）

　　（54）a 因为勤于奔走的缘故，他已摸清了一点政局的来龙去脉。（老舍《四世同堂》）

　　b 勇于承认自己狗屁不懂，这就是现在年轻人的潇洒。（池莉《太阳出世》）

　　c 我崇拜局长，忠于局长，只求局长不嫌我愚笨，老有我这碗饭吃！（老舍《残雾》）

　　例（53）中"濒、鉴、基"为动素或名素，例（54）中的"勤、勇、忠"为形素，都不能独立成词，"于"已失去了介引作用，紧附于前面的词素，且不能省略，成为构词虚语素"于₂"。古汉语中已经形成了一些"于"字合成词，如第四章第三节讨论的"归于、属于、难于"等词语，现代汉语中出现增多的趋势，《现代汉语词典》（增订 5 版）中已经收录了"濒于、鉴于、基于、限于、居于、惯于、勇于、忠于、忙于、急于、便于"等 30 多个"于"字合成词。

　　（二）"V/A双+于"结构

　　金鐘讚（2004：36）将"双音形式+于"分为三种不同的类型：①0+（0+于）或0+（0 于）；②0+0+于；③00+于。他将这三种不同类型的"于"字结构一律视为整体作述语，我们不太同意这种处理方法，不同结构中"于"的性质应该稍有差异。

　　1）A+（B 于）

　　（55）凡不可挽回的东西，都不属于人，属于上帝。（王小波《我的阴阳两界》）

　　（56）a 八毛钱买的眼镜，价值不限于八毛。（老舍《赶集》）

　　b 女人是喜欢被屈服的，但是那只限于某种范围内。（张爱玲《倾城之恋》）

　　（57）a 她又不屑于学习那谄媚阿谀的妾妇之道来换取婆婆的欢心。（曹禺《北京人》）

　　b 谁屑于跟她捣乱呢！（老舍《二马》）

　　上例中的"B 于"已经词汇化，"于"字虚化为词内成分，是构词虚语素"于₂"。

2）A+B+于

（58）a 有了女售货员，就可以匀出男的去搞工业什么的，有利于社会主义建设。（老舍《女店员》）

这样治学便是白费了自己的工夫，而且有害于学问的进展。（老舍《文学概论讲义》）

b 若无助于解脱时，试从黑处去搜寻，或者还会有些不同的景象。（沈从文《绿魇》）

天一阁的藏书还有待于整理。　　（余秋雨《风雨天一阁》）

例（58）中的"B 于"不能组配成词，"于"的性质似乎不太统一，例（58）a 中"于"还有一定的介引作用，而例（58）b 中"于"字则失去了引介功能。例（58）a 中的"于"字结构可前置做状语，如"有利于社会主义建设→于（对）社会主义建设有利""有害于学问的进展→于（对）学问的进展有害"，而例（58）b 不能变换。整体来看，"于"字具有了前附的倾向性，口语中语音停顿在"于"字之后，随着"有利于、有害于、有待于、无助于"等三音节"A+B+于"结构使用频率的提高，结构的整体性不断增强，"于"的介引功能减弱（金鐘讚，2004：35—38）。这种用法的"于"也归为"于₂"。

3）AB+于

（59）a 他竟把他住宅隔壁新盖的那一所施舍于我。（张爱玲《连环套》）

b 这个事件是发生在今年年初的二月，结束于三月。（谬西《诱惑鸟》）

c 但她处于儿媳妇地位，暂时不敢入座，而是奔跑于厨房和餐桌之间，端菜上汤。（陈建功《皇城根》）

d 我看见他在萧瑟的秋风中徘徊于炼丹炉前，俯身拾取着地上的残薪余灰。（苏童《我的帝王生涯》）

例（59）中的"AB"都是合成词"施舍、结束、奔跑、徘徊"，"于"相当于"给、在"，引出动作的对象、时间及处所，有时"于"字结构也可以前置做状语，"于"不能省略，这是介词"于₁"。

（60）a 这种疏远和隔膜最初来自于那场大火。（余华《在细雨中呼喊》）

b 他们有足够的时间追根寻源，其结果是发现一切传言都出自于我家。（余华《在细雨中呼喊》）

c 他的脚步很轻，近乎于蹑手蹑脚。（王朔《我是你爸爸》）

d 但是否立案尚在考虑之中，我们倾向于庭外调解。（王朔《我是你爸爸》）

例（60）的"动+介+于"结构已经发生重新分析，成为［［动·介］+于］结构，"来自、出自"等都已词汇化，"于"似乎是羡余成分，可以省略不影响意义。由第四章第三节介词"于"发展演变的历程可知，"于"在历时发展过程中，由于不断地语法化而造成功能和意义的磨损，发展到现代汉语有的"于"字因损耗而失去了作用。正如刘丹青（2001：72）所言："一个实词一旦开始语法化，那么它就踏上了语义虚化、句法泛化、语用淡化、语音弱化的不归路，由不足语法化（保留部分实义的半虚化）、到充分语法化，到过度语法化，直到表意功能趋向于零、句法功能似有似无、语音形式走向消失。"

三　虚化为零形式

有些双音节动词后的"于"可以脱落，不改变意义表达，"于"字已经零形化。例如：

（61）a 有的人或者窘自答理她，也不同情于他们。（老舍《樱海集》）

b 这我倒挺同情他，我知道他不是。（王朔《浮出海面》）

（62）a 留老爹爹在此，我要好好地劝导于他，改了他的老脾气！

（老舍《荷珠配》）

　　　　b 要不是工人们劝导我呀，我得一辈子老作他的狗腿子！
（老舍《春华秋实》）

　　（63）a 不仅谈不上服务于他们，还要用法律来制裁他们。（陆天
明《大雪无痕》）

　　　　b 抗战后，逃出家庭，服务军队。（老舍《大地龙蛇》）

　　（64）a 把他们的聪明与努力都换个方向，用到造福于人类的事
情上去。（老舍《四世同堂》）

　　　　b 谁能控制一座火山的爆发使其造福人类譬如取暖烧饭什
么的？（王朔《我是你爸爸》）

　　例（61）a、例（62）a、例（63）a、例（64）a 句中"于"在功能
上已经失去了作用，"于"成为羡余成分，例（61）b、例（62）b、例
（63）b、例（64）b 句中的"于"字已经脱落，成为零形式。动词"同
情、劝导"等本身是及物动词，可以直接带宾语，由于表达的经济和韵
律的约束，这种羡余的"于"字会脱落，成为零形式，这是"于$_3$"。

　　综上所述，在现代汉语共时层面，"于"字表现出语法化的不同程度，
形成了一个虚化层级：介词（于$_1$）→构词语素（于$_2$）→零形式（于$_3$）。
这种虚化过程正反映出语法化的连续性和渐进性，Kurylowciz（1965/1975：
52）认为语法化的实质是由实词虚化为虚词（lexical>grammatical），由较少
语法化到更多语法化（less grammatical>more grammatical）[1]。Givón（1979：
208—209）进一步认为语法化会随着词汇化、形态化和语音销蚀，一路
虚化，直至归零，形成一个循环波（cyclic wave）：Discourse>Syntax>mor-
phology>morphophonemics>Zero[2]，并认为斜坡的末尾两个阶段（morpho-
phonemics>Zero）主要通过语音的磨损来实现的。印欧语形态丰富，语法
化发展到最后阶段，许多虚化成分往往成为形态音位成分，在口语中可能
弱化脱落成为零形式（Zero），如：（let）us>let's［lɛts］>lets［lɛs］>s
［s］（Hopper & Traugott 1993：10—12）。由松散的话语成分（let us）发

---

① 引自 Lyle Campbell, Reichard Janda Introduction：conceptions of grammaticalization and their problems. Language Sciences 23（2001）：93—112.

② 一般汉译为：话语成分>句法成分>构词成分>形态音位成分>零形式。

展成为紧凑的句法成分（let's），进而成为构词成分（s），口语中的［ts］减缩成了［s］，由（lets）发展到（s），（let）成了零形式。

但是，汉语缺乏形态变化，零形式不一定是语法化的最后归宿。何洪峰（2011：48—55）讨论了动词"去"的语法化过程，动词"去"向处所介词语法化过程中出现了终止与回归现象，这说明，"汉语中有些动词并未沿着语法化'斜坡'虚化到底，有的止步于某个阶段；有的终止语法化，退出介词，回归动词，如：'捉、投、持、去'等都曾语法化为介词，但都没有保持或继续语法化，而是回归动词，且沿用至今。"汉语中后置介词进一步虚化不一定导致零形化，真正走上零形化道路的只是少数。张谊生（2010：136）分析了"V/A 于"中"于"的性质，认为不同结构中的"于"字分别位于"介词→后附缀→零形式"连续统的某一阶段。林焘（1962）、郭熙（1986）、江蓝生（1999）等学者曾讨论过口语"V 在/到"结构中"在/到（de）"的轻音化现象，这种轻读的（de）也容易弱化脱落，成为零形式。我们认为汉语中即使存在"零形式"，也不完全等同于印欧语的"零形式"，如"在/到、于"还保留有一定的隐性语迹，并不是毫无意义和作用的形式。何洪峰（2014：44—45）通过分析汉语次生介词的生成过程，认为："汉语实词性词语虚化成原生介词后，少数进一步虚化成词缀，有的则成为构词语素，构成复合介词。"这说明汉语中大多数介词的语法化并没有虚化到底，直至达到零形式（Zero）。

第五节 现代汉语中的介词"以"

后置介词"以"在现代汉语中，主要有两种存在形式：一种形式是作为构词语素，出现在双音节词中，如"所以、以为、可以，加以、给以、予以"等，正如前文第四章第三节所讨论的那样，现代汉语动词后的"以"字大多已经词汇化，存在大量"V 以"式的复合词，过去学者讨论较多，在此不再赘述；另一种形式是作为独立的虚词使用，吕叔湘（1996）《现代汉语八百词》中对"以"字归纳为三种用法：①动词①，

---

① 吕叔湘（1996：538）《现代汉语八百词》："以合成橡胶代替天然橡胶/以一当十。"例中的"以"字似可看作介词，"以合成橡胶、以一"都不具有独立性。

相当于"用、拿"。②介词：a）表示凭借：用、拿。b）表示方式：按照，根据。c）表示原因：因为，由于。③连词，表示目的。介词"以"在历时发展过程中功能逐渐萎缩（见第四章第四节），使用频次减少，现代汉语中还遗留"以"字的部分介词用法。例如：

（65）a 大妈以手揉布，看布质好坏；娘子看裤子的长短；四嫂看针线细不细。(老舍《茶馆》)

b 军人以炮火打瘫了一座城，新民会赶紧过来轻轻的给上一点止痛的药。(老舍《四世同堂》)

（66）a 古有明训，那可得彼此以兄弟相待，想骑在我们的脖子上的不是兄弟，是仇敌，对不对？(老舍《神拳》)

b 这一天，是大家以笑脸相迎，而后脸上带着酒意，热烈的握手，说"明天见"的日子。(老舍《四世同堂》)

（67）a 蓝先生的面貌并不俊俏，可是风流大雅，王德自然不是以貌取人的。(老舍《老张的哲学》)

b 他以几十年的经验知道自己的表情与身段是怎样的玲珑可喜。(老舍《蛤藻集》)

（68）a 藤椅已不见，代以小凳与条凳。(老舍《茶馆》)

b 青岛市郊，面碧海星岛，茅亭一间，环以花木，立真兄弟之小园也。(老舍《大地龙蛇》)

"以"字结构前置，分别表示工具（例（65））、方式（例（66）），相当于介词"用"。例（67）表示依凭，根据或凭借。现代汉语中还遗留少量后置用法（例（68）），属于仿古用法，具有文言色彩。

"用"成为表示工具或方式的最常用介词，"以"已成为文言遗留用法。罗杰瑞（1995：116）认为："古汉语中表示工具的介词是'以'，后来则用'用'。"赵元任（1968：380）也指出："文言里相当于'用'、'拿'的是'以'，但通常得跟其他字连用，比如'所以'、'以为'，单独用时只见于几个常用的文言成语，比方'以退为进'。"亦即介词"以"在现代汉语中已经不能独立使用，表工具或方式常用介词"用"或"拿"。实际上，"以"字在现代汉语中并非全部都不能独立运用，如例

（65）—例（68）。"以"字独立使用时具有文言色彩，它与"用"的选择似乎也存在一定的倾向性。孙德金（2012：172）通过考察北大语料库CCL中的"以""用"与名词搭配情况发现，"人们在用介词表达工具义时，具体的工具多选择介词'用'，抽象的工具多选择介词'以'。"

　　为了进一步弄清工具介词"以"和"用"的区别及发展走向，本书重点统计了"操作语体"① 中"用、以"的使用情况（详见表5-1）。操作语体是讨论方式介词最典型的语料，由于操作语体主要告诉人们一个事件"如何做"，所以状语多是表示"工具、方式"等成分，陶红印（2007：10—11）指出"Longacre（1983）提出操作语体的状语成分多表达时间、状态和原因。其实更常见的还有工具、地点、方式、数量等成分。"例如：

　　（69）a用海竿钓鲤鱼时，首先要根据拉力线的强度，把绕线轮上的拽力头调到最适宜的松紧度。（《钓鱼技艺》）

　　　　b用铁锅热炒，待石膏粉面在锅中不冒泡，没有水汽蒸发，并且粉面色泽由白变灰黄色时即成。（《持家小秘诀》）

　　　　c大鱼用"持久战"将鱼的体力消耗殆尽；小鱼用"速决战"将鱼直提上岸。（《钓鱼技艺》）

　　操作语体中介引工具或方式的基本都是介词"用"，且宾语多是具体名词，如例（69）的"海竿、铁锅"等，少量抽象名词表示方式，如"持久战、速决战"。较少使用"以"介引工具，在所选的11种，75篇操作文本中仅有13例。例如：

　　（70）a金鱼由冬水转入温暖的清水中，以新水刺激鱼体，促进代谢。（《观赏鱼的饲养》）

　　　　b可以用棕色系统之类比肌肤略暗的颜色，以手指尖轻轻

---

① 操作语体指的是用书面语或口语指导用户（读者/听者）完成某个具体任务的语言形式（Farkas，1999）。例如菜谱是指导读者做菜的，美容产品的说明书是指导消费者正确使用美容商品的，而电脑用户手册是指导用户正确操作电脑的。（引自陶红印《操作语体中动词论元结构的实现及语用原则》，《中国语文》2007年第1期。）

拍入，脸部也用同样粉底。(《生活百科诀窍》)

表 5-1　　　　　　工具介词"用"和"以"的使用频次对比

操作语体①		文艺语体②	
用	以③	用	以
400	13	535	41
97%	3%	93%	7%

对比数据可知，人们在使用介词表达工具义时，基本使用介词"用"，"以"字使用较少。概言之，现代汉语中"以"字介引工具的功能已经退化，基本被"用"字取代了。

第六节　后置介词的发展趋势

一　附缀

附缀（clitic）一词最初是针对形态丰富的印欧语提出的概念，关于

---

① 操作语体语料：(1) 刘铭昌：《钓鱼技艺》，金盾出版社 2000 年 12 月第 2 版，第 68—106 页；

(2) 雷毓华：《持家小秘诀》，农村读物出版社 1990 年 3 月第 1 版，第 28—34 页；

(3) 戴治平、葛莉萍：《生活小窍门 1400 例》，金盾出版社 1991 年 8 月第 1 版，第 57—63 页、第 124—132 页、第 197—202 页；

(4) 左剑强、宋晓玲：《生活百科诀窍》，延边大学出版社 1990 年 8 月第 1 版，第 56—62 页、第 130—135 页；

(5) 河川、滏鑫：《小家庭的情趣》，学苑出版社 1990 年 9 月第 1 版，第 69—72 页、第 103—110 页；

(6) 李志孺：《现代家庭生活指南》，中国林业出版社 1990 年 5 月第 1 版，第 373—379 页；

(7) 王占海、王金山：《观赏鱼的饲养》，上海书店出版社 1993 年 7 月第 1 版，第 53—60 页。

② 文艺语体语料：曹禺：《北京人》《日出》《雷雨》；老舍：《四世同堂》《骆驼祥子》。

③ 仅统计单独使用的介词"以"的频次，不包含已经词汇化的"所以、以为、可以"等以及一些固定结构中的"以"。

"附缀"概念的解释较多，《现代语言学词典》（第四版）沈家煊译（2000：60—61）将 clitic（-ize，-ization）释为附着形式，"指一个形式像一个词，但不能单独成为一个正常话段，而是在结构上依附于构式中相邻的词。（'clitic'源自希腊语，意指'依靠'。）英语 be'是'的缩约形式如 I'm'我是'和 he's'他是'……这种附着词可以分为前附词（pro-clitics）（依附于后一个词，如冠词）和后附词（enclitics）（依附于前一个词）。"刘丹青（2008：547）将"附缀"解释为："失去语音独立性、必须依附于一个独立的词，但句法上仍有词的地位（而非词内语素）的词，又称'语缀''附着词''词组尾'等。"从以上解释可知，附缀既具有依附性，又具有一定的独立性，它的地位介于独立词（包括虚词）和词缀之间，是独立词语法化为词缀的中间环节，Hopper 和 Traugott（1993：7）也提出，"虚词>附缀>屈折词缀"的语法化斜坡，附缀化反映出语法化的中间过渡状态。

处于中间环节的附缀涉及跟词缀、独立词的划界问题。Zwicky 和 Pullum（1983：503—504）提出了 6 条区分附缀与词缀的标准，Zwicky（1985：283—305）又对附缀与独立词进行了辨别。刘丹青（2008）列举了附缀与词缀、独立词之间的区分标准（详见《语法调查研究手册》第549—550 页）。从这些标准中可以概括出附缀的一些主要特点：①附缀具有依附性，可以依附于词，也可以依附于短语；②附缀在句法上具有词的地位，也即还没有完全虚化为词内成分；③附缀位置相对固定，分布受限；④附缀难以接受句法操作，如"被替换、被删除、移位"等；⑤附缀与宿主的组合在韵律上构成一个词的单位（语音词或韵律词）；⑥附缀自身也存在弱化及虚化程度的差异。简而言之，附缀是指在句法上具有词的地位，在韵律上失去独立性而依附在另一音节上的单位。在现代汉语中，部分动词后的介词性成分在语法化过程中表现出了附缀化的倾向。

二 后置介词的附缀化倾向

语法化理论的一个重要原则就是语法化的单向性，由实变虚，由虚变得更加虚化。Hopper 和 Traugott（1993：7）将此语法化过程描述成一个语法化斜坡（cline）：Content item>grammtical word>clitic>inflectional affix

（实义词＞语法词＞附缀＞屈折词缀）。这表明语法化进程是一个由低到高的
"连续统"（continuum）。这一语法化过程可以划分为两个阶段：①实义
词＞语法词；②语法词＞附缀＞屈折词缀。语法化不仅仅表现为实词虚化为
虚词，也表现为由较低语法化形式发展为更高语法化的形式。Kurylowicz
（1975：38），Heine 和 kuteva（2007：32）将语法化的渐进过程描述为：
lexical＞grammatical or less grammatical＞more grammatical。在形态丰富的语
言里，第二阶段虚词继续语法化可能经历"形态化"
（morphologization）的过程，进一步演变成屈折词缀（inflectional affix）。
但在汉语中，后置介词并未发展成为屈折词缀，而是表现出复杂的性质，
有的介词出现了附缀化倾向，有的进一步演变成构词虚语素。

　　在现代汉语中，许多正处于虚化过程中的后置介词，由于自身意义比
较虚化，本来就具有向结构核心 V 前附的可能性，如果频繁地紧跟在谓
词后面，特别是单音节动词后面，很容易受到重音指派规则的限制（冯
胜利，2000：42—58），被前面的谓词所吸引，从而形成临时的韵律词，
造成句法结构和韵律构造的错配。这些倾向前附的介词虽然已有了虚化的
趋势，但在语义和句法上又还具有一定的独立性，所以在实际使用中就出
现了许多中间状态，如下图所示。

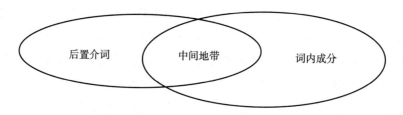

　　这种处于"中间地带"的成分就是"附缀"，吴福祥（2005：24—
25）指出："在汉语中，一个语法词或附着词不是进一步演变成一个屈折
词缀，而通常是跟毗邻的词项融合成一个新的词汇项，原来的语法词或附
着词成为新词汇项的一个词内语素。"也即汉语的语法词或附着词进一步
演变就可能发生词汇化。据此，汉语中的语法化链可以描述为：实义词＞
语法词＞附缀＞构词语素。汉语后置介词的发展可能经历"后置介词＞附
缀＞构词语素"的发展历程（见下页图）。

　　根据第五章第一节至第五节的讨论，现代汉语"V+P+NP"语义模式

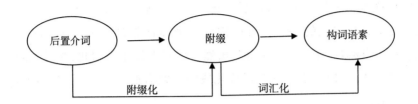

中的介词"在、到、至、给、向、往、自、于"等虚化程度各不相同，呈现出语法化的不同层级。有的已经虚化为构词语素，如"在$_3$/到$_3$、向$_2$、自、以"等；有的甚至虚化为零形式，如"于$_3$"；还有的处于虚化过程中，如"于$_2$、在$_2$/到$_2$、向$_1$、往$_1$"等，这些处于虚化过程中的后置介词表现出附缀化的特点：在语音上，一般不重读，出现轻化或弱化的倾向，容易和 V$_单$ 构成韵律词；句法结构上，倾向于前附，粘着度增强，"V·P"的整体性较强，动态助词"了"只能在介词之后。

第七节　小结

现代汉语中能够出现在"动+介+宾"构式中的后置介词主要有"在、到、给、向、往、自、于、以"等 8 个。在语义上，后置介词结构一般表示动作行为或事件的运动"终点"，部分表示动作行为的"方向"或"存在"。

"动+介+宾"构式中的后置介词正处于继续虚化的过程中，表现出了复杂的语义特征和语法属性。共时平面上呈现出语法化的层级性，既有典型的介词用法，也存在非范畴化的现象，呈现出虚化的序列：介词→中间状态→构词语素。

后置介词向构词语素发展的过程中大多经历了附缀化的阶段。这些附缀在语音上，一般不重读，出现轻化或弱化的趋势，容易和 V$_单$ 构成韵律词；句法结构上，倾向于前附，粘着度增强，"V·P"整体性较强；语义表现上，介引功能弱化，语义进一步虚化。有的后置介词已经虚化为构词语素，如"在$_3$/到$_3$、向$_2$、自、以"等；有的进一步虚化为零形式，如"于$_3$"。在汉语中，后置介词虚化为附着词以后，会跟毗邻的词项融合成一个新的词汇项，进而成为新词的一个构词语素。现代汉语后置介词的虚化走向大致概括为：后置介词→附缀→构词语素。

　　从整体上来看，现代汉语后置介词进一步虚化并非均质的，在语义虚实程度上具有较大的差异，可以构成一个虚化等级序列：往、向、给>到、在、自>以、于。"往、给"虽然在语音上发生附缀化，但仍然具有虚实两重性。"以、于"大多已虚化成构词虚语素，"于"字继续虚化成为零形式。

第六章 后置介词结构语序
演变的类型学观照

　　语序类型学者认为介词和介词结构具有重要的类型学意义，介词结构的语序是判断语序类型的重要参数。介词结构的语序从古至今发生了历史性的移位，在不同的历史阶段，介词结构的语序表现出不同的类型学特征。介词结构的语序既表现出与 SVO 型语言相和谐的特征，也出现过与 SOV 型语言相和谐的配对。本章将简要讨论介词结构与汉语语序类型的关系，分析后置介词结构语序前移的动因。

第一节 后置介词结构的语序演变
与汉语语序类型的关系

一 介词结构的类型学表征

　　从类型学理论来看，介词结构的语序具有类型学意义。Dryer（1992）特别突出了介词结构与动宾语序的配对关系，他以 625 种语言材料为对象，划分为六大区域，252 个语组（genera），分别统计这六大区域的语言介词结构和动词的语序类型。他认为动词与宾语的语序跟动词与介词短语的语序之间表现出了强烈的相关性，介词结构的具体分布情况如表6-1 所示。

表 6-1　　　　动词与介词结构的语序分布（Dryer 1992：92）

语序	非洲	欧亚	东南亚与大洋洲	澳-新几	北美	南美	总计
OV&PP-V	8	14	3	10	17	11	63

续表

语序	非洲	欧亚	东南亚与大洋洲	澳-新几	北美	南美	总计
OV&V-PP	5	0	0	0	0	4	9
VO&PP-V	0	0	1	0	0	0	1
VO&V-PP	17	7	13	4	14	4	59

表 6-1 显示，在所有六个区域里，OV 型语言的介词结构通常位于动词之前（OV/PP-V），VO 型语言的介词结构一般位于动词之后（VO/V-PP）。在世界语言中，OV&PP-V 和 VO&V-PP 两种匹配模式较常见，OV&V-PP 相对少见，而 VO&PP-V 则极为罕见。

当然，表 6-1 的配对关系中也出现了一些不和谐的情况。就 VO 语言而言，介词结构大多后置于动词，而这里有一组语言的介词结构是前置于动词的（PPV&VO），那就是"东南亚与大洋洲"片区的汉语组（普通话、粤语和客家话）。根据前五章对汉语后置介词结构语序的历时考察，介词结构的语序与汉语语序类型之间既具有和谐性，也存在背离性。

二 先秦时期介词结构的优势语序

先秦时期，介词结构大多数后置。以何乐士（1985）统计《左传》中介词结构出现频次为例，来说明这种优势语序。

表 6-2   《左传》介词结构出现次数统计（何乐士 1985：62）

介词分类		语序分布	
		前置	后置
可在动词前后	於	230	1534
	以	826	225
	及	282	22
	自	160	70
	在	20	17
只在动词后	于		1442
	乎		2
	诸		259

介词分类		语序分布	
		前置	后置
只在动词前	与	319	
	为	243	
	从	60	
	因	43	
	由	18	
	用	13	
	当	12	
	代	8	
	道	6	
	先	6	
	循	4	
	将	3	
	逮	3	
	乡	2	
合计		2258	3571

　　以单个介词来看，《左传》中只能前置的介词有 14 个"与、为、从、因、由、用、当、代、道、先、循、将、逮、乡"。这 14 个前置介词使用的总次数为 740 次，仅占总次数的 13%，使用频率不高。后置介词虽然只有 7 个，但使用频次很高，约占总次数的 87%。特别是后置介词"于/於"共计出现 3206 次，占介词总数的 55%，其中前置仅 7%，后置达93%，后置占据绝对优势。从 21 个介词在《左传》中语序分布的总体情况来看，前置与后置的比例约为 2258∶3571，后置比例约占 61%。以上绝对频次的统计显示：先秦时期，介词结构以后置占优势。

　　从后置介词结构的语序来看，介词结构也大多后置。在第二章第二节所统计的先秦至西汉时期 5 部文献中，15 个常用介词有 8 个能够后置，其中只能后置的介词 2 个："乎、诸"；可前置可后置的介词 6 个："于/於、以、及、自、在、用"。这些后置介词的语义功能主要有三种：介引动作行为的处所或时间（时处所介词）；方式或依凭（方式介词）；关涉对象（对象介词）。这三种介词结构的语序分布规律大致为：①"于/於+

处所"结构基本后置,仅有少量前置,"在+处所"结构大多后置,"乎、诸、及"类处所介词结构只能后置。"自+处所"结构语序不固定,后置较多。②"以+方式/对象"结构语序不固定,既可前置也可后置。③"于/於+对象"结构基本后置。

由此可知,先秦至西汉时期,介词结构以后置占优势(VPP),表现出跟 SVO 语序相和谐的特点。当然也有一些介词结构前置,总体而言处于劣势地位。正如刘丹青(2004:37)所言:"在小句结构方面,先秦汉语以 SVO 为主,但不是纯粹的 SVO 型,而并存着 SOV 类型。"我们赞同这种观点。

三　汉代以后后置介词结构语序的变化

汉代以后,后置介词结构的语序发生演变,部分后置介词结构由动词后移到动词前。以三个高频后置介词(於/于、以、自)为例,对比分析后置介词结构的语序演变情况。例如:

(一)　於+处所

先秦时期,"於+处所"表示动作行为的起点或经由大都后置(例(1))。中古时期,"於"字结构逐渐前移,基本前置(例(2))。例如:

（1）a 天地严凝之气,始於西南,而盛於西北。(《礼记·乡饮酒义》)

　　b 栾盈过於周,周西鄙掠之。(《左传·襄公二十一年》)

（2）a 便於手巾函中出之。(《世说新语·雅量》)

　　b 遇桓於岸上过,王在船中,客有识之者云:"是桓子野。"(《世说新语·任诞》)

"於+处所"表示动作发生的处所大多后置,"於"相当于介词"在"(例(3)a)。东汉以后,"於"字结构逐渐前移,魏晋南北朝以后,表示动作所在的"於"字结构、"在"字结构已经前置(例(3)b/c)。例如:

（3）a 八佾舞於庭，是可忍，孰不可忍？（《论语·八佾》）

b 句容县廪村民黄审，於田中耕。（《搜神记·卷十八》）

c 正见妻在机中织，遥瞻桑树上，向之言笑。（《搜神记·卷十七》）

（二）於+对象

先秦时期，表示对象的介词结构绝大部分后置，仅有个别例外，"於"字相当于"向、对/对于"。随着新兴对象介词的不断发展，对象介词结构逐渐前移（例 b）。例如：

（4）a 齐景公问政於孔子。（《论语·颜渊》）

b 向老宿问灵仙三藏亡处。（《入唐求法巡礼行记·卷三》）

（5）a 卫侯占梦，嬖人求酒于大叔僖子，不得。（《左传·哀公十六年》）

b 琛在秦州，多无政绩，遣使向西域求名马。（《洛阳伽蓝记·城西》）

c 吾今对众苦求哀，望汝依言莫逆怀。（《敦煌变文集·维摩诘讲经变文》）

（6）a 生有益於人，死不害於人。（《礼记·檀弓下》）

b 若我住世，於事无益。（《贤愚经》）

（三）自+处所

上古早期，介引处所起点的"自"字结构常常后置（例（7））。汉代以后，逐渐发展为基本前置（例（8））。例如：

（7）a 乱匪降自天，生自妇人。（《诗经·瞻卬》）

b 王归自克夏，至于亳，诞告万方。（《尚书·汤诰》）

（8）a 自中国来至江东。其性淫而不产。（《搜神记·卷七》）

b 祖乙见雉有似君子之行，今从外来。（《论衡·讲瑞篇》）

（四）以+方式/对象

先秦时期，"以+方式"结构语序不固定，既可前置，也可后置（例（9））。魏晋南北朝时期，表示方式或对象的"以"字结构已经基本前置（例（10））。例如：

> （9）a 揆之以日，作于楚室。（《诗经·定之方中》）
>
> 　　 b 投我以桃，报之以李。（《诗经·抑》）
>
> （10）a 病在人体中，如火，当以水解之。（《搜神记·卷五》）
>
> 　　　 b 谢纠，尝食客，以朱书符投井中。（《搜神记·卷二》）

由三个常用后置介词"於、自、以"的使用情况可知，先秦时期大多后置，汉代以后，介词结构逐渐前移，大多前置。

根据前 5 章对介词结构语序演变的分析可知，后置介词结构的语序演变规律大致如下：

汉代是后置介词结构前移的始发期，东汉时期以佛经为代表的口语语体中后置介词结构前移较快，传统书面语中的介词结构还相对保守，前移速度较慢。

魏晋南北朝时期是后置介词结构语序剧烈变化时期。无论是在佛经语料中还是非佛经类文献中，"於+处所"结构逐渐倾向于前置，表示处所起点或经由已基本前置，表示动作发生的处所在佛经中前置已成为优势语序。表示方式或对象的"以"字结构前移基本结束。

唐宋时期，处所介词结构语序前移已经基本完成，介词结构的语序分布基本遵循位置意义原则。表示动作发生的处所、起点或经由基本前置。表示工具或方式的"以"字结构已经前置，对象介词结构也逐渐前移。

明清时期，介词结构的语序与现代汉语的情况已经基本一致，现代汉语中介词结构已基本前置。

四　介词结构的语序与语序类型共性特点相背离

类型学以语言结构的 S、V、O 三个要素作为确定一种语言语序类型的基本参项，将人类语言分为 SOV、VSO、SVO 等结构类型。关于汉语语序类型的讨论，观点不尽一致，大致有三种：①SVO 型，代表学者有 Light（1979）、Sun 和 Givón（1985）、Peyraube（1997）Dryer（2003）等；②SOV 型，Tai（1973）、Li 和 Thompson（1975）等；③VO、OV 混合型，Xu Dan（2006）、金立鑫、于秀金（2012、2016）等。学者们过去讨论较多，在此不再赘述。从汉语的基本事实来看，汉语小句结构的 SVO 语序从古至今没有发生根本变化。孙朝奋（1985）、屈承熹（1984）、曹聪孙（1996）等对现代汉语的语料进行过调查与统计，一致认为现代汉语的基本语序为 SVO 型。

从介词结构的语序来看，汉语语序似乎是语序类型共性中的例外，即汉语语序为 SVO 类型，介词结构以前置为主（PPV）。Dryer（2003：48—49）也将现代汉语视为介词结构与动宾结构语序相和谐的例外。

另外，值得注意的是，在后置介词结构语序的历时发展过程中，介词结构的语序并非完全与 VO 语序相背离。有些后置介词结构语序并未发生太大变化，表示动作行为终点的介词结构从古至今一直后置，表示存在或滞留的处所以及动作行为的方向既可前置，也可后置。现代汉语中，后置介词也并未完全消失，仍然有许多后置介词结构表示终点、方向或存在。从这一点来看，现代汉语中也仍然存在语序 SVO 与介词结构后置 VPP 相和谐的一面。

综上所述，汉语的基本语序以 SVO 为主，兼具 SOV 型语言的某些特点，介词结构前置属于 SVO 型语言的例外特征。

第二节　后置介词结构语序变化的动因

介词结构语序变化的动因比较复杂，学者提出了许多理论解释语序变化的原因，可以概括为两大范畴：一是外部影响，也即语言接触的影响，如戴浩一（1976）、Dryer（2003）等。戴浩一假设汉语与北部阿尔泰语接触，受其语序影响，汉语语序从 SVO 发展为 SOV，介词结构的语序也由后置转化为前置。如果这个假设成立的话，那么汉语中全部的后置介词结构都应该前移，但事实并非如此。Dryer（2003：51—53）认为现代汉语的介词结构位于动词之前主要是受到亚洲北部的区域影响，现代汉语与亚洲北部语言（日语、韩语、蒙古语、通古斯语、土耳其语）表现出某种程度的像似性。这些都只是一种假设，显然还有许多实证工作需要进行。二是系统内部动因，这是影响介词结构前移的根本原因。这里主要介绍三个方面的内在原因。

一 介词兴替

介词更新是语言演变的重要形式。Lehmann（2002：18—19）指出，语法发展过程中有"更新"（Renovation）和"创新"（Innovation）两种过程。"创新"是革命性的，它创造了语言中以前没有的语法范畴，而"更新"是保守性的，它只是为旧的语法范畴介绍进新的形式。显然，介词兴替应该属于词汇更新现象。传统介词由于兼职太多，不利于语义表达的精细化，加之由于长期使用功能磨损，需要新的介词来弥补替换。在词汇替换的过程中，同时发生了部分后置介词结构逐渐前移的现象。下面简单以介词"於""以""自"被替换的过程为例，观察这些后置介词结构语序前移的过程。

（一）於

1. 介动作之所在

（11）a 子击磬於卫。（《论语·宪问》）

　　　 b 鹤鸣於九皋，声闻于野。【鹤在中鸣焉，而野闻其鸣声。】（郑玄笺《诗经·鹤鸣》）

（12）a 案宰予在孔子之门，序於四科，列在赐上。（《论衡·问孔篇》）

　　　 b 怀砖之义起在于此也。（《洛阳伽蓝记·城东》）

（13）a 张玄之、顾敷是中外孙，年并七岁，在床边戏。（《世说新语·夙惠》）

　　　 b 那大蝴蝶两次三番只在花丛上飞，不救那小蝴蝶，佯常飞去了。（《元曲选·蝴蝶梦》）

例（11）"於"字结构后置表示动作行为发生的处所，例（12）功能近似的"在"和"於"互换使用或共现连用。东汉以后，"於"字使用频率下降较快，而介词"在"发展迅速，介词"在"介引动作之所在基本前置。元代以后，介词"在"占据了绝对优势，成为使用频率最高的介词，基本完成了替代过程。

2. 介动作之所从

（14）今燕虐其民，王往而征之，民以为将拯己於水火之中也。（《孟子·梁惠王下》）

（15）a 杜蒉自外来，闻钟声，曰："安在?"（《礼记·檀弓下》）

b 老公去，高祖从外来，吕后言於高祖。（《论衡·骨相篇》）

先秦时期，介词"於"介引动作行为之所从，一般后置（例（14））。介词"自"是这一时期介引起点的常用介词，大多前置（例（15））。东汉以后，介词"从"成为介引动作之所从的主要介词，"从"字结构都前置。

3. 介动作之对象

（16）a 周桓公言於王曰："我周之东迁，晋、郑焉依。"（《左传·隐公六年》）

b 吴申叔仪乞粮於公孙有山氏。（《左传·哀公十三年》）

（17）a 后向谢仁祖说此事。（《世说新语·纰漏》）

b 籍因对之长啸。（《世说新语·栖逸》）

c 但向己求，莫从他借。（《祖堂集·洞山和尚》）

先秦时期，"於+对象"修饰言说义或请求义动词时，一般后置（例（16））。魏晋南北朝以后，随着"对""向"介词用法的成熟，逐渐成为引进言说或请求对象的主要介词，到了唐宋时期，介词"向、对"基本取代了对象介词"於"，对象介词结构也就基本前置（例（17））。

4. 介比较之对象

（18）a 季氏富於周公。（《论语·先进》）

b 他却似南丰文，但比南丰文亦巧。（《朱子语类辑略·卷八》）

先秦时期，主要采用"於"字式的差比句，比较对象后置（例（18）a），即形成"XW於Y"格式。宋代以后，"於"字介引比较对象已经衰减。清代以后，介词"比"完全替代了"於"，比较对象已经前置（例（18）b）。

5. 介动作的施动者

（19）兵破於陈涉，地夺於刘氏。（《汉书·贾谊传》）
（20）a 亮子被苏峻害，改适江虨。（《世说新语·方正》）
　　　 b 此女意在于君，被父母凌逼，嫁与刘祥。（《搜神记·卷十五》）

介引动作行为的施动者后置是介词"於"在先秦时期的常见用法（例（19））。魏晋南北朝时期，介引施事的功能已经衰退，产生了新的"被"字表达式，施动者位于动词之前（例（20）），唐宋时期"被"字句已经流行开来。

传统后置介词"於"的使用不断减少，它的部分功能逐渐被介词"在、自、从，对、向、比、被"等所取代，这些介词组成的介词结构又大都前置，所以介词结构前置越来越常见，而"於"字结构后置则越来越少。

（二）以

介词"以"是先秦时期最主要的方式介词，"以"字结构语序不固定，可以后置。例如：

（21）及冲，击之以戈。（《左传·昭公元年》）

介词"以"和"用"功能近似，可对举使用，"用"字结构大都前置。例如：

（22）a 用兴法诛其渠帅，巴蜀民大惊恐。（《史记·司马相如列传》）

　　　　b 尧、禹治洪水以力役，辇者治壅河用自责。（《论衡·感虚篇》）

中古以后，产生了一批新的方式介词"将、依、把"等，分化了介词"以"的部分功能，这些介词结构大都前置。例如：

（23）a 何以效酬天地力，只将忠孝报君王。（《敦煌变文集·长兴四年中兴殿应圣节讲经文》）

　　　　b 有一僧在面前立，师蓦推倒林际前，林际便把杖子打三下。（《祖堂集·普化和尚》）

（24）a 尧以天下与舜，有诸？（《孟子·万章上》）

　　　　b 若以石投水中，何如？（《淮南子·道应训》）

（25）a 汝将我子置彼林内。（《佛本行集经》）

　　　　b 若将明月为俦侣，应把清风遗子孙。（《全唐诗·李侍御上虞别业》）

明清以后，方式介词"用""拿"取代了介词"以"。"以"介引受事的功能，唐五代以后，也逐渐被处置介词"把"和"将"替代，如例（25）。新兴方式介词不断产生，逐渐分化并替换了传统介词"以"，新兴的方式介词大都前置，方式介词结构也基本前置了。

（三）自

（26）昔朕来自奄，予大降尔四国民命。（《尚书·多士》）

（27）我入自外。【我从外而入。】（郑玄笺《诗经·邶风》）

（28）a 师旷鼓《清角》，一奏之，有玄鹤二八自南方来，集於廊门之危。（《论衡·感虚篇》）

　　　　b 或言师旷《清角》之曲，一奏之，有云从西北起。（《论衡·感虚篇》）

先秦时期，介引起点的主要介词是"自"，可以后置（例（26））。汉代介词"从"迅速崛起，二者并存竞争（例（27）、例（28））。汉魏以后，介词"从"逐渐成为介引起点的常用介词，并逐渐取代了介词"自"。

综上所述，后置介词"於"逐渐被介词"在、对、向、被、比"等替换，介词"以"被介词"用、拿、将、把"等替换，介词"自"逐渐被介词"从"所取代。介词更新替换现象并不是一蹴而就，正如 Lehmann（2002：19）所说："'更新'是需要经历时间过程的，大多数情况下，新旧形式总是会共存（coexist）较长时间，新旧形式之间还会出现功能重叠（overlap）。"新旧形式共存竞争，一个挤掉另一个，完成取而代之的演变过程，最终实现形式的淘汰更新和语序前移的过程。

二　句法结构的复杂化

汉语在长期发展中逐渐形成以动词为核心的小句句法结构，名词性论元成分线性地排列在动词前后，形成 SVO 结构。非名词性附加成分也是线性地排列在动词的前后，形成"状·述·补"结构（AVC），以动词为中心，一成分居前，一成分殿后，两翼舒展，重心稳定，结构平衡。

语言系统具有很强的自组织性特点。徐通锵（2001：17）指出："语言系统由各种大小不同的结构单位相互依存，相互制约，有层次、有规律地组成一个高度有序的结构……它的运转和演变的动力不是来自外部，而完全依靠语言内部各组成成分的相互作用，其中一个结构成分的变化往往会引发其他结构成分的变化。"在语言发展过程中，为了使得语义表达更加严密，句法结构逐渐变得复杂起来。何乐士（2005：44）统计《史记》中的复杂谓语的比例较《左传》提升了约 30%。谓语结构的复杂化必然引起其他结构成分的变化，后置介词结构的前移就可能受到谓语结构复杂化的驱动。

马建忠（1998：148）在《马氏文通》中指出："'以'字司词概先动字，其有后乎动字者，则司词长。转词介以'以'字置于止词之后者，盖止词概为代字，而转词又皆长于止词。"简而言之，"以"字结构的语序排列与介词"以"所介引成分的长短存在关联。这种观点虽不甚准确，却反映出一种朴素的句法结构平衡观。为了更好地表达语义，汉语句法结构内部各种成分不断地进行自动调节，以求达到结构的和谐与平衡。例如：

(29) a 公令胥童以兵八百人袭攻杀三郤。（《史记·晋世家》）

　　*b 公令胥童袭攻杀三郤以兵八百人。

(30) a 是时张汤方乡学，以为奏谳掾，以古法议决疑大狱。
（《史记·儒林列传》）

　　*b 议决疑大狱以古法。

从句法结构的平衡性来看，显然例句 a 的结构更加匀称和谐。例 (29) a 谓语比较复杂，"袭攻杀"是连动与动补连用，动补之后还带有宾语。例 (30) a 谓语"议决疑"是动词与动宾结构并列，也带有宾语。如果介词结构"以兵八百人""以古法"后置于复杂的动宾结构，句子结构就会显得头轻脚重，且修饰语与被修饰语距离较远，关系显得松散，不利于句义信息的识解。

前文第二章第三节已经分析过先秦时期后置介词结构所修饰的谓语 VP 的情况，介词结构后置时，谓语 VP 主要是单音节动词，谓语动词一般不带宾语，即使带有宾语，通常也比较简短，谓语动词一般不带补语。汉代以后，句法结构不断发展扩充（见第三章第二节），谓语中复音节动词数量逐渐增多；动词后的补语也发展较快，魏晋南北朝时期，动词后由非介词结构充当的补语（结果、趋向及程度补语等）也发展成熟。这些句法成分的发展变化必然推动句法结构的再平衡，部分后置介词结构的前移正是句法结构平衡的结果。

三　后置介词结构前移的时间顺序原则

语法单位的相对次序与它们所反映的现实世界的次序具有像似性。Greenberg（1966：103）指出："语言要素的顺序与物理经验的顺序或对事物认知的顺序是平行的。"戴浩一（1988［1985］：10）指出："两个句法单位的相对次序决定于它们所表示的概念领域里的状态的时间顺序，简称时间顺序原则。"魏晋南北朝时期，处所介词结构的语序分布已经大致遵循时间顺序性原则。例如：

（31）a 於壁穿中窥之，不见人体，见盆水中有一大鳖。（《搜神记·卷十四》）

b 豫将精锐自北门出，鼓噪而起。（《三国志·魏书》）

c 言其临至时，辄有双凫从东南飞来。（《搜神记·卷一》）

（32）a 支道林还东，时贤并送於征虏亭。（《世说新语·雅量》）

b 王逮群臣，徙着山中。（《六度集经》）

c 下斧之处，血流至地，见者莫不悲泣。（《洛阳伽蓝记·城内》）

d 今来在此，非苟安而已，将图大事，复怨雪耻。（《三国志·魏书》）

（33）a 台上有八角井，高祖于井北造凉风观。（《洛阳伽蓝记·城内》）

b 太祖在铜爵台望见之。（《三国志·魏书》）

例（31）中三个不同的处所介词"於、自、从"都是介引动作的起点或经由，全部前置。例（32）介词"於、着、至、在"介引动作的终点，全部后置。例（33）介词"於、在"介引动作行为发生的处所，基本前置。

介词结构与动词之间似乎存在着时间上的关联：起点需要在动作行为发生之前确认，因而在认知上先于动作；终点是存在于动作行为之后的，所以从古至今一直后置；动作发生的处所属于背景信息，也存在于动作之前，所以前置。

（34）a 衣夫锦也，食夫稻也，於汝安乎？（《世说新语·规箴》）

b 有人向张华说此事。（《世说新语·德行》）

（35）a 唯愿大王以法相罪。（《六度集经》）

　　　　b 应乃回顾，以刀逆击，中之。（《搜神记·卷十八》）

　　例（34）介词"于、向"介引动作行为的与事对象。例（35）介词"以"介引动作行为的方式、工具。相对于处所而言，与事对象与动作的时间关系要疏远一些，对象也是需要在动作之前确认的，故前置。工具在开始握持时先于行为，施事主语必须先作用于工具，继而才能借助工具作用于动词的宾语，所以前置。

　　综上所述，汉语中介词结构的语序与动作行为发生的时间存在像似性关系。表示对象或工具的介词结构是先于动作行为的，故前置，而表示处所或时间的介词结构则根据［+起点］义与［+终点］义分别先于或后于动作行为，分置于动词前后。

　　介词结构的这种语序配列方式也符合汉语句子的信息组织原则。石毓智、李讷（2001：125）指出："因为动补结构的建立，汉语句子的组织原则变成：伴随特征+谓语+结果特征。""动作行为的伴随特征主要包括：方式、工具、与事、发生地点、时间位置等；结果特征则有达到的状态或者程度、结束的地点等。"表示伴随信息的介词结构居前，表示结果信息的介词结构殿后，这种语序排列也是一种句法临摹现象，符合时间顺序原则。

　　何洪峰（2006：99）认为："方式介词结构的前移是为了调整句法所表达的时间顺序。"汉语后置介词结构的前移主要是为了调整句法结构所表达的时间顺序，以满足语言表达的时间顺序像似性的要求，这是介词结构语序演变的重要的内在动因。

　　当然，任何理论都具有一定的适用范围，时间顺序性原则并不能解释汉语所有的语序问题，例如先秦时期不同语义的"于"字结构都可以后置，表示存在或方向的介词结构既有前置，也有后置，诸如此类的现象难以普遍适用这一原则。正如 Hsieh（1989：72）所言："由于临摹的自然限制性，语言中一定存在一些能够使语言的编码和解码更加简单有效的逻辑——数学原则（抽象原则），它可能与临摹原则相互竞争。"我们也可以假设，在上古时期抽象性原则起主导作用，临摹原则起补充作用。西汉以后，介词结构的语序分布受到的语义限制愈加严格，语序的临摹性制约力量逐渐增强，从而成为推动后置介词结构语序演变的重要力量。

第三节　小结

以语序类型学理论来看，先秦时期介词结构的语序与汉语语序的整体格局相和谐：语序类型以 SVO 为主，介词结构以后置为主（V-PP），但也有部分介词结构前置（PP-V），可见先秦汉语还兼具 SOV 型语言的某些特征。

汉代以后，介词结构的语序发生了变化：［-终点］义的介词结构前移，除了少量历史层次的遗留外，表示起点或经由、发生处所、对象等后置介词结构由动词后移到动词前；部分后置介词结构语序进行了调整，表示方式、工具的介词结构的语序由不固定发展为一律前置；［+终点］义的介词结构一律后置；部分［+方向］［+存在］义的介词结构既可前置也可后置。现代汉语中介词结构语序基本稳定，基本前置。

由于介词结构的语序发生前移，造成 PPV 与 SVO 语序类型不和谐，但这并不意味着汉语语序由 SVO 演变成为 SOV，汉语的基本语序（SVO）并未发生变化。如何看待介词结构的语序（PP-V）与汉语语序类型（SVO）的背离？从汉语事实来看，介词结构前置应该视作 SVO 型语言的例外特征。汉语仍然以 SVO 为基本语序，兼具 SOV 型语言的某些特点。

介词结构的语序变化主要是汉语内部因素相互调适的结果。后置介词结构前移的动因主要有三个方面：①介词的兴替，在词汇替换的过程中，后置介词结构的语序逐渐前移；②句法结构的复杂化，语言是一个自组织系统，其中一个结构成分的变化往往会引发其他结构成分的变化，谓语 VP 的复杂化推动了介词结构语序的调整；③时间顺序像似性，后置介词结构的前移主要是为了调整句法所表达的时间顺序，这是语序变化重要的内在动因。

第七章　结语

　　介词是连接名词和动词并标记语法关系的词语。介词结构在小句中相对于核心动词而言主要有两种语序：前置（PP-V）和后置（V-PP）。现代汉语中，介词结构绝大多数前置，然而在汉语史上介词结构发生过历史性移位。介词结构由动词后向动词前移位是重要的语序类型演变，介词结构的历史性移位使汉语出现 VO 与 PPV 语序不和谐配对。因此，介词结构的语序具有重要的类型学意义。后置介词及后置介词结构的发展变化是观察语序演变的重要窗口，因此本书的研究具有一定的理论和实践意义。

第一节　本书的基本结论

　　一、先秦至西汉时期，后置的介词主要有 8 个，大致可分两类：只能后置，如"诸、乎"；可前置也可后置，如"於/于、以、自、及、在、用"。后置的介词结构主要表达 4 种语义：处所、时间、工具和对象。

　　后置介词的总体特点是数量不多，使用不平衡，语义域较宽，具有多功能性。

　　时处介词主要有：于/於>自>诸、乎、在、及。介词"于/於"使用频率最高，"於"字结构后置可以表示动作行为所自、所到、所在以及存在或滞留的场所；"自"字结构后置主要表示空时域的起点或经由；介词"在"使用频率较低，后置主要表示空时域的所在或终点；介词"乎、诸"与"於"字功能近似，介词"及"主要表示动作行为所到。介词"於"基本代表这一时期时处介词的整体使用情况。

　　方式介词主要是"以"和"用"。常用介词"以"可以表示方式、工具、依凭、材料、性状、行为、原因及时间等多种语义。先秦时期，"用"字还有较强的动作义，工具介词用法使用频率较低，"用"字结构也可后置，后置用法与"以"字结构平行。

对象介词主要是"於/于"和"以"，介词"乎、诸、及"有少量介引对象的用法。介词"於"可以介引动作行为的受事、与事、施事及比较对象等。介词"以"主要介引受事，具有处置意义。

先秦至西汉时期介词结构以后置占优势，部分介词结构的语序不固定，既可前置，也可后置，是这一时期汉语语序的特点。

处所介词结构基本后置。"於+处所"以后置为主，少量前置具有语用突显功能，主要表示强调或对比之意；"自+处所"语序不固定，后置较多，西汉时期逐渐以前置为常；"在+处所"既可前置，也可后置；介词"乎、诸、及"表示动作行为的［+终点］，只能后置。

方式介词结构语序不定。"以+方式"既可前置（"以 O+VP 或 O 以+VP"），也可后置（"VP+以 O"），"以"字结构前置是优势语序，后置不自由："以"的宾语主要是名词性词语，而且一般比较简短，谓语 VP 通常是单音节动词或"V 之"结构。"用+工具"用例不多，基本前置，少量后置。

对象介词结构后置较多。"於+对象"基本后置，前置具有突出话题或焦点的作用，主要突显与主语存在的某种对待、比较关系；"以+对象"语序不固定，以前置占优势，后置具有语用强调，突显焦点的作用。语用因素是影响"以"字结构语序的重要因素。

后置介词开始进一步虚化。传统介词"以"和"於"使用频繁，功能泛化，出现进一步虚化的趋势。介词"以"有的虚化成了连词，连接并列、因果关系的词或句子；有的同其他的词语组成固定结构，并逐渐凝固成词。介词"于"也跟别的词构成固定结构，发生词汇化，成为"词内成分"。

二、东汉至魏晋南北朝是后置介词结构显著的发展变化时期。

这一时期后置介词发展变化的总体特征是：传统介词开始衰退，使用频率下降和功能萎缩；新兴介词大量涌现，新旧形式并存竞争，更新替换频繁发生；部分后置的介词结构逐渐由动词后移位到动词前。

东汉时期后置介词及介词结构在使用频率和语序上出现明显变化。

后置的介词"在、用"使用频率增加，已成为常用介词，新生了后置介词"著"和"至"，后置介词"诸、乎"渐趋消失。介词"以"和

"用"，"於"和"在"，"自"和"从"等并存竞争，介词"自"逐渐被高频介词"从"所替代。

东汉时期，后置介词结构的语序变化明显：处所介词结构开始前移，方式介词结构基本由后置变为前置，对象介词结构前移速度稍慢。不同语体的介词结构语序发展极不平衡，以佛经为代表的口语语体中后置介词结构大多移至VP之前，而以《论衡》为代表的传统书面语中前移较慢。

魏晋南北朝时期是后置介词结构语序的剧烈变化时期。新兴介词大量产生，传统介词逐渐衰退，新老交替并存竞争。

后置介词变化较大，新兴介词大量涌现。沿用的时处介词"於"使用频次下降较快，介词"在"增长很快，新兴后置介词"著、至、向、就"等，其中介词"著"使用较多，"向、就"偶有后置用法；沿用的方式介词主要是"以"和"用"，新生大量方式介词，如"持、依、案（按）、据、缘、将、捉"等，新生介词分化了"以"字的部分功能，传统介词"以"开始衰落；沿用的对象介词主要是"於"和"以"，对象介词"於"介引与事的功能开始变弱，介引施事的功能渐趋消失，对象介词"以"偶有被新兴介词"持、将"等替代的现象。

在语序变化上，介词结构的语序剧烈变化。不同性质的文本中［-终点］义介词结构已大量前移。"於+处所"结构逐渐倾向于前置，表示方式或对象的"以"字结构前移基本完成；表示对象的"於"字结构前移速度显得相对滞后。

在句法结构上，介词结构后置时，谓语中心VP一般以单音节动词为主，谓语动词倾向于不带宾语或补语。魏晋南北朝时期，谓语中心VP逐渐复杂化：非单音形式的VP逐渐增多，补语发展较快，非介词结构充当的补语数量增多。随着VP不断扩容，后置成分较多，打破了句法结构的平衡性，后置介词结构前移更有利于句法结构的匀称与和谐。

在语义结构上，处所介词结构的语序分布受到语义限制。不同句法位置的处所介词结构表现出语义上的对立性，大致遵循"位置意义原则"，［+起点］或［+经由］义介词结构基本前置，［+终点］义介词结构一律后置，这种语序排列反映出时间顺序像似性，初步形成以动词为核心的语义表达框架：起始处+发生处+存在处+动词+存在处+终到处。

三、唐宋至元明清时期后置介词结构前移已经基本完成。传统后置介词"于、以"功能衰退，虚化加剧，更新替换继续发展。

唐宋时期处所介词"在"表现出强大的发展态势，大有取代"於"字之势。介词"著"逐渐减少，进一步虚化为表持续义的动态助词。同义介词"至"和"到"并存竞争，宋代以后，介词"到"逐渐替代了介词"至"。介词"向"是唐宋时期最常用的介词，后置时可以引出动作的方向或终点。新生后置介词"往"也主要表示动作行为的方向或终点。

方式介词"以"使用频率大幅下降。新兴介词"将、把"分担了"以"介引方式或对象的功能，其他常用介词"依、据、凭"等分化了"以"的部分功能。对象介词"於"和"以"已经衰退，对象介词"於"多被介词"向、就、对"等所取代，"以"介引受事表示处置的功能已被新兴介词"将"和"把"所替代。

唐宋时期，位置意义原则对处所介词结构的语序限制更加严格。同一介词的不同语义功能所分布的句法位置不同：A. 介词"於、自、向、在、就"等表示起点或经由只能前置；B. 介词"於、至、到、在、向、就、著"等表示终点只能后置；C. 介词"於、在、向、就"等表示动作发生的处所基本前置。表示方式或对象的"以"字结构基本前置。表示对象的"於"字结构还有部分后置。

后置介词虚化加剧，不仅表现为新旧介词的更新替换，还表现为介词的强化。唐宋时期，存在大量介词强化形式，如"向於、在於、著於、从於、自於、到於"等。介词"向、在、著"等补偿了"於"表示动作所在的功能，介词"从、自"补偿其表示动作所自的功能，介词"到"补偿其表示终点的功能。这些都是介词"於"进一步虚化的证明。

后置介词虚化为词内成分，成为构成其他新的词汇单位的材料。后置介词衍生出双音节的次生介词，如"自从、一自、洎乎、及至、至于、迄至"等；介词"于"和"以"进一步虚化成附着性构词语素，如"归于、属于；甘于、难于"等"X于"式复合词和"加以、给以、足以"等"X以"式复合词。概而言之，汉语后置介词进一步语法化，可能虚化成为构词语素。

元明清时期，介词功能趋向专职化，表意精细化。始自元代，介词"在"完成替代介词"於"的过程，成为最重要的处所介词。"到"成为介引动作行为终点最主要的介词，"至"逐渐虚化成了词内成分。"往、向"成为介引动作行为方向的重要介词。

方式介词"以"不仅使用频率大幅下降，而且功能也全面衰退。介引受事、原因的功能萎缩，介引时间的功能消退，介引工具或方式的功能减弱，逐渐虚化为词内成分。清代新生对象介词"给"逐渐替代了后置介词"与"，成为介引给予对象的主要介词。

四、现代汉语后置介词的发展表现出语法化的层级性，部分后置介词出现附缀化倾向，继续虚化成为构词语素。

后置介词主要有"在、到、给、向、往、自、于、以"等8个，介词"于、以、自"后置属于历史层次在现代汉语中的遗留，介词结构后置主要表示动作行为的［+终点］，少量表示［+方向］或［+存在］。

终点构式"V+到/在+NP"中的"到、在"呈现出语法化的层级性，共时平面上表现出渐进虚化的历程：介词→附缀→虚语素。现代汉语中存在3个不同虚化状态的"在/到"：介词"在$_1$/到$_1$"在语音上一般不轻读，不可隐含，语义上具有较强的介引性；附缀"在$_2$/到$_2$"句法上不能隐含，具有前附的倾向，介引作用变弱；虚语素"在$_3$/到$_3$"语音上轻化，甚至弱化或脱落，只能前附，且失去了介引作用。

介词"向"语义范域变窄，表示动作行为发生处所或时间的用法已经消失，主要介引动作行为的对象和方向。表示动作行为的方向既可前置（向+NP+VP），也可后置（V+向+NP），以前置为常。"向+NP+VP"和"V+向+NP"有时可以转换，转换受制于VP及NP的结构和语义。

在"V+向+NP"结构中，V一般是单音节动词，动词对"向"具有吸附性，"V·向"容易形成"韵律词"。随着韵律词"V向"的高频使用，"向"字前附性增强，部分"V向"发生词汇化，"向"成为词内成分。现代汉语中的"向"具有不同的性质层次：（介词）向>（附缀）向$_1$>（构词语素）向$_2$。

介词"往"与"向"功能比较相似，在"V+往+NP"构式中，"往"表示动作的方向或终点。现代汉语中"往"具有虚实两重性，存在动介词"往$_1$"和介词"往$_2$"。当V是单音节动词时，"V往"也容易形成韵律词，"往"具有前附的倾向性。

现代汉语中后置介词结构除了表达［+终点］义和［+方向］义以外，还有部分后置介词结构表达"起点"或"存在"等语义，如介词

"自、于、在"等，这属于历史层次在现代汉语中的遗留。

介词"于"从古至今长期使用，不断虚化磨损，已经基本失去了介引功能，发生非范畴化。现代汉语共时层面的"于"字表现出语法化的不同程度，形成一个虚化链：介词（于$_1$）→构词语素（于$_2$）→零形式（于$_3$）。

介词"以"在现代汉语中主要存在两种形式：一是作为构词语素，出现在双音节词中，如"所以、可以，加以、给以"等；二是作为独立的虚词使用，属于古汉语传承的书面语用法，其工具用法已被介词"用"所取代。

在现代汉语中，部分后置的介词出现附缀化倾向。语法化具有单向性，一般由实到虚，由较少语法化到更多语法化，形成语法化斜坡：实义词>语法词>附缀>屈折词缀。汉语不同于形态丰富的语言，介词虚化一般不会经历"形态化"的过程，并未进一步虚化为屈折词缀。后置介词进一步虚化容易向前依附于核心动词或形容词，逐渐发展成为词内成分。在现代汉语共时层面上，有些后置的介词虚化成为构词语素，更多表现出的是一种"中间"状态，出现附缀化的倾向。汉语后置介词的发展趋势可以描述为：后置介词>附缀>构词语素。

五、汉语以 SVO 为基本语序，兼具 SVO 型语言的某些特点。

以类型学理论来看，先秦时期汉语语序类型以 SVO 为主，介词结构以后置为主（V-PP），介词结构的位置与动宾结构语序相和谐。汉代以后，部分后置介词结构逐渐前移到动词前，现代汉语中的介词结构已经基本前置，但汉语的基本语序 SVO 并未发生根本变化，这就造成了 VO 与 PP-V 的不和谐，汉语是 VO&V-PP 和谐性的例外。

部分后置介词结构前移已成为不争的事实，前移的动因较为复杂，可能存在的动因主要有三种：介词兴替；句法结构的复杂化；时间顺序像似性的约束。后置介词结构前移的重要内在动因是为了调整句法所表达的时间顺序。

概而言之，本书的创新之处主要表现为以下四个方面：

第一，以时间为经，以功能为纬，系统地考察了后置介词结构语序演变的历程，着重从汉语内部探寻了介词结构语序演变的重要动因。

第二，以语序类型学理论审视汉语介词结构的语序变化，描写并分析了后置介词结构语序演变与汉语语序类型的关系。

第三，全面梳理了汉语后置介词的发展变化，历时地分析了常用后置介词的语义发展，功能衰变以及更新替换等方面的情况。

第四，在语法化理论背景下探讨介词语法化的规律，揭示汉语介词进一步语法化的特点，分析后置介词的发展走向，构拟后置介词语法化的路径。

第二节　本书的不足

整体而言，本书还存在许多不足和值得进一步研究的问题：

一、本书在对后置介词进行历时分析的过程中涉及大量的古代汉语语料，对语料的识断和分析可能会出现不准确或者失误。另外，介词和动词在共时与历时平面上相互纠缠，难以准确厘清，某些用例中的介词判定标准可能过宽。这些大体上不会影响文中的某些判断或结论。以后需要借助相关工具进行仔细考证，减少谬误。

二、本书从汉语史的角度对后置介词及后置介词结构的发展演变进行了研究，研究的视角还未扩展到现代方言，将现代方言与汉语史相结合，相互印证，更加全面且更具说服力，这是下一步努力的方向。

三、本书力求对后置介词结构发展演变的事实进行充分的描写，运用相关的理论对某些现象进行合理的解释。但由于水平所限，对相关问题的解释和说明还相对肤浅，深度不够，今后需要继续对这一问题进行深入持久地观察与思考。

主要语料文献

《诸子集成》（《荀子集解》《庄子集释》《管子校正》《韩非子集解》《吕氏春秋》《论衡》《淮南子》《世说新语》），中华书局 2006 年 10 月第 2 版。

《尚书》，刘起釪点校，北京燕山出版社 1991 年 12 月第 1 版。

（西汉）刘向集录：《战国策》，上海古籍出版社 1985 年 3 月第 2 版。

（西汉）司马迁著：《史记》，中华书局 2006 年 6 月第 1 版。

（西汉）刘安著，陈广中译注：《淮南子集释》，中华书局 2012 年 1 月第 1 版。

（东汉）高诱注：《吕氏春秋》，上海书店出版社 1986 年 7 月第 1 版。

（东汉）班固撰：《汉书》，中华书局 2007 年 8 月第 1 版。

（东汉）王允著，黄晖校释：《论衡》，中华书局 1990 年 2 月第 1 版。

（西晋）陈寿著，裴松之注：《三国志》，中华书局 1959 年 12 月第 1 版。

（东晋）干宝著，汪绍楹校注：《搜神记》，中华书局 1979 年 9 月第 1 版。

（南朝）刘义庆著，刘孝标注：《世说新语》，中华书局 1984 年 4 月第 1 版。

（北魏）贾思勰著，石声汉校释：《齐民要术》，中华书局 2009 年 6 月第 1 版。

（北魏）杨衒之著，杨勇校笺：《洛阳伽蓝记》，中华书局 2006 年 2 月第 1 版。

（南唐）静、筠二禅师编撰，孙昌武、［日］衣川贤次、［日］西口芳男点校：《祖堂集》，中华书局 2007 年 10 月第 1 版。

［日］释圆仁原著，［日］小野胜年校注：《入唐求法巡礼行记校

注》，花山文艺出版社 1992 年 9 月第 1 版。

钱学烈校注：《寒山诗校注》，广东高等教育出版社 1991 年版。

项楚校注：《王梵志诗校注》，上海古籍出版社 1991 年 10 月第 1 版。

（南宋）洪兴祖撰，白化文、许德楠、李如鸾、方进点校：《楚辞补注》，中华书局 1983 年 3 月第 1 版。

王云五编，张伯行辑订：《朱子语类辑略》，商务印书馆 1936 年版。

徐沁君校点：《新校元刊杂剧三十种》，中华书局 1980 年 12 月第 1 版。

（元）张元济撰：《四部丛刊三编·元朝秘史》，上海商务印书馆 1936 年版。

（元）祖生利、李崇兴点校：《大元圣政国朝典章·刑部》，山西古籍出版社 2004 年 1 月第 1 版。

（元）汪维辉编：《朴通事》（朝鲜时代汉语教科书丛刊），中华书局 2005 年 1 月第 1 版。

（元）汪维辉编：《老乞大》（朝鲜时代汉语教科书丛刊），中华书局 2005 年 1 月第 1 版。

（明）藏晋叔编：《元曲选》，中华书局 1958 年 10 月第 1 版。

（明）施耐庵、罗贯中著：《水浒传》，人民文学出版社 1975 年 10 月第 1 版。

（明）罗贯中著：《三国演义》，中华书局 2005 年 4 月第 1 版。

（明）兰陵笑笑生著，戴鸿森校点：《金瓶梅词话》，人民文学出版社 1985 年 5 月第 1 版。

（清）阮元校刻：《十三经注疏》，中华书局 1980 年影印本。

（清）孙希旦撰，沈啸寰、王星贤点校：《礼记集解》，中华书局 1989 年 2 月第 1 版。

（清）徐元诰撰，王树民、沈长云点校：《国语集解》，中华书局 2002 年 6 月第 1 版。

（清）曹雪芹、高鹗著：《红楼梦》，人民文学出版社 1982 年 3 月第 1 版。

（清）吴敬梓撰：《儒林外史》，中华书局 2009 年 1 月第 1 版。

（清）文康著：《儿女英雄传》，上海古籍出版社 1991 年 10 月第

1 版。

　　程俊英译注:《诗经译注》，上海古籍出版社 1985 年 2 月第 1 版。

　　杨伯峻编著:《春秋左传注》，中华书局 1990 年 5 月第 2 版。

　　杨伯峻译注:《论语译注》，中华书局 1980 年 12 月第 2 版。

　　杨伯峻译注:《孟子译注》，中华书局 1984 年 5 月第 1 版。

　　杨家骆编:《敦煌变文集》，台湾世界书局 1969 年版。

　　刘坚、蒋绍愚编:《近代汉语语法资料汇编》（唐五代卷），商务印书馆 1990 年 6 月第 1 版。

　　刘坚、蒋绍愚编:《近代汉语语法资料汇编》（宋代卷），商务印书馆 2007 年 6 月第 2 版。

　　刘坚、蒋绍愚编:《近代汉语语法资料汇编》（元明卷），商务印书馆 2007 年 6 月第 2 版。

　　大正新修大藏经，中华电子佛典协会（CBETA）依大正新修大藏经编辑，CBETA 电子佛典 V1.0（Big5）1999 年 12 月普及版:

　　0224，道行般若经，［后汉］支娄迦谶译;

　　0196，中本起经，［后汉］昙果共康孟详译;

　　0152，六度集经，［吴］康僧会译;

　　0206，旧杂譬喻经，［吴］康僧会译;

　　0005，佛般泥洹经，［西晋］白法祖译;

　　0376，佛说大般泥洹经，［东晋］法显译;

　　0190，佛本行集经，［隋］阇那崛多译;

　　2008，六祖大师法宝坛经，［唐］法海集。

参考文献

一　论文

贝罗贝：《双宾语结构从汉代至唐代的历史发展》，《中国语文》1986年第3期。

陈秀兰：《敦煌变文与汉语常用词演变研究》，《古汉语研究》2001年第3期。

陈练军：《"到"语法功能的历时演变》，《周口师范学院学报》2008年第3期。

储泽祥：《"V往+O"的语义约束》，《江汉大学学报》2005年第4期。

蔡镇楚：《试谈古汉语介词结构的语法功能》，《语文研究》1983年第4期。

曹小云：《〈论衡〉被动句式研究》，《古汉语研究》1999年第2期。

曹聪孙：《语言类型学与汉语的SVO和SOV之争》，《天津师大学报》1996年第2期。

崔希亮：《汉语介词结构与位移事件》，《中国语言学报》2006年第12期。

戴浩一：《时间顺序和汉语的语序》，《国外语言学》1988年第1期。

董秀芳：《古汉语中动名之间"于/於"的功能再认识》，《古汉语研究》2006年第2期。

范继淹：《论介词短语"在+处所"》，《语言研究》1982年第1期。

范晓：《关于汉语的语序问题》，《汉语学习》2001年第5、6期。

冯胜利：《论汉语的"韵律词"》，《中国社会科学》1996年第1期。

龚千炎：《论"加以"》，《中国语文》1961年第2期。

郭锡良：《介词"于"的起源和发展》，《中国语文》1997年第2期。

郭锡良：《介词"以"的起源和发展》，《古汉语研究》1998年第1期。

郭熙：《"放到桌子上""放在桌子上""放桌子上"》，《中国语文》1986年第1期。

何洪峰：《先秦介词"以"的悬空及其词汇化》，《语言研究》2008年第4期。

何洪峰：《先秦至西汉的前置方式状语》，《语言研究》2007年第4期。

何洪峰、金鐘讚：《论"V在"结构语义及句法分析》，［韩］《中国学研究》2010年第51期。

何洪峰：《动词"去"向处所介词语法化的终止与回归》，《语言研究》2011年第2期。

何洪峰：《汉语次生介词》，《语言研究》2014年第4期。

何洪峰：《动词介词化的句法语义机制》，《语文研究》2014年第1期。

何乐士：《〈左传〉、〈史记〉介宾短语位置的比较》，《语言研究》1985年第1期。

洪波：《"给"字的语法化》，《南开语言学刊》2004年第2期。

黄晓惠：《现代汉语差比格式的来源及演变》，《中国语文》1992年第3期。

江蓝生：《"动词+X+地点词"句型中介词"的"探源》，《古汉语研究》1994年第4期。

江蓝生：《"举似"补说》，《古汉语研究》1988年第1期。

蒋绍愚：《抽象原则和临摹原则在汉语语法史中的体现》，《古汉语研究》1999年第4期。

蒋同林：《试论动介复合词》，《安徽师大学报》1982年第1期。

金昌吉：《动词后的介词短语及介词的虚化》，《河南师范大学学报》1995年第3期。

金立鑫、于秀金：《从与OV-VO相关和不相关参项考察普通话的语序类型》,《外国语》2012 年第 2 期。

金立鑫:《普通话混合语序的类型学证据及其动因》,《汉语学习》 2016 年第 3 期。

金鐘讚:《试论"双音节+于"的句子成分》,《语言研究》2004 年第 3 期。

梁晓红:《佛经中"於"的一种特殊用法》,《九江师专学报》1985 年第 1 期。

林焘:《现代汉语轻音和句法结构的关系》,《中国语文》1962 年第 7 期。

刘坚等:《论诱发汉语词汇语法化的若干因素》,《中国语文》1995 年第 3 期。

刘丹青:《先秦汉语语序特点的类型学观照》,《语言研究》2004 年第 1 期。

刘丹青:《语法化中的更新、强化与叠加》,《语言研究》2001 年第 2 期。

刘红妮:《词汇化与语法化》,《当代语言学》2010 年第 1 期。

刘红妮:《"终于"的词汇化——兼谈"X 于"词汇化中的介词并入》,《阜阳师范学院学报》2010 年第 2 期。

刘瑞明:《"於"的一种助词用法——〈佛经中"於"的一种特殊用法〉辨误》,《九江师专学报》1988 年第 3 期。

刘光明、储泽祥、陈青松:《"单音动词+往"里"往"的语法化》,《古汉语研究》2006 年第 2 期。

黎锦熙、刘世儒:《汉语介词的新体系》,《中国语文》1957 年第 2 期。

鲁川:《介词是汉语句子语义成分的重要标志》,《语言教学与研究》1987 年第 2 期。

鲁川:《语义的先决性·句法的强制性·语用的选定性——基于三个平面理论的汉语信息语法的构思》,《汉语学习》2000 年第 3 期。

罗开农:《再谈动词后面的"到"》,《重庆师范学院学报》1981 年第 2 期。

罗庆云:《〈诗经〉的介词"以"》,《武汉大学学报》2005 年第

2 期。

陆丙甫：《语序优势的认知解释（上）——论可别度对语序的普遍影响》，《当代语言学》2005 年第 1 期。

李人鉴：《谈"到"字的词性和用法》，《文史哲》1958 年第 9 期。

林焘：《现代汉语轻音与句法结构的关系》，《中国语文》1962 年第 7 期。

马贝加：《说"自"》，《温州师范学院学报》1996 年第 2 期。

马贝加：《处所介词"向"的产生及其发展》，《语文研究》1999 年第 1 期。

麦梅翘：《〈左传〉中介词"以"的前置宾语》，《中国语文》1983 年第 5 期。

梅祖麟：《唐宋处置式的来源》，《中国语文》1990 年第 3 期。

梅祖麟：《汉语方言里虚词"著"字三种用法的来源》，《中国语言学报》1988 年第 3 期。

潘玉坤：《古汉语中"以"的宾语前置问题》，《殷都学刊》2000 年第 4 期。

潘秋平、江凌：《上古汉语介词词组的语序问题》，《历史语言学研究》2013 年第 6 期。

屈承熹：《汉语的词序及其变迁》，《语言研究》1984 年第 1 期。

饶长溶：《试论副动词》，《中国语文》1960 年第 4 期。

饶长溶：《"关于""至于"不像介词》，《汉语学习》1987 年第 1 期。

石毓智：《时间的一维性对介词衍生的影响》，《中国语文》1995 年第 1 期。

沈家煊：《"在"字句和"给"字句》，《中国语文》1999 年第 2 期。

沈家煊：《"语法化"研究综观》，《外语教学与研究》1994 年第 4 期。

宋亚云：《对〈史记〉语料性质的认识及处理办法》，《四川外语学院学报》2010 年第 2 期。

孙朝奋：《再论助词"着"的用法及其来源》，《中国语文》1997 年第 2 期。

陶红印：《操作语体中动词论元结构的实现及语用原则》，《中国语文》2007 年第 1 期。

唐钰明：《论先秦汉语被动式的发展》，《中国语文》1985 年第 4 期。

唐钰明：《汉魏六朝被动式略论》，《中国语文》1987 年第 3 期。

田春来：《也谈处所介词"著"的来源》，《浙江师范大学学报》2007 年第 4 期。

王还：《说"在"》，《中国语文》1957 年第 2 期。

王一平：《介词短语"在+处所"前置、中置和后置的条件和限制》，《语文建设》1999 年第 5 期。

王鸿滨：《介词"自/从"历时考》，《上海师范大学学报》（哲学社会科学版）2007 年第 1 期。

魏培泉：《古汉语介词"於"的演变略史》，《中央研究院历史语言研究所集刊》1993 年第 4 期。

魏培泉：《东汉魏晋南北朝在语法史上的地位》，《汉学研究》2000 年第 18 期。

文炼、胡附：《现代汉语语序研究中的几个问题》，《中国语文》1984 年第 3 期。

闻宥：《"于""於"新论》，《中国语言学报》1984 年第 2 期。

吴福祥：《汉语伴随介词语法化的类型学研究》，《中国语文》2003 年第 1 期。

吴福祥：《关于语法化的单向性问题》，《当代语言学》2003 年第 4 期。

吴福祥：《也谈持续体标记"着"的来源》，《汉语史学报》2004 年第 4 期。

吴福祥：《汉语语法化研究的当前课题》，《语言科学》2005 年第 2 期。

吴福祥：《汉语语法化演变的几个类型学特征》，《中国语文》2005 年第 6 期。

吴福祥：《语序选择与语序创新》，《中国语文》2012 年第 4 期。

吴金花：《处所介词"到"的产生》，《福建师范大学学报》2005 年第 4 期。

武振玉：《金文"以"字用法初探》，《北方论丛》2005 年第 3 期。

武振玉：《两周金文"及"字用法试论》，《东北师大学报》2007 年第 3 期。

谢信一：《汉语中的时间与意象》（叶蜚声译），《国外语言学》1991 年第 4 期。

邢福义：《V 为双音节的"V 在了 N"格式》，《语言文字运用》1997 年第 4 期。

徐丹：《汉语里的"在"与"着"》，《中国语文》1992 年第 6 期。

严辰松：《语言临摹性概说》，《国外语言学》1997 年第 3 期。

杨伯峻：《古汉语中之罕见语法现象》，《中国语文》1982 年第 6 期。

俞咏梅：《论"在+处所"的语义功能和语序制约原则》，《中国语文》1999 年第 1 期。

俞光中：《"V 在 NL"的分析及其来源献疑》，《语文研究》1987 年第 3 期。

张赪：《从先秦时期"介词+场所"在句中不合规律分布的用例看汉语的词序原则》，《语言研究》2002 年第 2 期。

张德福：《〈史记〉中的"以"字析论》，《古汉语研究》1997 年第 1 期。

张国宪：《"在+处所"构式的动词标量取值及其意义浮现》，《中国语文》2009 年第 4 期。

张国宪、卢建：《"在+处所"状态构式的事件表述和语篇功能》，《中国语文》2010 年第 6 期。

张炼强：《汉语语序的多面考察》，《首都师范大学学报》1997 年第 5、6 期。

张玉金：《介词"于"的起源》，《汉语学报》2009 年第 4 期。

张玉金：《甲骨文中位事介词"于"研究》，《古汉语研究》2015 年第 1 期。

张伯江：《现代汉语的双及物结构式》，《中国语文》1999 年第 3 期。

赵大明：《论汉语介词发展中的功能专一化趋势》，《陕西师大学报》1990 年第 3 期。

赵金铭：《现代汉语补语位置上的"在"和"到"及其弱化形式"·de"》，《中国语言学报》1995 年第 7 期。

张谊生：《从错配到脱落：附缀"于"的零形化后果与形容词、动词的及物化》，《中国语文》2010 年第 2 期。

张谊生：《从前加到后附："（有）所"的跨层后缀化研究》，《汉语学报》2014 年第 1 期。

朱德熙：《与动词"给"相关的句法问题》，《方言》1979 年第 2 期。

朱德熙：《"在黑板上写字"及相关句式》，《语言教学与研究》1981 年第 1 期。

朱冠明：《中古译经中的"持"字处置式》，《汉语史学报》2002 年第 5 期。

朱冠明：《"之"的衰落及其对句法的影响》，《语言科学》2015 年第 3 期。

崔希亮：《汉语介词与位移事件》，博士学位论文，北京大学，2004 年。

何洪峰：《汉语方式状语研究》，博士学位论文，华中师范大学，2006 年。

柯润兰：《介词"向"的句法语义考察》，硕士学位论文，北京语言大学，2003 年。

潘玉坤：《西周金文语序研究》，博士学位论文，华东师范大学，2003 年。

荣晶：《汉语语序的语义基础》，博士学位论文，北京大学，1997 年。

邵永海：《从〈左传〉和〈史记〉看上古汉语的双宾语结构及其发展》，硕士学位论文，北京大学，1990 年。

王鸿滨：《〈春秋左传〉介词研究》，博士学位论文，复旦大学，2003 年。

吴可颖：《汉语处所结构的位移及其底蕴》，硕士学位论文，北京大学，1988 年。

武振玉：《两周金文词类研究（虚词篇）》，博士学位论文，吉林大学，2006 年。

赵大明：《汉语处所介词的发展——兼论"介词+处所"短语在句中位置的历史演变》，硕士学位论文，陕西师范大学，1987 年。

二　著作

曹广顺：《近代汉语助词》，语文出版社 1995 年版。

曹炜：《〈金瓶梅词话〉虚词计量研究》，暨南大学出版社 2011 年版。

陈昌来：《介词与介引功能》，安徽教育出版社 2002 年版。

陈昌来：《现代汉语语义平面问题研究》，学林出版社 2003 年版。

陈梦家：《殷墟卜辞综述》，中华书局 1988 年版。

陈初生：《金文常用字典》，陕西人民出版社 2004 年版。

陈承泽：《国文法草创》，商务印书馆 1922 年版。

程湘清：《先秦汉语研究》《两汉汉语研究》《魏晋南北朝汉语研究》
《隋唐五代汉语研究》《宋元明汉语研究》，山东教育出版社 1992 年版。

戴浩一：《功能主义与汉语语法》，北京语言学院出版社 1994 年版。

丁声树：《现代汉语语法讲话》，商务印书馆 1961 年版。

董秀芳：《词汇化：汉语双音词的衍生和发展》，四川民族出版社
2002 年版。

冯胜利：《汉语韵律句法学》，商务印书馆 2000 年版。

高名凯：《汉语语法论》，开明书店 1948 年版。

管燮初：《西周金文语法研究》，商务印书馆 1981 年版。

管燮初：《殷墟甲骨刻辞的语法研究》，中国科学院 1953 年版。

郭锡良：《古汉语语法论集》，语文出版社 1998 年版。

何洪峰：《汉语方式状语》，中国社会科学出版社 2012 年版。

何乐士：《古汉语语法研究论文集》，商务印书馆 2000 年版。

何乐士：《汉语语法史断代专书比较研究》，河南大学出版社 2007
年版。

何乐士：《〈史记〉语法特点研究》，商务印书馆 2005 年版。

何乐士：《〈左传〉虚词研究》，商务印书馆 1989 年版。

侯学超：《现代汉语虚词词典》，北京大学出版社 1998 年版。

洪波：《汉语历史语法研究》，商务印书馆 2010 年版。

胡裕树：《现代汉语》，上海教育出版社 1981 年版。

蒋绍愚：《近代汉语研究概况》，北京大学出版社 1994 年版。

江蓝生：《语法化程度的语音表现》，石锋、潘悟云编：《中国语言学的新拓展——庆祝王士元教授六十五岁华诞》，香港城市大学出版社 1999 年版。

金昌吉：《汉语介词和介词短语》，南开大学出版社 1996 年版。

黎锦熙：《新著国语文法》，商务印书馆 1992 年版。

李崇兴：《处所词发展历史的初步考察》，胡竹安、杨耐思、蒋绍愚编：《近代汉语研究》，商务印书馆 1992 年版。

廖庶谦：《口语文法》，读书出版社 1946 年版。

林忠：《现代汉语介词结构漂移的语用功能解释》，中国社会科学出版社 2013 年版。

刘丹青：《语序类型学与介词理论》，商务印书馆 2003 年版。

刘丹青：《语法调查研究手册》，上海教育出版社 2008 年版。

刘坚等：《近代汉语虚词研究》，语文出版社 1992 年版。

刘景农：《汉语文言语法》，中华书局 1994 年版。

柳士镇：《魏晋南北朝历史语法》，南京大学出版社 1992 年版。

吕叔湘：《现代汉语八百词》，商务印书馆 1996 年版。

吕叔湘：《中国文法要略》，商务印书馆 1958 年版。

吕叔湘：《文言虚字》，开明书店 1957 年版。

鲁国尧：《〈孟子〉"以羊易之"、"易之以羊"两种结构类型的对比研究》，载《鲁国尧自选集》，河南教育出版社 1994 年版。

罗凤竹等主编：《汉语大词典》，汉语大词典出版社 1993 年版。

马建忠：《马氏文通》，商务印书馆 1998 年版。

马贝加：《近代汉语介词》，中华书局 2002 年版。

潘玉坤：《西周金文语序研究》，华东师范大学出版社 2005 年版。

钱宗武：《今文尚书语法研究》，商务印书馆 2004 年版。

孙良明：《中国古代语法学探究》，商务印书馆 2005 年版。

孙良明：《古代汉语语法变化研究》，语文出版社 1994 年版。

孙锡信：《汉语历史语法要略》，复旦大学出版社 1992 年版。

孙德金：《现代书面汉语中的文言语法成分研究》，商务印书馆 2012 年版。

沈培：《殷墟甲骨卜辞介词结构语序研究》，文津出版社 1992 年版。

石毓智、李讷：《汉语语法化的历程》，北京大学出版社 2001 年版。

王力：《中国现代语法》，商务印书馆 1985 年版。

王力：《汉语史稿》，中华书局 1980 年版。

王力：《汉语语法史》，商务印书馆 1989 年版。

王凤阳：《古辞辨》，吉林文史出版社 1993 年版。

魏岫明：《汉语词序研究》，唐山出版社 1993 年版。

魏培泉：《上古汉语到中古汉语语法的重要发展》，载何大安编：《古今通塞：汉语的历史与发展》，"中研院" 2003 年版。

吴福祥：《敦煌变文语法研究》，岳麓书社 1996 年版。

吴福祥：《朱子语类辑略语法研究》，河南大学出版社 2004 年版。

吴竞存、梁伯枢：《现代汉语句法结构与分析》，语文出版社 1992 年版。

吴继光：《动作方式和动作凭借》，载邢福义主编：《汉语语法特点面面观》，北京语言文化大学出版社 1999 年版。

吴为善：《汉语韵律句法探索》，学林出版社 2006 年版。

萧红：《洛阳伽蓝记句法研究》，中国社会科学出版社 2008 年版。

解惠全、洪波：《"于""於"介词用法考》，载《语言研究论丛》（5辑），南开大学出版社 1988 年版。

解惠全：《谈实词的虚化》，载《语言研究论丛》（4 辑），南开大学出版社 1987 年版。

徐丹：《"是以"、"以是"——语法化与词汇化》，载《语法化与语法研究（三）》，商务印书馆 2007 年版。

徐通锵：《基础语言学教程》，北京大学出版社 2001 年版。

许理和：《最早的佛经译文中的东汉口语成分》，载《语言学论丛》（14 辑），商务印书馆 1987 年版。

杨伯峻：《孟子译注》，中华书局 1960 年版。

杨伯峻：《文言文法》，中华书局 1963 年版。

杨树达：《词诠》，中华书局 1965 年版。

杨树达：《高等国文法》，商务印书馆 1984 年版。

杨逢彬：《殷墟甲骨刻辞词类研究》，花城出版社 2003 年版。

姚振武：《晏子春秋词类研究》，河南大学出版社 2005 年版。

袁宾：《禅宗著作词语汇释》，江苏古籍出版社 1990 年版。

殷国光：《吕氏春秋词类研究》，河南大学出版社 1997 年版。

张志公：《汉语语法常识》，中国青年出版社 1953 年版。

张赪：《汉语介词词组词序的历史演变》，北京语言文化大学出版社 2002 年版。

张相：《诗词曲语辞汇释》，中华书局 1953 年版。

张玉金：《甲骨文语法学》，学林出版社 2001 年版。

张玉金：《西周汉语语法研究》，商务印书馆 2004 年版。

张谊生：《现代汉语虚词》，华东师范大学出版社 2000 年版。

赵大明：《左传介词研究》，首都师范大学出版社 2007 年版。

赵元任：《汉语口语语法》，商务印书馆 1979 年版。

赵元任：《中国话的文法》，丁邦新译，香港中文大学出版社 2002 年版。

中国社会科学院语言研究所词典编辑室：《现代汉语词典》（第 5 版），商务印书馆 2008 年版。

中国社会科学院语言研究所古代汉语研究室：《古代汉语虚词词典》，商务印书馆 1999 年版。

周法高：《中国古代语法造句编》，台北"中研院"史语所 1993 年版。

朱德熙：《语法讲义》，商务印书馆 1982 年版。

［美］Adele E. Goldberg：《构式：论元结构的构式语法研究》，吴海波译，北京大学出版社 2010 年版。

［英］伯纳德·科姆里：《语言共性和语言类型》（第 2 版），沈家煊、罗天华译，陆丙甫校，北京大学出版社 2010 年版。

［英］戴维·克里斯特尔：《现代语言学词典》（第 4 版），沈家煊译，商务印书馆 2000 年版。

［美］罗杰瑞：《汉语概说》，张惠英译，语文出版社 1995 年版。

［加］蒲立本：《古汉语语法纲要》，孙景涛译，语文出版社 1995 年版。

［日］桥本万太郎：《语言地理类型学》，余志鸿译，北京大学出版社 1985 年版。

　　［美］屈承熹：《历史语法学理论与汉语历史语法》，朱文俊译，北京语言学院出版社 1993 年版。

　　［日］杉田泰史：《介词"于"的未完成用法》，载郭锡良编：《古汉语语法论集》，语文出版社 1998 年版。

　　［日］太田辰夫：《中国语历史文法》，蒋绍愚、徐昌华译，北京大学出版社 2003 年版。

　　［日］太田辰夫：《汉语史通考》，江蓝生、白维国译，重庆出版社 1991 年版。

　　［日］香坂顺一：《水浒词汇研究（虚词部分）》，植田均译，文津出版社 1992 年版。

　　［日］志村良治：《中国中世语法史研究》，江蓝生、白维国译，中华书局 1995 年版。

三　外文论文及著作

Baker, Mark C. *Incorporation*：*A Theory of Grammatical Function Changing*.Chicago：The University of Chicago Press，1988.

Comrie.*Language Universals and Linguistic Typology*.Chicago：Chicago University Press，1981—1989.

Croft，William.*Typology and Universals*.Cambridge：Cambridge University Press，1990.

Dik，Simon C. *The Theory of Functional Grammar（Part 1）*：*The Structure of the Clause*.ed.by Kees Hengeveld.Mouton de Gruyter，1997.

Dryer Matthew S. *Word Order in Sino－Tibetan Languages From a Typological and Geographical Perspective*.In Sino－Tibetan Languages edited by Graham Thurgood and Randy LaPolla. Richmond：Curzon Press，2003：43-54.

Dryer Matthews S. *The Greenbergian Word Order Correlations*. Language，Vol.68，No.1，1992：81-138.

Edith Aldridge.*Focus and Archaic Chinese Word Order*.Proceedings of the 22nd North American Conference on Chinese Linguistics（NACCL-22）& the

18th International Conference on Chinese Linguistics (IACL - 18). 2010. Vol2.Clemens, L.E. & C. - M. L. Liu, (eds.) Harvard University, Cambridge. MA.84-101.

Edith Aldridge.*PPs and Applicatives in Late Archaic Chinese*.Studies in Chinese Linguistics, Volume 33, No. 3, 2012.

Givón Talmy. *On Understanding Grammar*. Academic Press, New York, 1979: 208-209.

Givón Talmy.*Syntax: A Functional Typological Introduction*. Vol. I. Amsterdam: John Benjamins, 1984.

Goldberg.Constructions: A Construction Grammar Approach to Argument Structure.Chicago & London: The University of Chicago Press, 1995.

Greenberg, *Some Universals of Grammar with Particular Reference to the Order of Meaningful Elements*.In Greenberg J. (ed.) Universals of Language [C].Cambridge, MA: MIT Press.1963: 73-113/1966: 103.

Hagège, Claude.*Adpositions*.Boston: Oxford University Press, 2010.

Hagège, Claude.*Le problème Linguistique des prépositions et la solution chinoise* (avec un essai de typologie à travers plusieurs groupes de langues).Paris: Société de Linguistique de Paris & Louvain: Peeters, 1975.

Haiman, John.*The Iconicity of Grammar*.Language 56, 1980: 515-540.

Harris.& C. ampbell.*Historical Syntax in CrossLinguistic Perspective*. Cambridge: Cambridge University Press, 1995/世界图书出版公司, 2007.

Hawkins, John A. *Word Order Universals*. New York: Academic Press, 1983.

Heine, Bernd & Tania Kuteva.*The Genesis of Grammar: A Reconstruction.* Oxford: Oxford University Press, 2007: 32-52.

Heine, Bernd.*Grammaticalization//* D.Jeseph & Richard D.Janda.ed.The Handbook of Historical Linguistic.MA: Blackwell Publishing Ltd, 2003.

Heine, Bernd. *Grammaticalization: A Conceptual Framework.* Chicago: University of Chicago Press, 1991.

Hopper, Paul & E. C. Traugott. *Grammaticalization.* Cambridge University Press, 1993.

Hsieh hsin - I. *Time and Imagery in Chinese. Functionalism and Chinese Grammar.* (eds.) by James H-Y.Tai and Frank F.S.Hsueh.Chinese Language Teachers Association Monograph Series No.1, 1989: 45-94.

Huang C. - T. James. *Logical Relations in Chinese and the Theory of Grammar*, Doctoral dissertation, MIT, 1982.

Huang Shuanfan.*Historical Change of Prepositions and Emergence of SOV Order.* Journal of Chinese Linguistics, Vol.6, 1978: 212-242.

Huang Shuanfan.*Morphology as a Cause of Syntactic Change*: *The Chinese Evidence.* Journal of Chinese Linguistics, Vol.12, No.1, 1984: 54-85.

Kurylowicz.*The Evolution of Grammatical Categories.* In: J K ed.Esquisses Linguistiques Vol.2.Fink Munich, Germany, 1975: 55-71.

Lapolla.*Word Order Patterns in Sino-Tibetan and Their Significance to Theories of Explanation in Typology.* In Pan, Wuyun (ed) Languages and Cultures in the East (东方语言与文化), Shanghai: Oriental Publishing Center (东方出版中心), 2002.

Lehmann, C.*Thoughts on Grammaticalization* (Second edition).Seminar für Sprachwissenschaft der Universität Erfurt, 1995—2002: 17-21.

Lehmann, C. *Word Order Change by Grammaticalization.* In Manuel Gerritsen & Dieter Stein (eds.) Internal and External Factors in Syntactic Change.Berlin: Mouton de Gruyter, 1992: 395-416.

Li Charles N. & Sandra A. Thompson. *An Explanation of Word Order Change*: *SVO→SOV.* Foundations of Language 12, 1974: 201-214.

Li Charles N.& Sandra A.*Thompson. Co-verbs in Mandarin Chinese*: *Verb or Prepositions?* Journal of Chinese Linguistics, No.2, 1974: 397-413.

Li Charles N.& Sandra A.Thompson.*Historical Change of Word Order*: *A Case Study of Chinese and Its Implications.* In Historical Linguistics, eds. by John M.Anderson and Charles Jones, 1973: 199-217.

Li Charles N.& Sandra A.Thompson.*On the Issue of Word Order in Synchronic Grammar*: *A Case against "Movement Transformations".* Lingua39. 3, 1976: 169-181.

Li Charles N.*Synchrony vs.Diachrony in Language Structure*, Language 51,

1975: 873-886.

Lyle Campbell, Reichard Janda.*Introduction*: *Conceptions of Grammatical-ization and Their Problems*. Language Sciences 23, 2001: 93-112.

Mei Kuang.*The Ba-Sentence in Modern Chinese*. Wen Shi Zhe Xuebao27, National Taiwan University, 1978: 145-180.

Min Zhang. *Iconicity and Word Order Change in Chinese*, In Jose Camacho and Lina Choueiri (eds.), The Proceedings of the Sixth North American Conference on Chinese Linguistics. Vol. II. GSIL: University of Southern California, 1995: 249-263.

Peck Jeeyoung.*The Positional Variation of Prepositional Phrases in Chinese*: *Synchronic and Diachronic Perspectives*. UMI Microform 3332903, 2008.

Peyraube Alain.*On Word Order in Archaic Chinese*.Cahiers de Linguistique-Asie Orientale, 26 (1), 1997: 3-20.

Peyraube Alain. *On the History of Chinese Locative Prepositions*, in Paul Jenkuei Li, Chu-Ren Huang, and Chih-Chen Jane Tang (eds.), Chinese Languages and Linguistics: Historical Linguistics, Symposium Series of the Institute of History and Philology, Academia Sinica II, 1994: 361-387.

Redouane Djamouri and Paul Waltraud.*Les syntagmes prépositionnels en yu et zai en chinois archaïque*, Cahiers de Linguistique - Asie Orientale Vol. 26 (2), 1997: 221-248.

Redouane Djamouri, Waltraud Paul, and John Whitman.*Syntactic Change in Chinese and the Argument-adjunct Asymmetry*. In Breaking down the barriers: Interdisciplinary studies in Chinese linguistics and beyond; Guangshun Cao, Hilary Chappell, Redouane Djamouri, and Thekla Wiebusch (eds.), vol.2, 2013: 577-594.

Sun Chaofen & Givón Talmy. *On the So - called SOV Word Order in Mandarin Chinese*: *A Quantified Text Study and Its Implications*. Language, Vol.61, No.2, 1985: 329-351.

Sun Chaofen.*Word Order Changed Crammaticalization in the History of Chinese*. Stanford University Press, 1996.

Sun, C.F.*The Adposition yi and Word Order in Classical Chinese*. Journal of

Chinese Linguistics, 19 (2), 1991: 202-219.

Tai James H.Y. *Chinese as an SOV Language*, Chicago Linguistic Society 9, 1973: 659-671.

Tai James H.Y. *On the Change from SVO to SOV in Chinese*, Parasession on Diachronic Syntax, CLS, 1976: 291-304.

Timothy Light. *Word Order and Word Change in Mandarin Chinese.* Journal of Chinese Linguistics, Vol.7, No.2, 1979: 149-180.

Traugott & Heine. *Approaches to Grammaticalization.* Vol. I&II. Amsterdam: John Benjamins, 1991.

Waltraud Paul. *New Perspectives on Chinese Syntax.* Mouton de Gruyter, 2014: 73-91.

Xu Dan. *Typological Change in Chinese Syntax.* Oxford University Press, 2006: 1-60.

Zwicky Arnold & Geoffrey Pullum. *Clicticization vs Inflection: English n't*, Language, 59 (3), 1983: 502-513.

Zwicky Arnold M. *Clitics and Particles*, Language, 61 (2), 1985: 283-305.

后　记

本书是笔者在博士学位论文《汉语后置的介词结构研究》的基础上修改完成的。

本书的选题源自一次与导师何洪峰先生喻园漫步时的闲聊，2014年5月先生问起博士论文选题事宜，谈起手头的国家社科基金项目（"语法化视野下的介词更新研究"）研究进展情况，指出目前介词还有许多问题并没有讨论清楚，提醒学生是否可以思考关于后置介词的更新演变问题。先生在介词领域深耕多年，成果卓著。此时自己正在学习语言类型学的有关理论，介词及介词结构的语序具有重要的类型学意义。先生之话点醒学生，醍醐灌顶，顿时有一种"久在樊笼里，复得返自然"的感觉，由此开启后置介词研究之路。对介词结构后置现象系统地梳理了汉语史上古（11部文献）、中古（12部文献）、近古（22部文献）各个历史阶段的概况及发展脉络，时间跨度大，涉及语料多，研究难度之大远超我的想象，每有困惑迷茫之时，先生总能释疑解惑。若没有先生的鼓励指点和众多师友的帮助，这项研究是无法达到预期目的的。

恩师不弃，忝列何门，七年有余。先生宽厚仁慈，亦师亦友，言传身教，潜移默化。关爱学生，寄予厚望，对学生的知遇之恩，授业之情，永远铭记。共和七十一年岁次庚子仲冬先生驾鹤西去，如今临汉水，何处得心传。师恩难忘，唯有砥砺前行。

在论文评审和答辩过程中，汪国胜、黄树先、冯学锋、石锓、谢晓明等先生提出了十分中肯的意见。在此，向他们表示诚挚的谢意。

感谢我的家人一直以来的支持，感谢诸多师友的关心和帮助！感谢学校和单位对本书所给予的高度重视，感谢汉江师范学院文学院一流专业建设学术著作出版基金资助，还要特别感谢中国社会科学出版社宫京蕾老师的辛勤劳动。

　　限于作者的水平，书中难免有一些不足之处，诚请读者多多批评指正。

贾君芳

2021 年 2 月 3 日春于桐华苑寓所